갈림길에 선 한국경제

현재에 묻고 미래에 답하다

갈림길에 선 한국경제
현재에 묻고 미래에 답하다

초판 1쇄 2013년 5월 9일
         2013년 5월 21일

지은이 김동수
펴낸이 성철환 **담당PD** 조윤미 **펴낸곳** 매경출판(주)
등 록 2003년 4월 24일(No. 2-3759)
주 소 우)100-728 서울 중구 필동1가 30번지 매경미디어센터 9층
홈페이지 www.mkbook.co.kr
전 화 02)2000-2610(편집팀) 02)2000-2636(영업팀)
팩 스 02)2000-2609 **이메일** publish@mk.co.kr
인쇄·제본 (주)M-print 031)8071-0961

ISBN 978-89-7442-937-9(03320)
값 15,000원

갈림길에 선 한국경제

현재에 묻고 미래에 답하다

김동수(전 공정거래위원장) 지음

매일경제신문사

기적과 암초, 또 다른 기적을 위하여

조선시대 정조 때의 문신이자 학자인 다산 정약용이 저술한《목민심서》의 체대(遞代)편을 보면 다음과 같은 글이 나온다.

"지혜로운 옛 수령들은 관아를 잠깐 동안 머물렀다 떠나는 숙소 정도로 생각하고 날이 새면 언제든지 떠나갈 것처럼 모든 서류와 문서들을 그때그때 확실하게 정리해 놓고 행장을 간편하게 하여 마치 가을철 송골매가 나뭇가지에 앉아 있다가 훌쩍 날아갈 듯이 했으며, 벼슬에 대한 일말의 애착도 없이 체임(遞任, 벼슬이 갈림)의 공문이 도착하면 즉시 떠나고 벼슬자리에 미련을 두지 않았으니, 이것이 바로 청빈한 선비의 모습이다."

비록 청백리의 삶은 아니었을지라도 언제든지 물러날 준비를 하는 체대의 마음가짐으로, 남은 임기에 관계없이 공정거래위원회 위원장직에서 떠나 온 지 이제 두 달여가 지났다. 이로써 근 34년 가까이 몸담았던 공직 생활을 마감하자니 만감이 교차하면서 지나온 날들의 순간순간이 마치 〈박하사탕〉 영화 속 시간을 거슬러 올라가는 기차처럼 파노라마가 되어 스쳐 지나간다.

무릇 공직자의 자세란 어떠해야 하는지 깨달음의 시간으로 삼으면서 정도(正道)만을 걷자고 마음속 깊이 다짐했던 1979년 사무관 시보 시절의 패기가 엊그제 일만 같다. 되돌아보면, 나에게 지난 34년의 공직생활은 실망과 슬픔도 있었지만 보람과 행복 또한 많았다. 한없이 소중하고 감사한 시간들이었다. 국가와 국민에게 봉사할 수 있는 기회가 나에게 허락된 데 대해 더없이 영광으로 생각한다. 그리고 이는 나 자신의 역량이 뛰어나서라기보다는 함께 동고동락하면서 늘 올바른 선택의 길로 인도해준 여러 선후배와 동료들이 있었기 때문에 가능했다. 이 지면을 통해서 그분들에게 가슴 속 깊은 곳으로부터 우러나오는 감사의 마음을 전하고 싶다.

돌이켜보니 비단 개인적으로 뿐만 아니라, 국가적으로도 한국은 지난 반세기 동안 정치·경제·사회·문화적으로 큰 변혁과 눈부신 발전을 이루어왔다. 세계사에 그 유례를 찾아보기 힘들 정도로 짧은 시간 안에 정치적 민주주의와 경제적 결실, 그리고 사회적 안정과 문화의 국제화를 모두 이루어 냈다.

물론, 이러한 성공신화를 만들어내는 과정에서 우리는 수많은 어려움을 겪어 왔다. 1970년대 불어 닥친 두 차례의 오일쇼크, 1997년의 외환위기, 그리고 2008년의 글로벌 금융위기 및 지난 몇 년간 유럽 국가들의 재정위기에 따른 국내 경기침체 등이 그 대표적인 예다. 지금에 와서 지난날의 공직생활을 회고해보니 위기의 매 순간순간마다 나 역시 전선의 최일선에서 미력하나마 국난 극복을 위해 고군분투했다는 사실에 무한한 긍지와 자부심을 느낀다.

1997년 하반기에 터졌던 외환위기가 최악의 순간으로 치닫고 있던 1997년 12월 18일은 대통령 선거가 치러지는 날이었다. 새벽 일찍 투표를 마친 나는 곧바로 김기환 당시 대외협력특별대사를 모시고 워싱턴으로 날아가 다음날인 19일 오전, 미국 재무성의 로렌스 섬머스 부장관, 티모시 가이트너 차관보 등과 긴급 협의를 가졌다. IMF와 합의한 금융개혁조치를 조속히 실시할 테니 미국정부가 약속한 융자금은 물론 IMF, IBRD 등 국제금융기구들이 당초 약속한 융자금도 조기에 집행될 수 있도록 적극 도와달라는 요청을 하기 위해서였다.

섬머스 부장관은 그 자리에서 한국이 겪고 있는 외환사정의 심각성을 절실하게 인식하게 됐다면서, 그날 밤 우리가 머물고 있던 호텔방으로 전화를 걸어와 미국정부의 결정사항을 통보했다. 국제금융기구들의 지원금 조기집행 문제를 한국정부와 협의하기 위해 12월 20일 립튼 재무성 차관과 연방준비은행 관계관을 서둘러 서울에 보내기로 했다는 것이다. 이로써 국가부도라는 최악의 상황만은 피할 수 있게 되는 하나의 전환점이 마련됐다.

그로부터 10년이 지난 2008년 하반기, 우리 경제는 리먼 브라더스의 파산을 시작으로 촉발된 글로벌 금융위기를 맞게 됐다. 이번 위기는 사실 우리의 문제가 아니라 미국을 중심으로 한 서방 선진국의 금융시스템이 부실한 데서 비롯된 것이었다. 그럼에도 불구하고 대외의존도가 높은 우리 경제는 크게 요동칠 수밖에 없었다. 2008년 7월 국제유가는 배럴당 140달러를 넘어섰고 소비자물가 상승률은 전년도에 비해 5.9%까지 치솟는 등 서민경제에 큰 어려움이 닥쳤다.

그해 7월 11일 나는 기획재정부 1차관으로 임명됐다. 나는 임명 즉시 그간 관계부처 1급 회의로 진행해 온 '서민생활안정대책회의'를 차관급 협의체로 격상시키고, 매주 '물가 및 민생안정을 위한 차관회의'를 개최했다. 또한, 관계부처로 하여금 물가담당조직을 복원해 서민생활에 큰 영향을 미치는 주요 품목들에 대해서 철저히 점검하는 체제를 갖추도록 요청하는 등 범정부적인 물가안정대책 마련에 심혈을 기울였다. 다행히 그해 소비자 물가는 4.7%로 마무리됐다.

당시 외환 시장에도 불안감이 고조됐다. 시중에는 9월 위기설이니, 다음해 3월 위기설이니 객관적 근거도 없는 루머가 떠돌아다녔다. 외환보유고가 2,000억 달러 이상 되고 장단기 차입구조에도 큰 문제가 없는 등 1997년 외환위기 때와는 근본적으로 상황이 달랐음에도 불구하고 국제금융시장의 불안정성이 높아짐에 따라 국내금융시장도 덩달아 출렁거렸다.

정부는 위기방지를 위해 다양한 금융시장 안정대책을 내놓았다. 같은 해 10월에는 2009년 6월 말 이전에 발생하는 국내은행권의 대외채무에 대해 정부가 3년간 지급보증을 서주기로 했다. 그 한도는 같은 기간 만기도래액의 140% 정도인 총 1,000억 달러 한도 내에서 하도록 함으로써 은행들의 대외채무 만기연장 등이 순조롭게 이루어지도록 지원했다. 또한 그해 12월에는 미국과 300억 달러 규모의 통화스왑을 체결했고, 일본과는 통화스왑 한도를 30억 달러에서 200억 달러로 확대했다. 이러한 다각적인 노력의 결과, 요동치던 금융시장의 불안 심리도 점차 가라앉기 시작했다.

사실 여러 측면에서 보더라도, 경제위기를 맞이한 1997년과 2008년의 한국의 모습은 확연하게 달랐다. 1997년의 경우에는 정부의 암묵적인 보증에 기대어 이루어진 기업들의 무모한 차입 경영과 투자실패, 그리고 만기연장 거부로 인한 외화유동성 부족 등 우리 경제 내의 구조적 취약성이 급격한 자본유출을 야기했다. 이에 비해, 2008년의 경우에는 외국의 금융기관들이 서방 선진국들에서 발생한 투자손실을 메우기 위한 목적으로 우리나라에 투자한 자산들을 정리하면서 자본유출이 발생한 것이다.

이런 상황에서는 고금리와 긴축정책으로 대표되는 1997년 위기 당시의 IMF식 처방은 오히려 불난 집에 기름을 붓는 격이 될 수도 있었다. 따라서 정부는 미국과의 통화스왑을 비롯해 외화유동성 확보에 주력하는 한편, 경상수지 개선, 확장적인 통화 및 재정정책을 통한 총수요 확대, 그리고 선제적인 구조조정 등을 통해서 위기대응에 나섰던 것이다. 1997년 경제위기의 경험에서 나온 이 같은 노력의 결과로 우리 경제는 다른 어떤 국가들보다도 빨리 침체의 늪에서 벗어나 V자형 경기회복을 달성할 수 있었다고 생각한다.

대내외적인 경제난국을 극복하라는 막중한 소임을 부여받고 내달렸던 기획재정부 1차관이라는 직분은 비록 6개월 남짓이라는 길지 않은 시간이었지만 많은 일들을 할 수 있어서 개인적으로 무한한 긍지와 자부심을 느끼고 있다. 특히, 쉽지 않은 여건 속에서도 그해 물가가 정부가 제시했던 전망치에 근접했던 것과 외환보유고를 2,000억 달러 수준에서 지켜내면서 위기론의 확산을 차단하고자 진력한 것, 전대미문의 경제난국 극복을 위한 종합대책을 마련하고자 동료들과 함께 고민한 것, 정책의 세일즈맨으로서 전선의 최일선에 나아가 쉼 없이 대외활동을 했던 것, 그리고 서로 다른 두 부처가 통합되어 출범한 기획재정부의 연착륙을 위해 조직의 관리자로서 노심초사했던 것 등은 차관이라는 직분을 수행하며 가질 수 있었던 큰 보람이었다.

2009년 2월 13일 나는 제16대 수출입은행장으로 발령받았다.

취임 즉시, 글로벌 금융위기로 어려워진 산업현장을 발로 직접 뛰어다니면서 수주물량 급감, 재고량 증가, 대출이자율 상승과 대출원금 상환압박에 따른 금융부담 등 삼중고에 시달리는 중소 수출기업들에게 국책은행으로서 할 수 있는 모든 일을 다 하겠노라고 다짐했다.

취임 이틀 후인 2월 15일, 울산에 있는 두 개의 중소수출업체에 대한 방문을 시작으로 나는 2년 가까운 재임기간 동안 모두 52회에 걸쳐 88개 기업의 생산현장을 방문, 애로사항을 보고 듣고 체험하며 살아 있는 시책들을 만들고자 노력했다. 또한 모든 거래 중소수출기업들에게 고정금리 대출이자율을 일괄 1.5~2%p씩 인하했고, 원화대출은 물론 외화대출에 대해서도 만기를 1년간 연장하는 등 적어도 중소기업들이 금융고통에서 만큼은 조금이라도 벗어날 수 있도록 배려했다. 그리고 우리 수출·산업기반의 취약점을 해소하기 위한 해법의 일환으로 '한국형 히든챔피언 육성 프로그램'과 '녹색수출 금융지원 프로그램'을 도입했다.

2010년 한 해가 저물어가는 날 발표된 부분 개각을 통해 나는 제16대 공정거래위원장으로 발령받았다. 이제 공인으로서는 마지막 봉사의 직이 될지도 모르는 이 길을 어떻게 가야 할 것인지 깊이 천착하면서 이듬해 신정연휴를 보냈다. 그리고 그 고민을 1월 3일 취임사에 담았다. 나는 공정거래위원장으로서 첫째, 대기업과 중소기업 간, 그리고 소비자와 생산자 간에 '따뜻한 균형추' 가 되겠다. 둘째, 서민물가 안정을 위해 할 수 있는 범위 내에서 최대한 역할을 다하겠다. 그리고 마지막으로, 대기업과 중소기업 간 동반성장의 문화를 조성하겠다고 선언했다.

이후 이러한 다짐은 유통업체 판매수수료 인하, 서민생필품에 대한 불공정행위 제재, 대중소기업 간 동반성장문화 확산, 대기업 집단의 부당 내부거래행위 근절, 프랜차이즈 산업에 대한 모범거 래기준 제정, 한국형 컨슈머리포트 발간, 전자상거래 유통구조 개 선 등으로 구체화시켜 하나씩 실행해 나갔다.

2012년 대통령 선거를 전후해 정치권을 중심으로 '경제민주화' 가 뜨거운 이슈로 부각됐다. 가장 핵심쟁점이 대기업집단에 대 한 규제강화 문제였다. 나 역시 대기업집단시책을 관장하는 공 정위 수장으로서 깊이 고민했으며, 파트 3에 이러한 내용을 담았 다. 앞으로 법 개정 과정에서 충분한 공론이 있어야 할 것이라고 생각한다.

내가 가는 이 길의 발자국

다들 인정하듯이, 한국경제는 어려운 상황에 처해 있다. 단기적 으로는 가계부채와 청년실업 문제부터, 장기적으로는 고용 없는 성장과 잠재성장률 저하, 복지확대에 따른 재정건전성 악화 그리고 양극화와 경제민주화 논의에 이르기까지, 어느 하나 해결책을 마련하기가 쉽지 않은 난제들이다. 어디 그뿐인가? 시대가 시대이니만큼 정부가 마련한 해법을 일방적으로 밀어붙일 수도 없다. 수많은 이해당사자들이 촘촘히 얽혀 있어 정부 차원의 해결책을 제시하더라도 정당성을 확보하기 위해 이들을 설득하고, 문제 해결을 위해 함께 노력해야 한다.

이 책을 집필하면서 일관되게 강조하고자 한 것도 바로 경제주체들 간 공존과 협력 그리고 상생의 정신이었다. 지금 한국경제는 한마디로 갈림길에 서 있다고 말할 수 있다. 전환기에 처한 한국경제가 헤쳐 나가야 할 산적한 과제들에 대해, 비록 사표(師表)의 길은 아니었을지라도 경제정책 담당자로서의 경험을 통해 깨우친 내용을 토대로 미력하나마 도움이 되고자 하는 마음으로 이 책을 쓰게 됐다. 한국경제의 과거를 되돌아보고 현재에 물으며 미래에 답하는 심정으로 기록했으니 관계된 모든 이들에게 부족하나마 유용한 자료로 쓰인다면 더 바랄 것이 없겠다.

더불어 혹시 이 책을 읽고 있을지도 모르는 공직 사회의 후배 여러분들에게 조금이나마 도움될까 오랫동안 국가의 경제정책결정 과정에 몸담았던 한 사람으로서 내가 한결같이 간직하고자 노력해왔던 몇 가지 원칙들을 적어본다.

첫째, 항상 중용(中庸)의 원칙을 지키면서 균형감 있게 경제현상에 접근하려고 노력했다. 그 연장선상에서 무엇이 진실로 국익을 위한 길인가 반문하고 또 반문하면서 실사구시(實事求是)의 자세로 해법을 찾다보면 아무리 어려운 문제라도 해결책이 보이는 것을 여러 차례 경험했다.

둘째, 무엇인가 결정을 내리기 전에는 단 1%의 반대의견에도 진실이 있을 것이라는 믿음으로 모든 당사자들의 의견에 공평하게 귀 기울이고자 애썼다. 그리고 군중심리에 휩쓸려 공도동망(共倒同亡)의 길을 가기보다는 어렵더라도 늘 스스로 정한 원칙과 기준을 지키려고 노력해 왔다.

셋째, 시장에는 절제되고 일관되면서도 분명한 메시지를 전달하기 위해 단어 하나, 용어 하나의 사용도 가벼이 여기지 않았다. 컵에 물이 반이 있을 때 반밖에 없다는 불평보다는 아직도 반이나 남아 있다는 희망과 긍정의 믿음 위에서 국민들에게 정책을 세일즈하고자 했다.

넷째, 경제정책을 입안할 때는 이상과 현실의 균형점 위에서 모든 경제주체들의 이익과 손해를 꼼꼼히 비교·형량하되, 궁극적으로는 국익을 극대화할 수 있는 방향으로 결정하고자 노력했다. 동시에 정책의 실패로 인해 오히려 무책임한 투자자에게 많은 보상이 돌아가지 않도록 세심하게 배려하고자 했다. 아울러 정책에 대한 국민들의 체감도를 높이기 위해 군자는 말에는 둔해도 실천하는 데는 민첩해야 한다는 눌언민행(訥言敏行)의 자세로 정책을 집행하고자 했다.

다섯째, 남이 가지 않는 길을 먼저 가서 개척하는 심정으로 공직생활을 가꾸어 나가려고 노력했다. 기회가 되면 다른 부처에 나가서 일하는 것도 마다하지 않았다. 다른 부처의 입장을 이해할 수 있는 기회도 되고 우물 안 개구리식의 사고를 벗어나 시야를 좀 더 넓힐 수 있는 계기가 될 수 있기 때문이다.

졸업이 끝이 아닌 새로운 시작을 의미하는 것처럼 공직생활을 마감하는 것은 어쩌면 나에게는 또 다른 시작을 의미하는 것인지도 모르겠다. 그래서 새롭게 시작되는 인생의 제2막도 지금까지의 모습 그대로 살기 위해 계속 정진하자고 스스로를 격려하고 있는 중이다. 그래서인지 매일매일 찾아오는 내일을 조금은 설레고 편안한 마음으로 맞이할 수도 있을 것 같다.

끝으로 이 책이 나오기까지 많은 분들의 도움이 있었다. 그분들께 고마운 마음을 전하며, 특히 공정거래위원회의 남동일 과장, 전성복 과장, 기획재정부의 정회윤 과장, 글로벌경영전략연구원의 오화석 원장, CHC 히든챔피언 자문사의 최영환 대표 등에게 깊이 감사드린다.

이제 김구 선생이 평생의 좌우명으로 삼아 즐겨 휘호(揮毫)했다는 서산대사의 오언절구를 인용하면서 프롤로그를 마치는 나의 심정을 대신하고자 한다.

踏雪野中去(답설야중거), 비록 눈이 허옇게 내린 들판을 걸어가더라도

不須胡亂行(불수호란행), 발걸음을 흐트러뜨리지 말거라

今日我行跡(금일아행적), 오늘 내가 가는 이 길의 발자국은

遂作後人程(수작후인정), 바로 뒤에 오는 사람들의 이정표가 될지니

운중천을 바라보면서

김동수

차 례

PART 03 경제민주화

그 험난한 여정

Part **1**

한국경제를 다시 생각한다

한국경제의 성공 도전과 응전의 역사

국제사회 속에서 한국의 위상과 좌표

나는 전후 60년의 한가운데인 1979년, 신임 사무관으로 공직에 첫발을 내디뎠다. 그해는 말 그대로 대한민국 현대사에서도 격동의 시기로 기록될 만큼 정치·경제·사회적으로 큰 소용돌이에 빠져들고 있었다. 1978년 말부터 시작된 제2차 오일쇼크의 영향으로 소비자물가는 그해 5월에 이미 전년 동기 대비 12.3%를 기록하면서 서민들의 고통이 가중되고 있었다. 수입원자재와 공산품 가격상승으로 소상공인을 비롯한 중간계층의 살림살이도 갈수록 팍팍해져갔다.

경제성장률은 1976~1978년 각각 13.5%, 11.8%, 10.3%로 해마다 감소하더니 1979년에는 한 자릿수인 8.4%로 주저앉았다. 급기야 이듬해인 1980년에는 경제성장률이 -1.9%로 뒷걸음질치면서 과거 20년간 고도성장을 구가해오던 한국경제에는 전에 없던 위기감이 고조됐다.

이런 상황에서 1979년 현직 대통령이 시해되는 초유의 사태가 발생했다. 이로 인해 정치적 리더십에도 큰 격변이 일어났고, 민주화에 대한 국민적 욕구가 크게 분출되는 등 당시 대한민국은 정치·경제·사회적으로 예측하기 힘든 격랑에 빠져들면서 한 시대를 마감하고 새로운 전환의 시기로 내달리고 있었다고 해도 과언이 아니었다.

되돌아보건대, 한국경제가 지금과 같이 세계역사상 그 유례를 찾아볼 수 없을 정도의 성장모델로 자리매김하게 된 것은 분명 그냥 얻어진 것이 아니다. 금세기 최고의 역사학자인 아놀드 토인비는 그의 걸작《역사의 연구》에서 인류의 역사를 도전과 응전의 법칙으로 설명하고 있는데, 한국경제가 걸어온 지난 반세기의 역사야말로 그런 법칙이 작동하는 과정이었다고 말하고 싶다. 우리 경제는 계속 되는 위기와 도전에 직면할 때마다 이에 슬기롭게 응전하는 과정을 거치면서 지금과 같은 기적을 일구어 낼 수 있었기 때문이다.

한국경제는 내가 공직에 입문한 1970년대 말의 총체적인 국가 난국상황을 잘 극복하면서 다시 한 번 고속성장의 길로 재진입했다. 이후 오랫동안 누적된 고도성장의 후유증들이 기폭제가 되어

1997년 우리 경제를 송두리째 뒤흔들어 놓은 외환위기가 닥쳐왔지만 다른 나라에서는 찾아보기 어려운 '금 모으기 운동' 같은 국민적 성원을 토대로 비교적 짧은 기간 안에 슬기롭게 위기를 넘길 수 있었다. 2008년 미국 리먼브라더스의 파산으로 촉발된 글로벌 금융위기 상황에서도 우리나라는 세계 어느 나라보다도 신속하게 위기를 돌파해 나갔다는 평가를 받고 있다.

지금 한국은 국내총생산(명목GDP 기준, 잠정치) 규모가 2012년 기준으로 1조 1,292억 달러에 이르는, 작지만 튼튼한 경제강국으로 발돋움했다. 해방 이후 한국은 6.25전쟁으로 인해 그나마 얼마 남아 있지도 않던 산업시설들마저 대부분 멸실되면서, 1953년에는 1인당 국민소득이 67달러에 불과한 절대빈곤에 허덕이는 소국에 불과했다. 그러던 것이 1995년 처음으로 1인당 국민소득 1만 달러 시대를 달성하더니 2007년에는 2만 달러를 돌파했다. 글로벌 금융위기의 여파로 2008년과 2009년에 2만 달러 밑으로 하락하긴 했지만, 2012년 다시 2만 2,708달러를 기록해 이제는 명실상부하게 중진국을 넘어서 선진국 진입을 목전에 두고 있다. 평균수명도 1960년 52세에서 2011년 81세로 크게 늘어났으며, 영아사망률은 1965년 출생인구 1,000명당 89.7명에서 2010년에는 3.8명으로 대폭 낮아졌다.

무역발전도 눈부시다. 2011년 12월 우리나라는 세계에서 9번째로 연간무역액 1조 달러를 달성했는데, 1962년 제1차 경제개발 5개년 계획 수립 이후 반세기만에 달성한 쾌거다. 연간무역액 1조 달러 클럽에 들어간 기존의 다른 어떤 국가들보다도 빠른 속도였다. 다른 국가들이 연간무역액 1,000억 달러와 5,000억 달러를 달성한 후 1조 달러에 도달하기까지 평균 26.4년, 8.4년이 걸린 반면, 우리나라는 각각 23년과 6년 만에 이를 달성했다. 우리나라 수출상품 중에서 세계시장점유율 1위를 차지하고 있는 품목은 2011년 현재 131개에 이른다. 특히, D램 반도체(65.3%), LCD(53.8%), 디지털TV(37.4%), 스마트폰(24%) 등 정보통신 분야와 조선(세계 1위), 자동차(세계 5대 생산국) 등 주요 품목들이 세계시장을 선도하거나 선진국들과 어깨를 나란히 함으로써 무역대국으로서의 위상을 드높이고 있다.[1]

우리나라는 이 같은 경제적 성공을 바탕으로 2009년 11월 25일, 경제협력개발기구 개발원조위원회(OECD DAC)에 24번째 국가로 가입하기에 이르렀다. 마침내 대한민국이 명실상부하게 선진 원조공여국가임을 국제사회로부터 인정받게 된 것이다. 현재 대한민국은 과거의 경제발전 경험을 토대로 개발도상국들의 경제정책 전반에 걸쳐 정책자문을 해주는 경제발전 경험 공유사업(KSP, Knowledge Sharing Program)을 통해 우리의 개발 경험을 전수하는 한편, 국가브랜드와 이미지를 제고하고 있는 중이다. 더

    갈림길에 선 한국경제, 현재에 묻고 미래에 답하다

나아가, 2010년에는 비(非) G8 아시아국가 최초로 G20 정상회의를 유치해 성공적으로 개최했다. 또 1988년 서울 하계올림픽, 2002년 월드컵, 2011년 대구 세계육상선수권대회에 이어 2018년 평창 동계올림픽까지 유치에 성공함으로써 세계에서 다섯 번째로 스포츠 그랜드슬램을 달성했다. 이로써 대한민국은 이제 세계 속의 국가로서 그 존재감을 뚜렷이 하게 됐다.

국제 신용평가사들도 이 같은 우리의 경제적 위상 제고와 국제 사회에서의 역할 등을 인정해 2008년 글로벌 금융위기 이후 미국과 일본 등 주요국가들의 신용등급을 하향조정하는 가운데에서도 우리나라만큼은 오히려 긍정적인 평가를 내리는데 인색하지 않았다. 무디스(Moody's)는 2012년 8월 대한민국의 국가신용등급을 Aa3로 상향조정했는데, 이는 우리나라 역대 최고수준으로 일본과 동일한 위치에 올라서게 됐다. 피치(Fitch)도 2012년 9월 우리나라의 국가신용등급을 1997년 외환위기 이전 수준인 AA-로, 오히려 일본보다도 한 단계 높은 수준으로 상향조정했다. S&P 역시 2012년 9월 한국의 신용등급을 A+로 격상했다. 전 세계적인 경기둔화세가 지속되고 있는 상황 속에서도 신용평가사들이 이 같은 결정을 내린 것은 우리의 대외신인도와 경제체질이 그만큼 개선되었다는 것을 의미한다. 또한 궁극적으로는 2008년 글로벌 외환위기 당시와 비교해 경제 펀더멘털이 보다 견실해지게 됐음을 국제사회가 인정한 것이라고 하겠다.

기적은 그냥 찾아오지 않는다

제2차 세계대전 이후 신생독립국으로, 그리고 6.25전쟁의 잿더미 위에서 시작했던 조그만 변방국가 한국이 오늘과 같은 위치에 오른 것은 모든 이들에게 가슴 벅찬 감동을 안겨주기에 충분하다. 30년 넘게 국가의 경제정책을 담당했던 공직자로서 목도한 한국경제는 언제 어디서 위기가 닥쳐올지 모르는, 마치 살얼음판을 걷는 것과 같은 상황 속에 놓여 있었다. 특히 높은 대외의존도로 인해 외부 경제환경 변화에 매우 민감하게 영향을 받는 한편, 대내적으로는 산업의 허리가 취약하고 견실하지 못해 어려움이 가중되어 왔다. 그럼에도 불구하고 높은 발전과 성취를 이룬 것은 그야말로 모든 경제주체들이 열심히 일하고 피땀 흘리며 노력한 결과물이라고 확신한다.

흔히 '한강의 기적'이라고 일컫는 한국경제의 성공요인에 대해서는 다양한 각도에서 분석이 이루어져 왔다. 물론, 여러 요인이 복합적으로 작용했을 것이고, 또한 이것들이 상호작용해 시너지 효과를 일으켰을 것이다. 그런데 이처럼 많은 요인들 중에서도 특히, 우리나라가 가진 우수한 인적자원과 성공적인 정부의 경제정책, 수출 드라이브와 국제화, 선택과 집중을 통한 자원 배분, 적절한 사회간접자본 확충, 그리고 유리한 지정학적 환경 등이 성공의 열쇠가 되지 않았을까 생각한다.

무엇보다 먼저 한국경제의 눈부신 성장과 발전은 바로 '한국인'이었기 때문에 가능했다고 믿는다. 다른 민족과 구분되는 한국인들만의 특징과 강점을 분석하고 이것이 우리 경제발전에 어떤 긍정적인 영향을 끼쳤는지 연구만 해도 책 한 권 분량이 필요한 일이지만, 우리 경제의 가장 큰 성공요인을 꼽으라면 나는 주저 없이 한국인들의 근면성과 책임감을 꼽고 싶다. 게다가 가난을 후대에까지 물려주고 싶지 않다는 부모들의 간절한 마음은, 때로는 극성스럽다고 느껴질 만큼 높은 교육열로 이어졌다. 우골탑(牛骨塔)이란 말이 상징하듯 우리 부모들은 소와 전답을 팔아서 자녀의 학비를 댔다. 특정지역의 부동산 가격마저 들썩이게 할 정도로 좋은 학군의 학교에 입학시키려 애썼다. 그뿐인가? 생이별과 함께 외로운 기러기 생활도 마다하지 않으니 이 정도면 가히 현대판 맹모삼천지교(孟母三遷之敎)라고 불러도 과하지 않을 것이다.

이와 같은 높은 교육열은 경제발전에 필요한 우수한 인재를 양성·배출하며 또 적재적소에 공급하는 원천이 됐다. 오죽했으면 한국의 높은 교육열과 성공에 감동받은 미국의 오바마 대통령조차 자국 국민들에게 한국 학부모들의 뜨거운 교육열을 본받자고 분발을 촉구하기까지 했을까? 수준 높은 교육을 통해 배출된 대한민국의 기술인력들은 수출을 통해 세계로 뻗어나가려는 우리

기업들에게는 더할 나위 없이 소중한 원동력이 됐다.

한편, 35년간 나라 잃은 설움을 뼈저리게 느끼며 겪었던 트라우마는 경제발전을 생존의 문제로 인식시켰고, 한국인들을 더욱 단결하게 만들었다. 더 나아가 이는 모든 국민들이 경제발전이라는 목표를 향해 부단하게 노력하고 또 열정적으로 일하게 만드는 원동력으로 작용했다. 역사적으로도 삼면이 바다로 둘러 싸여 있는 반도 국가들은 대륙과 해양세력 사이에 샌드위치처럼 끼여 수많은 외침을 받았다. 때문에 이들은 위기가 닥쳐올 때마다 강하게 뭉치고 단결하는 경향이 있다. 과거 2,000년 동안 이민족들의 침략에 시달려온 발칸반도의 국가들이 지금까지도 민족국가로 남아 있다는 사실은 반도사람들 특유의 생존본능을 잘 보여준다.

가끔씩 배타적이기까지 한 이러한 민족적 동질성은 1997년 외환위기 같은 절체절명의 국가적 위기상황에서 모든 경제주체들을 하나로 만들어 빠르게 위기를 돌파해 나가는 것은 물론, 뼈를 깎는 개혁도 감내하도록 만들었다. 외환위기를 조기에 극복하기 위한 차원에서 온 국민들이 자발적으로 시작해 전 세계인에게 감동을 준 금모으기 운동이 그 좋은 예다. 1997년 말 한국은행에 남은 외환보유고가 30억 달러도 채 되지 않는 그야말로 국가부도(moratorium)라는 일촉즉발의 위기 상황에서, 마치 일제시대 독립운동의 일환으로 시작됐던 국채보상운동 같은 십시일반의 정

   갈림길에 선 한국경제, 현재에 묻고 미래에 답하다

신으로 모든 국민들이 금모으기 운동에 참여했던 것이다. 어디 그 뿐인가? 2008년 글로벌 금융위기 상황에서는 급격한 경기침체로 고용문제가 심각한 상황에 빠지자 노사가 대타협을 통해 일자리 나누기에 적극 동참함으로써 50만여 개의 일자리를 창출하는 성과를 거두었다.

이러한 혼신의 노력을 통해 우리 경제는 2009년 0.3%에 그쳤던 경제성장률을 2010년 6.2%로 끌어올려 다른 어떤 국가들보다도 빨리 글로벌 경기침체라는 늪에서 탈출할 수 있었다. 바로 이러한 한국인들이 있었기에 세계가 경탄해마지 않는 한강의 기적이 가능했던 것이다.

둘째, 정부의 비전과 리더십이다. 지난 반세기 동안 우리나라의 경제운용과 성장전략은 상당 부분 정부 주도로 진행됐다. 정부가 경제개발의 구체적 비전과 목표를 제시하고 세부실행 방안들을 하나하나 마련해 나갔다. 이런 경제발전방식은 독일과 일본, 중국 등의 국가들에서도 찾아 볼 수 있는데, 초기 개발연대에 한국 정부는 경제발전을 국정의 최우선 가치로 삼아 국가의 모든 역량과 자원을 동원했다.

경제기획원을 통해서 경제개발계획을 수립하고 이에 맞춰 예산을 편성·집행해 나갔다. 국영화된 은행을 통해서는 필요한 부문에 자본이 배정되도록 했고, 행정력을 동원하여 민간부문의 투자

결정과정까지 정부가 깊숙이 관여했다. 정치적 결단에 따라 이루어진 의사결정은 강력한 공권력에 기초하여 빠르고 신속하게 집행됐다. 정치적 민주주의 발전을 둘러싼 논란을 배제한다면, 초기 개발연대에 정부의 강력한 수출드라이브를 통한 경제발전전략은, 마치 인공위성을 지상의 일정궤도 위로 쏘아 올리기 위해서 폭발적인 추진력이 필요한 것처럼 어느 정도 불가피한 선택일 수밖에 없는 측면이 있었다. 다행스럽게도 그러한 선택은 기대했던 성과로 이어졌으니 그것은 한국과 국민들에게 하늘이 준 축복이기도 했다.

셋째, 수출드라이브 정책과 국제화 전략이다. 경제개발 초기부터 정부는 우리 경제가 처한 본질적인 한계, 즉 부족한 부존자원과 협소한 내수 시장으로 인해 국내 시장만으로는 산업발전에 한계가 있다는 점을 깊이 인식했다. 따라서 정부는 처음부터 수출지향적 공업화전략을 채택했는데 이는 국내시장이 크지 않다는 제약조건을 무한한 수출시장 개척을 통해서 뛰어 넘고자 한 것이다. 이를 위해서 주요 가격체계가 수출산업에 불리하지 않도록 배려했고, 필요하다고 인정되면 관련 산업들에 대해 세제 및 금융상의 혜택도 부여했다. 경제개발계획을 통해서는 발전소, 고속도로, 항만 등 수출산업을 위한 사회간접자본시설에도 과감하게 투자했다.

그렇다고 해서 정부가 마냥 개발연대에 추진했던 정책만을 고집한 것은 아니다. 국제환경 변화에 발맞추어 끊임없이 경제발전 전략과 정책을 수정·보완하고 진화시켰다. 예를 들면, 1990년대 이후에는 급변하는 글로벌 경제환경에 맞추어 각종 수출보조제도를 폐지하는 한편, 과감하게 수입자유화를 추진함으로써 국내 시장을 개방하고 글로벌화의 길로 나아갔다. 세계화에 발맞추어 추진된 무역자유화는 개방 초기 기업들에게 다소 어려움을 안겨준 것도 사실이지만, 결과적으로는 경쟁과 혁신이라는 메커니즘을 통해 수출산업의 성장 및 생산성 향상을 촉진했다. 그런 의미에서 무역자유화는 한국경제의 지속적인 성장을 위한 필수적인 정책방향이었으며, 무역대국 한국의 밑바탕이 됐다고 생각한다.

기획재정부에서 경제협력국장으로 재직하고 있던 2007년 타결된 한·미 자유무역협정(FTA)도 바로 이러한 전략의 연장선상에서 이루어진 것이다. 한·미 FTA 협상과 타결의 알파에서 오메가까지 깊이 관여했던 한 사람으로서, 다소 늦어지긴 했지만 2012년 3월 협정이 발효됨으로써 양국 간 경제교류가 넓어지고 깊어지고 있다는 사실에 감회가 남다르다. 이제 한·EU FTA에 이어 한·미 FTA까지 발효됨에 따라 우리나라는 다른 어느 경쟁국들보다도 먼저 미국과 EU라는 두 거대 시장을 선점하는 효과를 거두게 됐으니 여간 다행스런 일이 아닐 수 없다.

앞으로도 정부는 개방화와 국제화를 지속적으로 추진함으로써 해외시장을 지키는 동시에 국내 관련 산업들의 경쟁력을 제고시키는 노력을 기울여 나가야 한다. 이와 동시에 무역, 금융, 외환, 통화 등의 영역에서 역내 국가들 간 협력과 공조를 확대해 나감으로써 개방과 통합에 따라 나타나고 있는 위기의 급속한 전파와 확산현상을 차단하기 위한 노력도 강화되어야 한다. 한편, 무역 자유화와 경제개방화 과정에서 불가피하게 피해를 입게 되는 분야와 종사자들에 대해서는 정부주도하에 충분하고도 세심한 보완대책을 마련함으로써 개방에 따른 혜택이 관련 이해당사자들에게 균등하게 나누어질 수 있도록 배려해야 할 것이다.

넷째, 부족하고 한정된 자원을 효과적으로 활용하기 위한 차원에서 우선순위를 정해 선택·집중하는 전략을 구사했다. 글로벌 경쟁력을 갖춘 기업, 즉 내셔널 챔피언을 키우기 위해서는 선택과 집중이라는 불균형 성장전략을 추구하는 것이 경제개발 초기단계에서는 어느 정도 불가피했다. 그리고 경공업으로부터 시작해서 중화학공업, 조선·자동차산업, 정보통신산업에 이르기까지 시대상황에 맞춰 변신을 거듭해 온 경제발전 전략은 적중했고, 지금과 같은 한국경제의 성공을 이끌어 냈다. 오늘날 삼성전자나 현대자동차와 같이 우리나라를 대표하는 기업들이 세계적인 경쟁력으로 무장하고 국제사회에서 한국을 대표해 글로벌시장을 주름잡고 있는 것을 보면 우리가 선택한 전략이 기대했던 결과를 가져왔다고 평가할 수 있다.

이밖에도 도로, 항만, 통신 등 산업발전의 중요한 토대인 사회간접자본시설(SOC)과 연구개발(R&D)에 대한 적극적인 투자가 우리 경제발전에 커다란 원동력이 됐다는 사실도 빼놓을 수 없다. 1960년대 대내외의 숱한 반대를 무릅쓰고 건설한 경부고속도로를 시작으로 공항, 항만, 산업도로 등 물류 수송시설은 물론, 정유시설과 원자력 발전소 건설 등을 통해 석유, 전기 등 산업발전 추세에 맞추어 필요한 에너지를 공급했다. '비록 산업화는 늦었지만 정보화만큼은 세계를 선도하자'는 기치하에 1990년대 말 이후부터 집중적으로 추진한 인터넷망 구축 등 범정부적인 정보화사업은 지금과 같이 대한민국의 정보기술(IT)을 세계 일류산업으로 우뚝 서게 하는데 크게 기여했다. 현재 우리나라의 연구개발 지출이 GDP의 4%에 이를 정도로 커졌으며 그 대상도 응용과학을 넘어 기초과학 분야에 이르기까지 양적·질적으로 확대되고 있는 것도 경제발전의 중요한 요인이라고 할 수 있겠다.

마지막으로 한반도를 둘러싼 지정학적인 여건도 우리 경제의 고속성장에 한몫했다고 생각한다. 제2차 세계대전 이후 지속된 냉전체제하에서 정치적 민주주주와 자본주의적 시장경제질서를 추구하는 신생독립국가의 대표로 서방세계의 전폭적인 지원을 받을 수 있었던 것이 수출 지향적 경제발전 전략과 절묘하게 맞아 떨어지면서 비슷한 환경에 처해 있던 다른 어떤 국가들보다도 빠른 성장을 도모할 수 있었다. 이 또한 대한민국이 받은 큰 축복 중 하나였다고 믿는다. 그런 의미에서 해방 이후 어지러웠던 시대상황 속에서도 민주주의와 시장경제라는 건국의 이념을 굳건하게 세우고 흔들림 없이 다져온 모든 분들의 노고에도 경의를 표한다.

전환시대의
한국경제

과제와 전망

한국의 1인당 GDP는 향후 3~4년 안에 3만 달러를 돌파할 것으로 전망된다. 가령, LG경제연구원이나 현대경제연구원 등의 민간경제연구소는 경제성장률 연 3%, 물가상승률 연 2%, 원/달러 환율하락률 연 5% 정도를 전제로 우리나라의 1인당 GDP가 2016~2017년경에 3만 달러에 이르게 될 것이라고 전망했다.[2] 국제통화기금(IMF)도 2012년 10월 발표한 '세계경제전망' 자료에서 한국의 1인당 GDP가 2017년에 3만 1,825달러에 이를 것이라고 예상한 바 있다.[3] 우리나라의 1인당 GDP가 2007년 처음으로 2만 달러를 넘은 것을 감안한다면 3만 달러를 돌파하는데 그로부터 약 10년 정도의 시간이 더 걸리는 셈이다.

우리나라는 과거 많은 중남미 국가들이 경험했던, 선진국 진입의 문턱에서 경제가 주저앉고 마는, 소위 '중진국 함정(middle income trap)' 현상을 모범적으로 극복했다는 견해가 많다. 아시아개발은행(ADB)은 2011년 출간한 〈ASIA 2050〉 보고서를 통해, 한국은 연구개발과 혁신을 통해 생산성을 제고함으로써 1990년대 우려됐던 중진국 함정을 완전히 극복했으며 이를 토대로 한국이 아시아의 성장주도국 중 하나가 될 것으로 예상하고 있다. 그러면서 한국을 교육과 과학기술 발전, 에너지 효율성 개선, 그리고 기후변화 대응 등에 있어서 모범사례로 제시하기까지 했다.

이처럼 우리나라 경제에 대한 장밋빛 전망들이 쏟아지고 있지만, 냉정하게 봤을 때 지금의 한국경제는 마냥 낙관론에 취해 샴페인을 터뜨릴 수 있는 상황이 아니라는 점을 똑똑히 인식해야 한다. 아직도 우리 앞에는 수많은 도전과 난관 그리고 불확실성이 놓여 있다는 점에서 마치 '살얼음판 위를 걸어가고 있다'는 표현이 정확하다고 생각한다. 그런 의미에서 작금의 한국경제는 큰 전환기에 놓여 있으며 우리가 어떤 선택을 하느냐에 따라 앞으로 우리 경제의 운명이 크게 달라지게 될 것이다.

이제부터 우리 앞에 기다리고 있는 도전과 불확실성이 무엇인지 하나씩 살펴보자. 우선, 단기적으로는 우리 경제를 둘러싸고 있는 대내외적 요소들이 매우 불확실하고 불안정하다. 여전히 진행형인 유럽발 재정위기로 인해 경제주체들의 심리가 크게 위축되면서 글로벌 경기회복의 발목을 잡고 있다. 국내적으로도 투자와 소비가 살아나지 못하면서 민간부문의 성장모멘텀이 약화되어 최근의 저성장 경로가 고착될지도 모른다는 우려가 높아지고 있다. 한국은행이 2013년 1월에 발표한 2012년도 경제성장률(속보치)은 2.0%로 1970년대 이후 역대 4번째로 낮은 수치다. 제2차 오일쇼크로 인해 마이너스 성장을 기록했던 1980년(-1.9%)과 외환위기 직후인 1998년(-5.7%), 글로벌 금융위기 직후인 2009년(0.3%)의 경제성장률만이 이보다 낮았다. 2013년 국내 경제성장률 역시 세계 경제성장률 전망치(3.4%)보다도 낮은 2%대에 그칠 가능성이 높아 보인다.

장기적 관점에서 보더라도 걱정이 이만저만이 아니다. 과거 정부 주도의 불균형 성장전략이 내재하고 있던 한계와 문제점들이 다양한 구조적 문제를 야기하고 있기 때문이다. 그동안 높은 수준의 경제성장을 견인해 왔던 양적투입 성장모델의 한계로 인해 지속성장 가능성에 대한 불확실성이 커져가고 있다. 특히 성장잠재력 둔화, 산업 내 양극화 심화, 계층 간 소득분배 악화, 재정건전성 악화 등이 그런 우려를 높이고 있다.

먼저, 우리나라의 잠재성장률은 1990년대 하반기부터 뚜렷하게 하향추세를 보이기 시작하더니 현재는 3%대까지 떨어져 있다. 이는 과거와 비교해서 무엇보다도 고용증가율과 저축률이 크게 하락한 데서 기인한 문제로 보인다. 앞으로 혁신적인 기술개발 등을 통해 총요소생산성이 급격히 상승되지 않는 한, 현재 빠른 속도로 진행되고 있는 저출산·고령화 현상으로 인해 잠재성장률은 더욱 떨어질 것으로 예상된다. 이에 따라 2020년 이후에는 취업자 증가율이 감소세로 전환하고 피부양 인구비율이 상승하는 등 고령화에 따른 부정적인 파급효과가 본격적으로 나타나면서 우리 경제의 성장활력을 크게 저하시킬 것이라는 우려가 나오고 있다. 이와 관련, 한국개발연구원(KDI)은 한국의 잠재성장률이 2011~2020년 기간 중 연평균 3.8%에서 2021~2030년 기간 중에는 2.9%, 2031~2040년 기간 중에는 1.9%로 하락하게 될 것으로 전망하고 있다.

저출산 및 고령화 현상은 특히 심각한 문제가 되고 있다. 우리나라는 세계 최저수준의 출산율(2011년 1.24명)로 인해 경제개발협력기구(OECD) 국가들 중에서도 고령화속도가 가장 빠르게 진행돼 2026년에는 노인인구 비중이 20%를 넘어서는 이른바 초고령사회에 진입할 것으로 전망된다. 고령화사회(노인비중 7%)에서 초고령사회로 전환되는데 프랑스가 154년, 미국이 90년, 일본이 35년 정도가 소요된 반면, 우리나라는 불과 26년밖에 걸리지 않는다는 분석이다. 이로 인해 2017년부터는 생산가능 인구가 감소하여 2021년부터는 노동력부족이 현실화될 것이라는 것이 통계청의 전망이다. 2006년에 발표된 통계청의 장래인구 추계 결과에 따르면, 생산가능 인구 비중은 2016년 73.4%로 정점을 찍은 후 지속적으로 감소해 2024년에는 70% 미만으로, 2036년에는 60% 미만으로 낮아지게 될 것이라고 한다. 그 결과, 2060년이 되면 인구 10명당 4명이 노인이고 생산가능인구 100명이 노인 80명을 부양하는 그야말로 '1대1 부양시대'로 접어들게 된다는 것이다.

고용구조 역시 좀처럼 개선되지 못하고 있다. 전체 임금근로자 중 비정규직 비중이 2004년 8월 37.0%를 차지한 후 비정규직 보호법 발효 등의 영향으로 인해 2007년부터 다소 감소하기 시작했지만, 2012년 3월 현재 33.3%로 여전히 높은 수준을 보이고 있다.[4] 국제적으로 비교해 봐도 심각한 수준이다. 2009년 경제협력개발기구(OECD) 노동통계에 따르면, 우리나라의 전체 근로자 중 임시직 비율은 폴란드, 스페인, 포르투갈 다음으로 매우 높은 수준이다. 취업률과 경제활동 참가율 역시 감소추세에 있는 등 고용사정이 전반적으로 어두워 경제적·사회적 갈등요소로 작용하지 않을까 우려된다.

기후변화와 같은 환경적인 변화도 향후 세계경제 성장을 위협할 것으로 예상된다. 이는 우리 경제의 진로에도 많은 영향을 미칠 것으로 보인다. 향후 10년간 전 세계 기온상승은 지난 100년 동안(1911~2010년)의 기온변화(0.75℃)를 능가할 것으로 예측되는 등 기온상승이 가속화될 것이라는 전망도 있다. 폭염·폭설·폭우와 같은 기상이변도 이제는 전 지구적으로 일상화되다시피 하고 있다. 하지만 기후변화는 우리 경제에 위기인 동시에 기회가 될 수도 있다. 고유가가 지속되고 전력중심의 에너지수요가 증가하는 등 기후변화에 대한 대응비용이 증가하는 반면, 온실가스 감축과 기후변화 대응을 위한 새로운 기술과 산업, 시장이 창출될 것이기 때문이다.

우리나라 산업 전 부문에 걸쳐 악화일로에 있는 다양한 차원의 양극화문제도 심각하다. 서비스업과 제조업 사이의 양극화는 물론, 제조업 내에서도 중화학공업과 경공업 사이에 양극화가 진행되고 있다. 대기업(수출 중심의 중화학공업)과 중소기업(내수 중심의 경공업 및 서비스업) 사이의 양극화도 심화되고 있다. 이는 수출부문과 내수부문 간의 격차를 심화시키며, 소득분배문제를 지속적으로 악화시키는 요인이 되고 있다. 과거에는 대기업의 수출이 호조를 보이면 자연스럽게 관련 중소기업들에게까지 온기가 전달되며 덩달아 내수도 활기를 띠었다. 그러나 최근에는 이런 연결고리가 약해지면서 산업계 내의 양극화현상이 여러 갈래의 형태로 전개되고 있다. 최근의 경제민주화 논의는 이러한 경제 상황에서 비롯된 측면이 강하고 골목상권 논란이나 대·중소기업 간

문제 등은 양극화로 인해 더욱 풀기 어려운 과제가 돼가고 있다.

이와 더불어 1990년대 초 이래 소득분배 역시 계속 악화되고 있는 상황이다. 통계청 등의 자료에 따르면 소득분배의 불평등 정도를 나타내주는 대표적 지표인 지니계수는 1993년 0.250에서 2011년 0.289로 상승했다. 소득상위 20% 계층의 평균소득을 소득하위 20% 계층의 평균소득으로 나눈 소득 5분위 배율 역시 1993년 3.7에서, 2011년 4.82로 높아지는 등 계층 간 소득분배가 나빠지고 있다. 상대적 빈곤율은 1993년 7.5%에서 2008년 13.1%로 상승했다가 2011년에는 12.4%로 다소 개선됐다.

소득분배 지표들의 전반적 추세는 특히 1990년대 외환위기 이후 악화되고 있는 모습을 보이고 있다. 2008년 글로벌 금융위기 이후 다소 회복과정을 거치고는 있으나 뚜렷한 개선을 보여주지는 못 하고 있다. 이러한 소득분배 악화는 우리나라에만 국한된 것이 아니라 많은 나라에서 겪고 있는 현상이다. 이는 세계화(globalization)와 지식기반경제(knowledge-based economy)의 확산으로 비교적 기술 수준이 낮은 근로자들의 임금 및 고용기회가 상대적으로 하락하고 있기 때문으로 분석된다.

우리나라에서는 고용률 정체, 노인인구비중 상승, 교육기회의 불평등, 사회보장제도 미흡 등의 요인들이 더해지면서 소득분배를 악화시키고 있는 것으로 보인다. 소득분배문제를 개선하기 위해서는 무엇보다도 양질의 일자리를 창출함으로써 저소득층의 고용여건을 개선하고, 저소득 취약계층에 대한 사회안전망 확충 등을 지속해 나가야 할 것이다.

재정건전성에 대한 우려도 커지고 있다. 1997년 외환위기로 인해, 이듬해인 1998년 당시 우리나라 재정수지는 GDP 대비 통합재정수지가 -3.7%, 관리대상수지는 -4.9% 수준까지 악화됐다. 이후 차츰 개선되기 시작해 2008년 글로벌 금융위기 이전까지는 ±1.0% 내외를 유지했다. 글로벌 금융위기 극복을 위해 적극적인 재정정책을 추진하는 과정에서 관리대상수지가 2009년에 다시 -4.1%까지 악화됐으나 2011년 현재 -1.1% 수준으로 회복됐다.

국내총생산(GDP) 대비 국가채무비율은 1992년 11.7%에서 2012년 현재 33.3%까지 증가했다. 이런 상승요인은 1997년 외환위기와 2008년 글로벌 금융위기를 겪으면서 막대한 공적자금 투입과 외환시장 안정을 위한 외평채 발행, 적극적인 재정확대정책 등에서 기인한 결과라고 하겠다. 물론 재정건전성 측면에서 본다면 우리나라는 여타 경제개발협력기구(OECD) 국가들과 비교해 비교적 양호한 편이라고 할 수 있다. 2011년 OECD 국가들의 GDP 대비 평균국가채무비율이 103%라는 점을 감안하면 충분히 관리 가능한 수준으로 평가할 수 있다. 그러나 향후 대내외 경제여건의 불확실성이 여전히 높은 반면 재정수요는 많다는 점을 감안하면, 앞으로 재정수지 개선에 각별한 관심이 요구된다.[5]

대외적으로 볼 때도 중국, 인도 등 이른바 브릭스(BRICS)로 대표되는 신흥경제대국이 날로 부상해 철강, 전자 등 상당수 주요 수출품목에 있어서 우리와 치열한 경쟁을 벌이고 있다. 이로 인해 세계시장에서 우리의 입지가 갈수록 좁아지고 있다. 특히 중국은 이미 2010년 일본을 제치고 세계 2위의 경제대국으로 부상했으며, 2030년이면 미국마저 따라잡아 명실공히 세계 제1의 경제대국이 될 전망이다. 현재 중국에 대한 우리나라의 경제의존도는 가히 절대적이다. 중국은 2003년부터 우리나라 제1의 교역대상국가가 됐으며, 2011년 기준으로 우리나라 전체 수출의 24.2%, 수입의 16.5%를 차지하고 있다.[6] 따라서 앞으로 중국 등 주요 신흥 경제대국들의 경기변동에 따른 대비책 마련도 절실히 요구되고 있다.

앞에서 살펴본 것과 같이 우리 경제가 직면한 여러 가지 도전과제들을 감안해 볼 때 한국경제의 지속적인 성장에 대한 걱정과 우려가 고조되고 있으며 더 나아가 회의적인 시각들도 있다. 특히, 이웃나라 일본이 경험하고 있는 저성장기조는 우리에게도 위기감과 경각심을 준다. 1980년대까지만 해도 고도성장을 구가하며 일본식 시스템의 우수성을 전 세계에 자랑하던 일본 경제였지만 1990년대부터 소위 '잃어버린 20년'으로 표현되는 장기경기침체 국면에서 벗어나지 못하고 있다.

그 이유는 급격한 자산버블 붕괴와 인구감소, 고령화에 대한 부실한 대응, 그리고 혁신경제로의 전환실패 등이 꼽힌다. 급격한 고령화로 인한 잠재성장률 저하라는 측면에서 우리도 일본과 같은 장기경기침체 가능성은 있지만 그다지 높지는 않다고 본다. 일본과 비교해 봤을 때, 글로벌 시장에 보다 많이 노출되어 비교적 유연한 시스템을 가지고 있을 뿐만 아니라 자산버블의 급격한 붕괴 가능성도 낮고, 국가재정 여건 역시 상대적으로 양호하기 때문이다. 그렇다고 해도 구조개혁 노력을 외면한 채 안주해도 좋을 만큼 현재의 상황이 낙관적이지만은 않다.[7]

우리 경제의 성장 과정을 지켜본 나의 경험에 비추어볼 때, 비록 많은 어려움이 있겠지만, 이 모든 것을 충분히 그리고 슬기롭게 잘 극복할 수 있는 역량을 지니고 있다고 믿는다. 물론 이를 위해서는, 그리고 한국경제의 지속적인 성장을 위해서는 기업들의 투자의욕을 고취하고 산업 각 분야에서 선순환의 생태계가 조성될 수 있도록 성장의 기반과 틀을 새롭게 구축해 가는 노력들이 전제되어야 한다. 산업정책적 측면에서도 과거 대기업중심의 수출주도적인 성장모델이 이제는 한계에 봉착했기 때문에 새로운 성장방정식을 찾는데 지혜를 모아야 한다.

동시에 구조적 문제를 개선하고 보완하는 전략을 통해 경제의 기초체력과 구조를 튼튼히 하는 등 경제 전반에 걸쳐 내실을 다지고 허리를 튼튼히 하는 것이야말로 우리 앞에 놓인 새로운 도전과제에 올바르게 대응하는 지름길이다. 특히 시장주도적인 성장전략이 무엇보다도 중요하다. 이를 위해서는 시장경제의 경쟁원리가 제대로 작동될 수 있도록 대기업과 중소기업 간 불공정거래 관행을 개선할 수 있는 제도마련이 필요하다. 아울러 성장과 복지가 선순환이 될 수 있도록 생산적 복지경제체제의 틀을 확립하는 것 또한 절실하다. 성장과 복지에 대한 생각은 뒤의 에필로그에서 따로 정리하고자 한다. 아래에서는 이러한 내용들을 중심으로 갈림길에 선 한국경제에 요구되는 새로운 논리와 방향은 무엇인지 개괄적으로 그 방법들을 정리해 보고자 한다. 그리고 다음 파트부터는 그러한 방법들에 대해 한 가지씩 보다 더 세부적으로 논의해 나가고자 한다.

경제와 산업의 허리를 튼튼하게

'한국경제의 허리를 어떻게 하면 튼튼히 할 수 있느냐?'가 나의 가장 큰 관심거리다. 일반적으로 어떤 사회가 건강한 상태에 놓여 있는지 알기 위해서는 허리를 이루고 있는 중산층의 비중이 얼마나 되는지를 보면 된다고 한다. 그런데 한국경제를 가만히 놓고 보면 인체의 '허리'에 해당하는 분야가 매우 취약하다. 이로 인해 자칫 향후 우리 경제의 지속적인 성장이 저해되지는 않을까 우려되기 때문이다.

한국사회는 1997년 외환위기를 계기로 종신고용이라는 신화 속에서 안정된 직장생활을 하던 가장들이 하루아침에 거리로 내몰리면서, 중산층의 기반이 뿌리부터 흔들리기 시작했다. 이후에도 몇 차례의 경제위기를 경험하면서 중산층의 비중이 지속적으로 하락하는 추세를 보이고 있다. 시중에 떠도는 오륙도, 사오정, 삼팔선, 이태백이니 하는 유행어들은 이처럼 중산층이 무너져 내리는 시대적 사회상황을 상징적으로 보여준다.

허리에 해당하는 중산층이 얇아지면 그만큼 사회가 여러 형태의 충격을 버티지 못하고 쉽게 흔들리게 된다는 점에서 큰 문제가 된다. 일본이 20년 가까이 겪고 있는 장기불황의 역사도 따지고 보면 잃어버린 중산층의 복원이 늦어지는 데 기인한다. 그렇기 때문에 어느 국가든 중산층 육성정책에 지대한 관심을 가진다. 소위 계층 사다리를 따라 저소득층이 중산층으로 진입할 수 있도록 모든 노력을 경주한다. 마찬가지로 경제의 허리에 해당하는 기업들이 많이 있어야 산업과 경제 전반에 걸쳐 활력이 솟아나고 건강이 유지될 수 있다.

우리나라의 산업구조를 흔히 '구구팔팔(九九八八)'이라는 말로 표현한다. 전체 기업체들 가운데 중소기업이 차지하는 비율이 99% 이상이고 또 중소기업에서 일하고 있는 근로자의 수가 전체 근로자의 88% 이상을 차지하고 있기 때문이다. 그러나 중산층 가구에 비유되는, 종업원 수 300명 이상 1,000명 이하인 중견기업들은 제조업의 경우 500여 개에 불과하다. 따라서 앞으로는 이와 같은 작지만 강한 중견기업들이 우리 사회의 중심으로 자리 잡아 허리로서의 역할을 해야 지속가능한 경제성장이 담보될 수 있다. 우리 경제의 무역의존도가 90%를 넘어서는 절대적인 대외의존형 경제체제라는 점을 감안할 때, 경제의 허리를 튼튼히 하지 않을 경우, 수출산업기반의 건전성이 약화될 것이고, 이는 경제 전반에 걸쳐 심각한 문제를 야기할 것이기 때문이다. 그 연장선상에서 환경문제와 녹색성장에 대해서도 새로운 패러다임이 요구되고 있다.

앞에서도 언급했듯이 한국경제는 압축적인 불균형 성장전략을 통해 놀라운 성공을 거두긴 했지만 그 이면에는 경제 각 분야에 걸쳐 균형 있는 성장을 이루지 못한 그림자가 짙게 드리워져 있다. 부존자원이 빈약하고 축적된 자본도 없는 우리가 우선 '의미 있는 규모(critical mass)'를 가진 경제를 만들어 내기 위해서는 한정된 자원을 전략적 부문에 집중적으로 투자하는 것이 불가피한 일이었다.

문제는 앞으로는 과거같은 성장전략이 예전처럼 큰 효과를 발

휘하기 어렵다는 데 있다. 더군다나 한국경제에서 더 이상 낙수효
과(trickle down effect)를 기대하기 어렵다는 지적도 많다. 불균
형 성장에 따른 후유증으로 형평성에 대한 요구가 정치·사회적으
로 중요한 이슈가 되고 있으며 우리 사회의 통합을 저해하는 요
인이 되어가고 있다는 것이다.

최근의 총선이나 지방자치단체선거에서 쟁점화됐던 '무상급
식' 논란이나 대선과정에서 핫이슈로 떠올랐던 '경제민주화' 등
도 사실은 이러한 시대적 현상을 반영한 것이다. 그런 의미에서
여기서 주목하는 '허리경제'란 그간 불균형성장 과정에서 소홀히
취급되고, 그래서 해결을 미루어 둘 수밖에 없었던 우리 경제의
기초이자 토양을 이루는 분야라고 하겠다.

경제민주화와 함께 중소기업이 성장할 수 있는 토양을

앞으로 한국경제가 한 차원 더 높은 수준으로 도약하기 위해서
는 작지만 세계적인 경쟁력을 갖춘 한국형 히든챔피언(이하 '히든
챔피언')을 집중 육성함으로써 국가 경제의 허리를 강하게 만드는
토대 마련이 시급하다. 그동안 한국경제는 수출산업부흥을 통해
국가경제를 발전시키는 수출주도형 성장정책을 펼쳐왔다. 그 결
과, 상대적으로 대기업중심의 경제시스템을 초래했고, 산업과 경

제의 허리라고 할 수 있는 작지만 강한 중소기업들이 성장할 수 있는 기반이 부족한 산업구조가 되고 말았다.

중소기업이 성장하고 이를 바탕으로 고용도 함께 창출될 수 있는 환경이 조성되어야 우리 경제의 활력이 살아날 수 있을 것이라고 확신한다. 특히, 중산층복원의 성패는 괜찮은 일자리를 얼마나 많이 창출하느냐에 달려 있다. 이런 점에서 고용창출의 근원인 견실한 중소기업 육성은 그 무엇보다 시급하고도 중차대한 정책적 과제다. 이는 최근 우리 경제의 심각한 이슈로 부각되고 있는 청년층의 높은 실업난을 해소하기 위해서라도 절박한 문제로 다가온다.

2013년 4월 맥킨지글로벌연구소가 발표한 제2차 한국보고서에도 이러한 상황인식이 잘 반영되어 있다. 보고서는 소규모기업들이 성공적으로 성장해 나갈 수 있는 기업환경을 조성해야 한다고 지적하고 있다. 또한 높은 교육수준의 노동력을 활용하면서 중산층 가구의 재무건전성을 회복시킬 수 있는 신성장모델이 반드시 구축되어야 한다고 제언하고 있다. 이로써 신장된 소득을 통해 소비와 투자를 진작시키고 더 큰 폭의 성장과 소득신장을 촉진시키는 선순환의 고리가 만들어지게 된다는 것이다.

우리나라 기업의 절대 다수를 차지하는 중소기업은 고용창출과 산업 생태계의 역동성 제고 등 우리 경제의 지속가능한 성장을 가능케 하는데 핵심적인 역할을 담당한다. 특히 오늘날에는 글로벌 경쟁 환경이 빠르게 변화하고 산업의 융·복합화와 함께 기술의 복잡성이 증대되면서 경쟁의 양상이 종전의 단일기업들 간 경쟁에서 기업네트워크 간 경쟁으로 전환되고 있다. 그렇기 때문에 기업의 경쟁력을 제고하기 위해서는 협력중소기업의 역량을 강화하고 대기업과 협력중소기업 간에 신뢰를 구축하는 일이 더욱 더 중요해지고 있다. 나아가 이러한 환경변화에 신속히 대응할 수 있는 중소규모 기업의 장점을 최대한 살리고, 중소기업의 세계화를 촉진할 수 있는 효율적인 지원전략 마련이 요구된다.

이처럼 중소기업의 중요성이 날로 증대되고 있음에도 불구하고 현실은 어둡기만 하다. 대기업 중심의 고용 없는 성장 그리고 대기업과 중소기업 간 불균형 심화 등으로 인해 기업생태계가 선순환 구조로 바뀌지 못하고 대기업 중심의 독과점 시장구조가 심화되고 있다. 이 때문에 갑·을관계로 상징되는 불공정거래관행이 더욱 고착화되고 있는 양상이다.

이러한 상황을 극복하기 위해 정부도 그동안 중소기업을 위한 다양한 지원정책을 추진해왔지만 대기업과 중소기업 간 양극화는 그다지 개선되지 못하고 있다. 그 결과 중소기업이 계층 이동의 사다리를 따라 중견 또는 대기업으로 성장하는 사례 또한 극히 드물다. 대기업과 중소기업 간에 이루어지는 불공정한 하도급 거래 관행 역시 여전하다. 그마저도 대부분 수익성이 떨어지는 저부가가치 하도급거래에 집중되고 있는 실정이어서 성장을 위한 연구개발(R&D) 투자여력도 부족한 상황이다. 따라서 앞으로 중소기업이 건전하게 발전할 수 있는 토양을 만드는 데 정부가 정책적 노력을 더욱 강화해야 한다.

이는 일정 부분 21세기 대기업집단 정책이 나가야 할 방향과 동전의 앞뒷면 같은 관계를 가지고 있다. 그런 의미에서 출자총액제한제도 부활이나 순환출자 금지, 지주회사 규제 그리고 금산분리 등과 같은 관련 핵심이슈들에 대해서 어떻게 해법을 찾는 것이 좋은지 심도 있는 토론이 필요하다. 뿐만 아니라, 관행이라는 이름하에 거리낌 없이 행해진 대기업집단 내부의 부당지원 문제를 공정경영의 관점에서 어떻게 개선해 나가야 할지에 대해서도 깊이 생각해 볼 때다.

시장경제와 소비자가 올바로 서야 한다

우리 경제의 허리를 튼튼히 하기 위해서는 우리 경제가 채택하고 있는 시장경제시스템이 원리대로 잘 작동될 수 있도록 해야 한다. 그리고 시장경제의 기본에 충실하고 경쟁을 통한 자원의 효율적 배분이 잘 이루어지도록 경제구조와 시스템을 갖추어야 비로소 우리 경제가 선진경제로 이행할 수 있다. 다시 말해, 투명하고 공정한 시장의 틀이 제대로 마련되고 그 속에서 자유롭고 공정한 경쟁이 보장될 때, 우리 경제도 선진화되고 성장잠재력을 키워 나갈 수 있다는 말이다.

이를 위해 기업가와 소비자 등 모든 시장참여자들의 자유경쟁이 보장되어야 한다. 자유경쟁을 보장하기 위해서는 시대에 맞는 시장규율을 갖추는 일이 무엇보다 중요하다. 정해진 게임의 규칙을 지키지 않는 반칙행위에 대해서는 엄정히 감시하고 시정하도록 하는 한편, 진입장벽 같은 제한요소를 과감히 제거하고 규제를 개선함으로써 자유로운 경쟁을 적극적으로 유도해야 할 것이다. 좀 더 구체적으로 시장에서의 비중과 영향력이 큰 대기업(집단)의 반칙행위에 대해서는 보다 엄격할 필요가 있다. 반면, 중소기업과 하도급업체 그리고 벤처기업과 같이 시장에서 불리한 위치에서 자유를 제약받는 시장참여자에 대해서는 공정한 시장경쟁이 이루어질 수 있도록 힘의 불균형을 시정하는 등 거래질서를 확립해야 한다.

이제는 생산자와 소비자를 이어주는 가교로서 유통이 갖는 역할에 대해서도 한 번쯤 진지하게 되돌아볼 필요가 있다. 시장경제의 혈맥으로 기능하고 있는 유통산업의 선진화를 더 이상 늦출 수 없는 상황이기 때문이다. 지난 10여 년간 우리나라 유통산업이 대형화의 길을 밟으며 빠르게 성장해왔지만, 그 이면을 자세히 들여다 보면 과중한 판매수수료 문제를 위시해서 심화되고 있는 산업 내 양극화현상, 그리고 프랜차이즈산업 전반에 만연하고 있는 불공정거래행위에 이르기까지 풀어야 할 숙제가 한둘이 아니기 때문이다. 게다가 오프라인을 추월할 정도로 급성장한 온라인 전자상거래에 대한 공정한 시장질서 확립도 중요한 현안이다.

마지막으로 소비자후생 증대는 시장경제 발전의 궁극적인 목적이라는 점에서 소비자 피해구제와 소비자 권익실현에 만전을 기해야 하며 소비자 스스로 합리적인 선택이 가능하도록 해야 한다. 이로써 온전한 시장참여자로 당당히 제 역할을 해나갈 수 있도록 힘을 키워주는 노력이 중요하다.

시장경제의 파수꾼이라는 공정거래위원회 위원장으로 재임하면서 직원들에게 가장 역점을 두고 강조한 내용이, 공정위가 시장의 '따뜻한 균형추' 역할을 해야 한다는 것이었다. 공정위가 단순히 시장의 감시자나 심판자의 역할을 뛰어 넘어 공정한 시장의 균형자로서 기능해야 한다는 취지였다. 마찬가지로 생산자와 소비자는 궁극적으로 윈-윈하는 상생관계가 돼야 우리 경제가 지속가능한 성장을 할 수 있다고 봤다. 소비자와 생산자는 어느 한쪽을 택하고 다른 한 쪽을 버려야 하는 제로섬의 관계가 아니라 시장경제를 지탱하는 양대 축이기 때문이다. 그 연장선상에서 공정위가 시장경제의 모든 경제주체가 상생할 수 있도록 정책적으로 뒷받침하는 역할을 해야 한다고 믿었으며, 이를 위해 최선의 노력을 기울였다.

이 책 뒤에 있는 참고자료 1에 이 같은 생각을 담은 공정거래위원장 취임사의 일부를 싣는다. 이와 별도로 2008년 글로벌 금융위기의 원인이 됐던 미국 서브프라임모기지 사태와 관련해 〈파이낸셜뉴스〉에 기고했던 글도 참고자료 2에 덧붙인다.

Part 2

산업구조의
허리를 튼튼하게

동반성장의 문화 확산과
글로벌 중견기업 육성

동반성장의 문화
이제 선택이 아닌 필수

상생(相生)이 답이다

"최근 글로벌 패러다임은 개별기업 간 경쟁에서 기업생태계 간 경쟁으로 전환하고 있다." 기업생태계 이론을 체계적으로 정립한 하버드대 마르코 이안시티 교수가 던진 화두다.

그가 말하는 기업생태계란 상품의 설계와 제조 그리고 판매로 이어지는 기업경영의 협력 네트워크로, 이 협력 네트워크가 성과를 창출하기 위해서는 건강한 기업생태계 유지가 필수라고 한다. 그리고 이러한 기업생태계는 대기업과 중소기업 간에 동반자적 상생협력이 살아 있을 때에야 비로소 건강할 수 있다. 건전한 상생과 공존에 토대를 둔 기업생태계에서 만들어진 제품이야말로 최종소비자에게 어필할 수 있는 가치사슬을 만들어 낼 수 있기 때문이다. 예를 들면, 앞으로 글로벌 시장에서 전개되는 현대자동차와 토요타자동차 간 경쟁은 현대와 토요타로 대표되는 두 자동차 기업생태계 간 경쟁이 될 것이라는 말이다.

일본의 토요타자동차는 2007년 생산량에서 세계 1위를 차지한 데 이어 2008년에는 판매량에서도 78년 동안 지켜온 미국 자동차 업체 GM의 아성을 무너뜨렸다. 이러한 성공의 밑바탕에는 바로 상생의 정신이 자리 잡고 있다. 더욱 놀라운 사실은 정상에 오른 지 얼마 되지 않아 대규모 리콜 사태와 일본 대지진, 태국의 홍수 등으로 인해 지난 몇 년간 창사 이래 가장 힘든 시기를 거치면서도 그 책임을 부품 협력사에 전혀 묻지 않았다는 점이다.

대규모 리콜 사태가 발생한 당시에도 비록 협력사들이 하자 있는 제품을 납품했지만 프로세스 문제라며 오히려 품질점검팀을 강화하는 조치를 취했다. 거꾸로 기업생태계를 더 잘 가꿈으로써 상생과 협력을 통해 위기를 헤쳐 나가겠다는 역발상이 돋보이는 대목이다. 토요타는 납품단가 인하를 요구하는 대신, 제품 설계에서 생산에 이르기까지 중소협력업체를 참여시키고 원가절감 이익을 함께 나눔으로써 동반자적 상생협력의 문화를 꽃피운 기업으로 잘 알려져 있다. 협력업체들은 최고의 품질을 갖춘 부품 공급으로 화답함으로써 오늘날의 '토요타 신화'를 탄생시켰다. 이처럼 세계 굴지의 글로벌 기업들이 지닌 경쟁우위의 원천에는 항상 협력업체와 상생하고자 하는 지혜가 담겨 있다.

다행스럽게도 최근 우리나라에서도 상생협력을 통해 대기업과

   갈림길에 선 한국경제, 현재에 묻고 미래에 답하다

중소기업의 동반성장을 추구하려는 움직임이 활발해지고 있다. 기존 하도급 형태의 수직적 협력구조를 넘어 수평적 협력모델이 시도되고 있다. 다시 한 번 강조하거니와 전환기에 놓인 우리 경제가 앞으로도 지속적인 경쟁력을 갖기 위해서는 무엇보다 중소기업이 활발하게 성장해 글로벌 경쟁력을 갖도록 해야 한다. 그렇게 할 때 비로소 우리 경제의 허리가 튼튼해지고 이를 통해 대기업과 중소기업이 서로 조화를 이루면서 다이내믹(dynamic)한 기업생태계를 조성할 수 있다.

이를 위해서는 중소기업들 스스로 기술개발을 통해 경쟁력을 강화하는 노력을 해야 한다. 하지만 동시에 대기업과의 교섭력 격차에서 오는 불공정거래 유인을 축소시켜 공정하고 투명한 거래질서가 확립될 수 있도록 해야 한다. 그렇게 해야 궁극적으로 대기업과 중소기업 간에 상생의 동반자관계가 구축될 수 있는 여건이 조성될 수 있다고 본다.

그간 우리의 산업전략과 대·중소기업에 대한 인식에는 많은 문제가 있었던 것이 사실이다. 대기업은 중소기업을 중장기적 발전을 위한 협력파트너가 아니라 일회성거래의 원가절감 대상으로 보는 경향이 컸다. 이로 인해 대기업들은 수요독점이라는 우월적 지위를 이용해 단기적인 이윤극대화만을 중시했을 뿐, 경영성과를 함께 나누는 데는 매우 소극적이었다. 이제는 대기업들도 중소기업의 성장을 곧 자신들의 존립과 발전의 원동력으로 인식하는 발상의 전환이 필요하다. 글로벌 경쟁이 치열하게 전개될수록 개별기업보다는 대기업과 협력중소업체들의 네트워크인 기업생태계 간의 우열이 생존과 번영의 핵심 요인이기 때문이다.

중소기업 입장에서도 정부에 대해 시혜적 지원만을 요구하며 기술개발이나 경영혁신 노력을 통해 스스로 경쟁력을 키우려는 노력은 미흡했다. 예를 들면, 중소기업과 중견기업의 경계에 놓인 많은 기업들이 몸집을 키우기보다는 일부러 새로운 중소기업을 설립하는 방식으로 회사를 쪼개는 사례도 종종 있었다. 중소기업 보호관련 법률에서 부여하는 혜택을 적용받기 위해서였다.

일부 중소기업인들은 지금도 여전히 정부의 보호와 지원에 기대려는 모습을 보이고 있다. 전경련의 2012년 12월 조사에 의하면 중견기업으로의 진입을 꺼리는 이른바 '피터팬 증후군'을 앓고 있는 중소기업이 10곳 중 3곳에 달하고, 이를 위해 분사나 계열사 신설, 상시근로자 수 조정과 같은 인위적인 구조조정도 불사한다고 한다. 그러나 앞으로는 이 같은 의존적이고 수동적인 자세로는 경쟁력 있는 기업을 키워 나가기 어렵다.

정부 역시 지금까지는 중소기업을 경제적 약자로서 보호나 지원의 대상으로 간주해 시혜 위주의 정책에 방점을 두어 온 측면이 있다. 물론 이것은 1960년대 이후 대기업 중심의 불균형 압축성장정책으로 인해 중소기업의 성장기반이 취약했기 때문에 이

2011년 1월 3일 공정거래위원회 위원장 취임.

를 보완하는 차원에서 불가피한 측면이 있었다. 하지만 최근 정부안에서도 중소기업에 대한 보호나 지원보다는 중소기업 스스로 경쟁력을 높이도록 중소기업정책이 달라져야 한다는 인식이 확산되고 있다. 올바른 방향전환이라고 생각한다.

나는 2011년 공정거래위원장으로 취임하면서 무엇보다도 두 가지를 염두에 두었다. 하나는 당시 정부의 거시경제정책 운용에 큰 부담이 되던 물가불안 요인을 해소하는 데 일조함으로써 서민 생활의 안정을 기하는 것이었다. 다른 하나는 대기업과 중소기업 간 상생협력과 동반성장문화를 조성함으로써 공정사회 구현이라는 국정이념을 실현하고자 했다.

사실 동반성장정책은 참여정부시절에 추진된 대·중소기업 상생협력시책을 통해 처음 구체화됐다. 그러나 이것이 동반성장에 대한 공감대 확산과 기업생태계 내의 문화로 정착되기에는 미흡한 부분이 많았다. 그래서 이명박정부는 대·중소기업의 동반성장을 주요한 정책의제로 설정하고 동반성장과 공생발전을 국가적 어젠다로 확대·발전시켰다. 이에 입각해, 2010년 9월 29일 공정위, 지식경제부, 중소기업청 등 관계부처 합동으로 '대·중소기업 동반성장 추진대책(일명 9·29대책)'을 발표했다. 기업들의 근본적인 인식전환을 통해 시장친화적 동반성장전략을 추진함으로써 대·중소기업 간 상생협력과 동반성장을 도모하고자 했다.

9·29대책의 요지는 그동안 법과 제도 개선에 의존하던 방식에서 벗어나 기업전반의 근본적인 인식전환을 통해 시장친화적 동반성장을 추진한다는 것이다. 아울러 산업생태계를 구성하는 대기업·중소기업·정부별로 명확한 추진과제를 구분해 실천하는데 주안점을 두었다. 그렇게 함으로써 기업의 자발적 동반성장 노력이 일회성이 아닌 산업과 기업생태계 전반을 관통하는 하나의 문화로 정착될 수 있도록 하는데 근본 목적이 있었다. 이를 위해 지속적이고도 일관된 추진 및 점검체계를 구축해 나가는 방향으로 전략이 짜여졌다.

구체적인 정책과제로는 납품단가 조정체계 구축, 자의적 납품대금 감액과 구두발주 방지, 중소기업 기술보호 강화, 2차 이하 협력사로 하도급법 적용확대 등과 같이 공정한 동반성장이 가능하게 하는 산업생태계를 구축하기 위한 다양한 공정거래질서 확립 방안들이 마련됐다. 이외에 사업영역 보호, 동반성장전략의 확산 그리고 중소기업의 자생력강화 지원방안 등이 포함됐다. 더 나아가 동반성장전략을 지속적으로 추진하고 점검하는 체계를 구축하기 위해 민간부문의 자발적인 동반성장 추진시스템으로 동반성장위원회를 출범시키고 정부 차원의 이행 점검시스템도 마련하기로 했다.

공정거래위원장으로 부임한 후, 9·29대책의 후속조치로 하도급법령 개정 및 하도급거래공정화 지침 보완, 공정거래 및 동반성장협약절차·지원기준 등을 마련하고, 동반성장에 대한 공감대 확산과 대기업의 참여를 유도하기 위한 노력을 지속적으로 추진해 나갔다. 또한 불법 하도급거래행위에 대한 감시를 강화하는 한편, 기업들이 스스로 공정한 하도급거래 및 동반성장을 할 수 있도록 '공정거래 및 동반성장 협약' 체결을 확산시키고 성실한 이행을 유도해 나갔다.

이처럼 우리 산업 전반에 동반성장문화를 확산시킴으로써 향후 우리 경제가 지속 가능한 성장을 할 수 있는 건전한 산업생태계를 만드는 데 일조했다는 사실에 커다란 긍지와 보람을 느낀다. 책 뒷부분의 참고자료 3과 4에 공정거래위원장 재직 당시 동반성장을 위해 추진한 여러 제도적 조치들의 내용을 이해하기 쉽게 정리해 놓았다.

다시 한 번 강조하거니와 동반성장에 대한 실질적 성과를 창출하기 위해서는 정부와 대기업 그리고 중소기업 간 역할 분담을 통한 삼위일체식 접근이 무엇보다 중요하다. 우선 정부는 공정거래 정착을 위한 제도개선, 대·중소기업 간 상호보완적 협력을 위한 유인체계 제공 등 조정자로서의 역할을 다해야 한다. 중견기업으로의 진입을 꺼리는 이른바 '피터팬 증후군'을 앓는 중소기업들에 대해서는 성장경로별로 차별화된 지원정책을 강구해야 한다.

대기업은 중소기업과 공정한 비율로 성과를 공유하고 상호 대등한 동반자관계를 선도하려는 전향적 자세를 가져야 한다. 물론 중소기업도 원천기술을 확보해 스스로 대기업의 전략적 파트너로서 자리매김할 수 있도록 부단히 노력해야 한다.

중국 역사상 최고의 번영기를 구가한 황제로 평가받는 청나라 건륭제는 '배가 물을 떠나서는 그 공을 이룰 수 없다(舟不能離水而成其功)'는 말을 국가경영철학으로 삼았다. 갈림길에 선 지금의 한국경제를 이끌어 나갈 비전으로 삼아도 전혀 손색이 없다고 생각한다. 앞으로 대기업과 중소기업이 물과 배와 같은 관계로 상생과 협력을 통해 함께 성장하는 건강한 기업 생태계가 조성되기를 기대한다. 상생에 기초한 동반성장은 이제 선택이 아니라 필수이기 때문이다.

대·중소기업 간 동반성장 협약의 확산

대·중소기업 간 공정한 거래질서가 확립되고 상생협력이 온전히 뿌리내리기 위해서는 정부기관의 감시나 시정만으로는 한계가 있다. 기업들 스스로 법 위반 예방 등의 여건을 자율적으로 조성하고, 산업 전반에 걸쳐 동반성장 문화가 적극적으로 확산되도록 함께 노력하는 것이 중요하다. 이를 위해서는 대기업과 중소기업 간 건강한 소통이 확보·유지되어야 한다.

대기업과 중소기업 간의 자율적인 동반성장 문화의 확산을 위해서 오랫동안 공정위는 공정한 거래와 동반성장을 약속하는 협약을 대·중소기업이 함께 체결하도록 유도해 왔다. 대기업은 서면계약서 발급, 납품단가 결정 시 원자재가격 상승분의 적기반영, 현금결제비율 확대, 대금지급기간 단축 등 공정한 하도급거래와 중소기업에 대한 기술 및 자금지원 등을 약속하고, 이에 대해 중소기업은 생산성향상 및 원가절감을 위한 기술개발, 공정개선, 품질개선, 물류개선 등 혁신활동을 전개함으로써 동반성장할 것을 서로가 약속하는 것이다. 공정위는 이와 같은 협약의 이행실적을 평가해 우수한 기업에 대해서는 직권조사면제 등의 인센

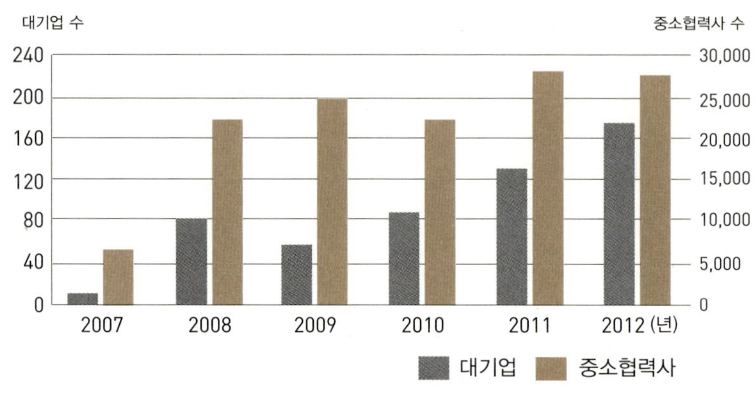

티브를 제공해 왔다.

이와 같은 방식의 대기업·중소기업·정부 간의 삼각공조 프로그램인 '대·중소기업 간 공정거래 및 동반성장 협약'제도는 2007년 9월에 처음 도입됐다. 나는 공정거래위원장 재임 중인 2011년, 협약 제도의 근거를 '하도급거래 공정화에 관한 법률'에 명시함으로써 이를 제도적으로 뒷받침했다. 그리고 이러한 협약제도를 보다 투명하고 객관적으로 운영하기 위해 2012년 5월부터 대·중소기업, 동반성장위원회, 중소기업중앙회, 전국경제인연합회 등을 통한 광범위한 의견수렴을 거쳐 '대·중소기업 간 공정거래 및 동반성장협약 절차·지원 등에 관한 기준'을 2012년 12월 28일 개정했다. 더 나아가 2013년 1월 1일에는 공정거래 및 동반성장협약 이행 평가시스템(http://gowith.ftc.go.kr)을 온라인으로 개통해 종래 오프라인에서 서류로 진행하던 협약이행 평가를 온라인으로 처리하게 함으로써 기업부담을 줄이는 한편, 평가의 객관성·신뢰성을 제고하고자 했다.

2012년 말까지 459개 대기업이 약 13만 2,000여 협력사와 협약을 체결했고, 이를 통해 대기업과 중소기업이 자발적인 상생협약 문화를 만들어 가고 있다. 이로 인해 우리 기업생태계 전반에 동반성장문화가 확산되는 계기가 되고 있다.

현장과의 건강한 소통이 동반성장을 위한 첫걸음

소통은 일방적인 지시와 전달을 의미하는 것이 아니라 이해관계인들 상호 간에 이루어지는 쌍방향 커뮤니케이션을 의미한다. 이런 양방향 소통이 제대로 작동하려면 상대방에 대한 이해와 배려가 선행되어야 한다. 그리고 정책결정자의 입장에서 상대방을 이해하려면 탁상공론이 아닌 생생한 현장의 목소리에 충분히 귀 기울이려는 자세가 필요하다. 이런 견지에서 수출입은행과 공정위의 수장으로 취임할 때, 매번 다음과 같이 현장의 중요성과 함께 문제에 대한 해결책도 현장에서 찾을 것을 주문했다.

"(중략) 이와 관련하여 여러분들에게 한 가지 당부 드리고 싶은 사항이 있습니다. 과거의 도그마에 갇혀 매너리즘에 빠지는 일이 없어야 한다는 점입니다. 그러기 위해서는 누구보다도 현장을 잘 알아야 하고 문제에 대한 해결책도 책상이 아니라 현장에서 찾아야 합니다. 저도 솔선수범해서 현장을 자주 찾겠습니다. 가서 고객들의 고충이 무엇인지 귀 기울이고 해결책을 도모할 것입니다. 현장 속에서 문제를 찾고 현장 속에서 길을 구할 것입니다. 제가 수은의 수장(首長)으로 있는 동안에는 현장을 잘 아는 전문가들이 중용될 것이고 영광의 월계관을 쓸 것입니다. 그러니 여러분들은 부디 저를 쳐다보지 말고 현장을 향하시기 바랍니다. (중략)"[8]

"(중략) 저는 앞으로 우리 공정거래위원회의 위상과 역량은 이미 발생한 문제를 잘 해결하는 능력이 아니라 문제의 발생 가능성을 선제적으로 차단하고 예방(豫防)하는 능력에 의해서 결정되고 판단될 것이라 믿고 있습니다. 문제를 미연에 방지하는 것이 궁극적으로 문제를 치유하기 위한 사회적 비용을 최소화하는 최선의 길이라는 사실은 최근의 글로벌 금융위기를 포함해 과거 우리가 겪었던 경제위기로부터 비싸게 얻은 참 교훈이기 때문입니다. 그리고 문제의 원인은 언제나 현장에 존재한다는 점에서 현장의 실상을 도외시하고 책상 머리맡에서 만들어 낸 대안은 진정한 해결책이 될 리가 만무합니다. 뿐만 아니라, 현장에서 문제의

공정거래위원장 취임 직후인 2011년 1월 20일 전통시장인 신원시장 방문.

원인을 제대로 찾았다 하더라도 적기에 신속하게 대응하지 않는 다면 문제를 근본적으로 치유하고 예방할 수 없습니다. (중략)"9)

항상 그랬다. 문제에 대한 해법은 다른 곳이 아닌 현장에 있었다. 그렇기 때문에 최근 기업들에게 현장경영의 중요성이 날로 강조되고 있다. 글로벌 경영환경이 급변하고 고객의 욕구(needs)가 나날이 복잡다기화되고 있기 때문이다. 원래 현장경영(management by wandering around)이라는 말은 톰 피터스와 로버트 워터맨이 1982년 발간한 《초우량기업의 조건(In Search of Excellence)》이라는 저서에서 이를 기업성공의 주요요인으로 제시하면서 유래됐다. 핵심내용은 의사결정권을 가진 최고경영자가 영업현장을 방문해 업무수행의 실상을 눈으로 직접 보고 파악해 신속하게 문제를 해결해야 한다는 것이다.

내가 이해하는 경제란 생명체와 같아서 끊임없이 자원을 먹고 소화하며 환율, 금리, 가격, 수요와 공급 등을 통해 생동감 있게 살아 움직이는 유기체다. 따라서 경제흐름을 제대로 파악하고 올바르게 대응하기 위해서라도 직접 발로 뛰며 현장에서 보고 느끼며 행동하는 것이 중요하다. 특히 지식이 급속히 진부화하고 경영환경이 급변하는 작금에 있어서는 더욱 그렇다. 현장 경영의 중요성에 대해 경영학자 피터 드러커는 "모든 사업기회는 회사 밖에 있다. 회사 안에 있는 것은 오직 비용뿐이다"라고 말했다. 나역시 이러한 문제의식을 갖고 항상 현장의 중요성을 강조해왔다.

아무리 이론에 정통하다 한들 현장이 어떻게 돌아가는지 잘 모른다면 공염불에 불과하다. 수많은 병법서를 읽어 병법에 능통하면서도 전쟁에서 패장이 많은 것도 바로 이런 이유 때문이다. 중국의 역사서 《사기(史記)》에 나오는 춘추전국시대의 고사 지상담병(紙上談兵)의 주인공 조괄(趙括)이 바로 그 전형적 예다.

춘추전국시대 조(趙)나라에 조괄이라는 사람이 있었다. 아버지가 유명한 장군인 덕분에 그는 수많은 병법서를 읽어 병법에 통달했다. 그런데도 아버지는 아들인 조괄에게 병사의 지휘를 맡기지 않았다. 아내가 그 이유를 따져 묻자, 그는 "군대를 다스리는 것은 국가의 존망을 결정하는 일인데 조괄은 이 일을 너무 가볍게 생각하고 있으니 만일 병권을 맡긴다면 나라를 망하게 할 것이다"라고 답했다. 조괄의 아버지가 죽고 나서 얼마 지나지 않아 진(秦)나라가 쳐들어왔다. 조나라 조정에서는 마땅한 인물이 없자 조괄을 대장으로 삼았다. 이번에는 그의 어머니가 나서서 아들이 그럴 만한 그릇이 되지 못하니 이를 철회해달라고 간청했다. 재상이었던 인상여(藺相如)마저 말렸으나 왕은 듣지 않았다. 조괄은 자신만만하게 전쟁터로 진격했다. 그러나 아버지의 예상대로 그는 싸움에서 대패했다. 자신도 죽고 그가 지휘한 군대 또한 몰살당했다. 종이 위에 쓰인 병법(紙上談兵)지식만을 믿고 전쟁에 나섰다가 낭패를 당한 조괄의 고사는 어설픈 지식은 한 번의 경험보다 못할 수도 있다는 교훈을 준다. 그만큼 현장경험이 중요하다.

현장의 중요성과 관련된 재미있는 일화를 하나 소개할까 한다. 기획재정부에서 생활물가과장으로 재직할 당시 한여름 무더위가 기승을 부리던 7월, 배추가격이 갑자기 뛰어 올라 신문마다 '금배추'가 됐다는 기사가 났다. 담당자한테 상황을 확인해보니, 가락동 새벽경매시장의 배추값이 큰 폭으로 뛰어올라 소비자가격도 덩달아 오르고 있다는 것이다. 작황에 무슨 문제가 있는 것은 아닌지 알아봤는데 다행히 배추의 주생산지였던 강원도 고랭지 쪽의 작황은 큰 문제가 없었다. 아무 이유 없이 배추값이 폭등하니 귀신이 곡할 노릇이었다.

고민 끝에 담당자를 고랭지배추 산지로 직접 보내 사정을 알아보도록 했다. 아니나 다를까 해답은 현장에서 찾을 수 있었다. 무더위로 인해 많은 사람들이 예년보다 이른 피서를 떠나 영동고속도로에 극심한 정체가 있었다. 그 결과 고랭지에서 수확된 배추를 실어 나르는 트럭들이 새벽 경매시간에 맞춰서 제때 도착하지 못하다 보니 가락동 새벽경매시장의 배추 가격이 폭등했던 것이다. 해결책은 경찰청의 협조를 얻어 고랭지배추 수송차량에 한해 새벽 일정시간 동안만 막힌 도로를 조금 뚫어주면 되는 일이었다. 며칠 지나자 가락동 경매시장의 배추가격이 안정되기 시작했고 소비자가격도 정상으로 돌아오기 시작했다. 사소하지만 해답은 현장에 있다는 사실을 확인할 수 있었던 경험이었다.

이처럼 현장을 중시하는 신념은 2009년 2월 수출입은행 행장에 부임해서도 마찬가지였다. 취임 직후부터 매주 전국에 걸쳐 중소기업들을 방문하면서 경영현장을 피부로 느꼈을 뿐만 아니라 당시 글로벌 경제위기에 따른 기업인들의 애로사항들을 직접 경청했다. 이런 현장방문에서 이루어진 중소기업인들과의 직접 만남을 통해 중소기업대출금리 일괄 인하라든지 외화대출 전액만기 연장 등과 같은 피부에 와닿는 정책들을 실시할 수 있었다. 또 이들 정책을 충분히 뒷받침하기 위해서는 은행의 자본금 확충이 필요하다는 사실을 절감하고 정부에 지원을 건의했다. 수출입은행이 정책금융기관으로서의 역할과 기능을 다해 나갈 수 있도록 최선을 다했다. 과분하게도 당시에 이런 나의 현장 중심 경영을 많은 언론에서 다투어 보도했는데 다음은 그 중 하나다.

현장 찾아 1만 3,000km 뛴 행장님

오는 13일자로 취임한 지 1년을 맞는 김동수 수출입행장은 현장형 최고경영자로 통한다. 지난 1년간 방문한 지역만 45곳이다. 무려 65개 거래처를 직접 돌았다. 거리로 치면 1만 3,000km가 족히 넘는다. 김 행장이 이처럼 현장을 누비고 다니는 이유는 현장의 목소리를 듣기 위해서다. 김 행장의 현장행보는 취임식 때부터 예견됐다. 그는 취임식에서 직원들에게 "수은의 수장으로 있는 동안 현장을 잘 아는 전문가들을 중용할 것"이라며 "(수장은) 누구보다 현장을 잘 알아야 하고 문제 해결책도 책상이 아닌 현장에서 찾아야 한다"고 강조했다. (중략)

〈머니투데이〉 2010년 2월 10일

물론, 이러한 현장주의와 이를 통한 소통의 확대는 공정거래위원장에 취임해서도 계속됐다. 그 첫걸음으로 2011년 2월 9일부터 11일까지 3일 동안 CEO 릴레이간담회를 개최했다. 이는 대·중소기업 간 동반성장문화를 확산시켜 나가기 위한 조치였다. 첫날은 백화점, 대형마트, TV홈쇼핑 등이 주축이 된 9개 대형 유통업체 대표들과 간담회를 가졌다. 이 자리에서 과거 2년간 수출입은행장으로 재직하면서 경험한 내용들을 소개하면서 참석 기업들의 적극적인 협조를 요청했다. 대기업이라도 이제는 혼자만 잘한다고 해서 글로벌 경쟁시장에서 승자가 될 수는 없고 협력중소기업들과 함께 뭉쳐야만 이길 수 있는 기업생태계 간 전쟁터로 바뀌었다는 점을 설명했다. 동시에 CEO들이 직접 협력업체현장도 방문해 애로사항이 무엇인지 어떻게 개선해야 하는지 등을 함께 고민하고 대안을 찾아보는 동반성장 문화 확산에 앞장서줄 것을 간곡히 호소했다. 물론 그들의 애로사항에 대해서도 의견을 들을 수 있는 좋은 기회가 됐다.

다음날은 10개 대형건설업체 CEO, 마지막 날에는 15개 대형 제조업체 CEO들을 만나 정부를 대표해 비슷한 취지의 당부를 하고, 그들의 목소리에도 귀 기울였다. 간담회에 참석한 대기업 CEO들은 각 기업이 추진하고 있는 동반성장 노력을 소개하면서 보다 높은 관심과 의지를 갖고 동반성장시책에 적극 참여하겠다고 약속했다.

이어 3월에는 구로, 청주, 광주 지역의 중소기업 생산현장을 돌아봤다. 해당지역 중소기업 CEO들과 간담회를 개최해 애로사항과 건의사항을 경청하고 지역현안 등에 대해서도 논의했다. 이 자

　갈림길에 선 한국경제, 현재에 묻고 미래에 답하다

리에 참석한 중소기업 CEO들은 대기업의 계열사를 통한 재하도
급, 최저가낙찰 후 단가인하, 장기어음 교부, 중소기업 우수기술
인력 빼가기 등 중소기업의 발전을 저해하는 불합리한 거래관행
개선을 건의했다. 이에 대해, 나는 앞으로 공정위가 이러한 문제
해결을 위해 지속적으로 노력하겠다고 약속했다. 아울러 중소기
업계도 미래 성장잠재력 확보를 위한 투자확대와 끊임없는 혁신
을 통한 경쟁력제고에 적극 노력해 줄 것을 당부했다.

이러한 지역현장 방문을 통한 활발한 소통노력은 결코 일회성
또는 전시성 행사가 아니었다. 이는 이듬해인 2012년에도 계속됐
다. 3월 인천 남동공단, 4월 대전·부산, 5월 광주·대구, 9월 부
산·대구·광주·서울 영등포 등으로 지속적으로 추진했다. 이것
은 동반성장과 공정거래질서의 확산이 지방 산업현장 깊숙이 전
파되고 뿌리 내리는 계기가 됐으면 하는 바람이 그만큼 절실했
기 때문이다.

이 외에도 2012년 5월에는 중소기업중앙회 그리고 전국경제인
연합회와 공동으로 80여 개 대기업 동반성장 및 구매담당 임원들
과 59개 협력사 대표들을 포함해 총 200여 명이 참석하는 '대·중
소기업 동반성장 워크숍'을 개최했다. 이 자리에서는 학계와 업
계 전문가들이 활발한 토론을 주고받으면서 공정거래 및 동반성
장 협약평가의 합리적 개선방안을 논의했다. 포스코건설 등 6개
사는 동반성장 우수사례를 발표해 동반성장의 모범사례가 기업

전반으로 확대되는 계기를 마련하는데 일조했다.

한편, 중소기업들이 현장에서 겪는 애로사항을 파악하고 대·중소기업 간 동반성장을 위한 협력방안을 논의하기 위해 2011년 4월 14일과 2012년 11월 29일 두 차례에 걸쳐 '중소기업공정경쟁정책협의회'를 개최했다. 이는 대·중소기업 간 공정거래 및 동반성장 정책방향에 대해 이해하고, 중소기업 대표들로부터 살아 있는 현장의 문제점을 배우는 소중한 자리였다.

이 자리에서 중소기업중앙회 대표들은 대기업의 중소기업 인력 스카웃, 백화점의 불공정행위 등 현장에서 느끼는 애로사항은 물론, 하도급법 개정을 통해 신설된 중기조합의 하도급대금 조정신청권과 관련한 사항들을 포함한 다양한 의견을 제시했다. 이밖에도 징벌적 손해배상제도가 적용되는 불공정행위 유형확대, 대형유통업체의 판매수수료 인하 등의 요구가 있었다. 나는 이 자리에서 중소기업 대표들의 애로와 건의사항을 듣고 중소기업이 대기업과의 거래관계에서 앞으로 정당한 이익을 확보할 수 있도록 보다 적극적인 관심을 가지고 노력하겠다고 약속했다.

이처럼 수많은 현장방문과 관련 당사자들과의 소통을 통해 얻은 이해를 바탕으로 동반성장에 필요한 정책들을 하나씩 구체화해 실천에 옮겨나갔다. 예를 들면 대형유통업체 판매수수료 인하, 서민생필품에 대한 불공정행위 제재, 대·중소기업 간 동반성장 문화 확산, 대기업집단의 부당내부거래행위 근절, 프랜차이즈 산업에 대한 모범거래기준 제정, 한국형 컨슈머리포트 발간, 전자상거래 유통구조 개선 등의 정책들이 이런 과정을 거쳐 나왔다.

시장은 불화가 아닌 소통을 원한다

헌법 제119조 제1항은 자유시장 경제질서가 대한민국 경제체제의 기본임을 천명하고 있다. 이런 점에서 정부는 개인과 기업의 경제상의 자유와 창의를 존중하고 보장함으로써 시장경제원리가 제대로 작동될 수 있도록 할 기본적인 책무가 있다. 그러나 여러 가지 이유로 시장이 제대로 기능하지 못하는 경우가 있다. 이런 시장실패적인 상황을 치유하기 위해 정부가 시장에 개입하는 것이 일정부분 불가피하다는 것은 우리가 알고 있는 경제학원론의 기본적인 가르침이다. 하지만 이 경우에도 시장에 대한 정부의 개입은 최소화되어야 하며, 시장기능을 대신하거나 또는 시장을 제압하려고 해서는 안 된다.

오랜 세월 동안 경제정책을 입안하면서 내가 지켜온 한 가지 신념은 시장과는 불화가 아니라 소통하려고 노력해야 한다는 점이다. 그래서 가급적 시장에 대한 정부의 개입과 간섭을 최소화하고자 노력했고 설사 그 필요성이 인정된다고 하더라도 시장친화적이거나 법이 정한 방식에 따르고자 애썼다. 이런 나를 두고 언론에서는 애덤 스미스가 《국부론》에서 언급한 '보이지 않는 손'에 빗대어 '인비저블 킴(Invisible Kim, 보이지 않는 김)'이라는 별칭을 붙여 주었는데, 시장주의자로서의 이런 나의 면모를 잘 나타내주는 표현이라고 생각한다.

그 연장선상에서 경제상황에 대한 정부의 인식이나 앞으로의 방향 등을 시장에 전할 때도 일정한 원칙을 지키고자 노력했다. 시장에는 절제되고 일관되면서도 분명한, 그리고 가급적이면 희망의 메시지를 전달하기 위해 고민했다. 이를 위해 단어 하나, 용어 하나의 사용도 결코 가볍게 여기지 않았다. 아울러 시장에 혼선을 줄 수 있는 즉흥적 답변은 피하고자 애썼다. 마치 환자를 돌보는 의사의 입장에서 가능한 한 국민들이 이해하기 쉬운 언어를 사용해 상황이나 입장을 설명하되 필요하다면 단호한 입장표현도 마다하지 않았다. 기억에 남는 몇 가지 말들이 있다.

"하나의 낙엽을 보고 가을이 왔음을 안다는 일엽지추(一葉知秋)라는 옛말이 있는데 지금의 물가상황을 함축적으로 나타내준다고 생각한다. 최근 물가 측면의 대차대조표를 보면 개선될 것이라는 징후들이 일부에서 나타나고 있다."

"물가가 오르면 가계의 실질구매력이 떨어지고 이로 인해 소비심리가 떨어지는 등 경제가 더 어려워진다. 현재상황에서 내수를 살릴 수 있는 현실적인 방안은 물가안정이다.”

“물가안정이 대외적인 충격에 대한 면역력을 높여줄 수 있다. 물가의 상승압력에 비해 하향압력이 분명해지고 국민들이 체감할 때까지 물가안정기조를 유지할 것이다.”

“물가의 상승압력과 하방압력이 여전히 불안한 균형 상태를 유지하고 있다. 금융시장의 불확실성이 실물경제로 확산될 우려가 제기되고 있는 가운데 물가까지 불안하면 가계와 기업의 소비와 투자가 위축돼 경제에 영향을 줄 수 있다.”

“외환시장은 기본적으로 수급상황에 의해 결정되길 바라며 다만 급격한 쏠림현상이나 정상적인 수급상황을 벗어나는 경우에는 정부가 적극적으로 볼 것이다.”

“9월 위기설은 한여름 밤의 괴담, 실현되기 어려운 괴담 같은 것이다. 다만 위기설이 나왔다는 것이 정부로서는 뼈아픈 대목이다.”

“3월 위기설은 근거가 극히 미약하고 출처도 없는 9월 위기설의 아류다.”

“정부가 현재 가장 중요하게 여기는 것이 일자리창출이다. 일자리 지키기를 위해서는 우선 잡쉐어링(일자리 나누기)이 절실하다. 경영악화로 인원을 줄여야 함에도 불구하고 일자리를 나누고 고통을 분담하는 기업에게는 인센티브를 주고 지원할 계획이다. 일자리가 유지되고 창출돼 가계소득이 있어야 소비가 되고 경제가 살아날 수 있기 때문이다."

"현재 상황에서는 정부가 적극적으로 나서서 움츠린 기업과 가계를 대신해 지출을 확대해야 한다. 이도 저도 아니면 세금을 깎아 가계의 실질소득을 늘려 소비를 유도해야 한다. 올해 성장률 유지도, 일자리 지키기도 힘들지 않느냐는 우려가 있는데, 이에 대처하지 못하면 영원히 저성장국가로 전락할지 모른다. 정부의 선제적 위기 극복정책이 효과를 발휘하면 올 하반기에 조금씩 회복하고 내년 하반기에는 정상궤도에 오를 것으로 조심스럽게 전망한다."

"경제난국을 극복하기 위한 정부의 종합대책이 재정건전성에 다소 부담을 주는 것은 사실이다. 그렇지만 정부대책은 우리 경제에 미칠 수 있는 그런 가능성을 사전에 차단하기 위한 것으로 유례없는 전 세계적인 경제난국이 국내 실물경제를 위축시키는 것을 막는 불가피한 조치다. 예를 들어 우리 신체에 이상이 있다면 필요할 경우 병원에 가서 진찰을 받아야 하는데 여기에는 얼마의 비용을 지불해야 한다. 비용이 아까워서 참고 지내다보면 수술을 하는 등 더 큰 비용이 발생한다. 그냥 방치하면 곪아 터져서 엄청난 대가를 치르고도 되돌리기 어려운 상태로 갈 수 있다. 때문에 이 흐름을 빠른 시기에 선제적으로 대처하는 것이 맞다. 경제가 어려운 상황을 빨리 극복해서 정상궤도로 올라간다면 그만큼 기업활동이 활발해지고 일자리도 늘어나 세수도 따라서 늘어날 것이고, 장기적으로 보면 지금의 적자를 갚을 수 있는 여력이 생길 것이다."

지금 와서 다시 생각해봐도 이런 소통의 노력이 옳았다고 믿는다. 그 어느 것도 시장의 힘을 이길 수 없다. 경제규모가 커질수록 그에 반비례하여 정부가 시장에 대해서 영향을 미칠 수 있는 공간은 점점 줄어든다. 평상시 정부가 할 수 있는 최대한의 일이란 시장이 큰 문제없이 제 기능을 다할 수 있도록 게임의 룰을 정하고 이를 위반하는 반칙행위에 대해서 제재를 가하는 등 환경을 조성하는 것이다. 시장이 우리가 원하는 방향으로 가지 않는다고 무리수를 두면, 일순간은 시장을 복종시켰다는 착각에 빠질 수도 있겠지만 시장은 바보가 아니기 때문에 얼마의 시간이 지나면 우리가 대응하기 더 힘든 모습으로 찾아온다. 그 결과는 시장의 실패가 아니라 정부의 (정책)실패로 이어지게 될 것이다. 그러므로 경제정책 담당자는 시장과의 불화를 피하면서 동시에 시장이 정부의 방향을 이해하고 협조할 수 있도록 세심한 소통노력을 기울여야 할 것이다.

동반성장위원회는 지속돼야 한다

2010년 9·29 동반성장 추진대책의 일환으로 그해 12월 23일 '동반성장위원회'가 출범했다. 동반성장위원회는 위원장을 포함해 대기업과 중소기업 대표 각 9인, 전문가 6인 등 총 25명의 위원으로 구성됐고, 정운찬 전 국무총리가 초대 위원장이 됐다.

동반성장위원회는 민간 자율의 동반성장추진동력 제고 차원에서 동반성장 이행헌장을 제정하고 동반성장지수(Win-Win Index)를 산정·공표했다. 이 동반성장지수는 공정위가 평가하는 대기업의 동반성장 약속에 대한 실적평가와 동반성장위원회가 자체적으로 설문조사하는 중소기업의 대기업별 체감도 평가로 구성해 교차 체크가 가능하도록 설계됐다. 더 나아가 동반성장위원회는 중소기업 적합업종 및 품목 선정, 중소기업 인력유출 등과 같은 대·중소기업 간 갈등요인을 발굴함으로써 사회적 공감대를 도출하고자 노력했다.

보다 구체적으로 살펴보면, 2011년 제조업분야에서 총 82개 품목을 중소기업 적합업종으로 선정했다. 이어 2013년 2월에 추가로 제조업 분야 2개, 생계형 서비스업 분야 14개 등 총 16개 업종을 중소기업 적합업종으로 결정했다. 그런데 문제는 위원회의 중소기업 적합업종 지정이 대·중소기업 간 합의에 따른 '권고사항'일 뿐 법적 구속력이 없다는 점이다. 또한 2011년 초부터 '초과

이익공유제'라는 커다란 이슈에 밀려 좀 더 현실적인 접근이 이루어졌어야 할 분야에서 대기업들의 적극적인 호응을 이끌어 내지 못했다.

공정거래위원회와 동반성장위원회는 본질적으로 공공기관과 순수 민간기관이라는 차이가 있다. 하지만 양 기관은 대·중소기업 간 동반성장이라는 공통의 목표를 공유하고 있다는 점에서 상호협력을 통해 동반성장문화를 조기 정착시키는 데 함께 노력했다고 본다.

최근 몇 년간 적극적으로 추진되어 온 동반성장노력의 결과, 30대 그룹을 중심으로 민간부문의 동반성장 참여가 확산되어 가는 추세에 있다. 관계부처 합동으로 실시한 동반성장 실태조사 결과, 중소기업 현장의 동반성장 체감도 역시 개선되고 있는 것으로 나타났다. 이러한 성과는 동반성장 필요성에 대한 기업들의 이해도가 높아지고 있기 때문이다. 따라서 앞으로 동반성장위원회의 활동은 발전적 방향으로 지속되어야 한다고 본다. 동반성장문화의 확산은 물론, 동반성장에 관한 정책들을 보다 적극적으로 논의하기 위한 공론화의 장으로써 동반성장위원회가 보여주고 있는 기능과 역할은 정권교체와 상관없이 앞으로도 계속되어야 하기 때문이다.

히든챔피언에
우리의 미래가 있다

강소기업이 해답이다

2009년 1분기에 기업들, 특히 중소수출기업들은 겨울 날씨보다 더 지독한 혹한기를 겪고 있었다. 미국발 서브프라임 모기지 사태로 촉발된 글로벌 금융위기의 한복판을 지나고 있었기 때문이다. 수주는 끊기고, 공장의 재고물량이 산더미처럼 쌓여 있는 상황에서 대출금 만기연장 회피 및 원리금 회수에 열을 올리는 은행들의 등쌀까지 그야말로 삼중고에 시달리고 있었다.

수출입은행(수은) 은행장으로 취임하고 나서 얼마 되지 않았던 그해 4월, 현장방문차 부평지역의 자동차 부품공단에 들렀다. 그곳에서 나는 당시 심각한 불황의 여파로 대우차공장의 생산이 막대한 차질을 빚게 되면서 거의 전량 그곳에만 의지하던 해당 협력업체들이 가동을 멈춘 채 깊은 시름에 잠겨 있는 것을 목도했다. 이를 계기로 우리나라 산업구조 전반의 문제점에 대해 심각하게 고민하게 됐다.

그런데 이런 와중에서도 송도 신도시 산업단지에 자리 잡고 있던 한 기업은 독자적인 기술개발을 위해 과감한 투자를 계획하고 있었다. 똑같은 자동차 부품업체임에도 불구하고 그 회사는 독자적인 기술을 바탕으로 수출선 다변화를 꾀함으로써, 국내 대기업 납품비율은 전체생산량의 20%에도 못 미쳤고 80% 이상을 수출하고 있었다. 그것도 일본, 미국, 유럽 등에 골고루 수출하고 있어서 그만큼 위기를 잘 극복하고 있었다. 모두 다 같이 위기의 한가운데에 놓여 있었지만 그 충격파가 왜 이렇게 차이가 있는 것인지 그 이유를 곰곰이 생각해봤다. 해답은 바로 히든챔피언에 있었다.

주지하다시피 우리 경제는 절대적인 대외의존형 경제체제다. 최근 수년간 무역의존도, 즉 전체 국내총생산(GDP)에서 수출입 총액이 차지하는 비율이 90%를 넘어서고 있다. 조금만 더 깊이 그 속내를 들여다 보면 심각한 고민을 하지 않을 수 없다. 수출의 중요성에도 불구하고 우리의 수출기반이 상당히 취약하기 때문이다. 2008년 기준으로 수출 500만 달러 이상을 달성한 중소·중견기업은 총 698개이고 이 중 1억 달러 이상은 118개에 불과하다.

반면 독일은 1,400만 달러 이상 수출하는 기업이 6,100개이고 그 중 2억 3,000만 달러 이상 수출하는, 이른바 독일형 히든챔피언이 1,200여 개에 이른다. 바로 이 독일형 히든챔피언이 독일을 과거 7년 연속 세계수출 1위 국가를 유지하게 한 결정적 역군이었다. 독일 수출액의 26%를 1,000여 개의 중견기업이 해냈다는 사실이 이를 입증한다. 작지만 강한 글로벌 중견기업이 하루아침에 만들어지는 것은 아니다. 정부의 적극적이고 지속적인 정책적 지원과 더불어 기업들의 피나는 노력이 함께 어우러져 이루어낸 결과물이기 때문이다.

다른 몇몇 나라의 사례를 좀 더 살펴보자. 핀란드는 인구 500만 명의 작은 나라지만 세계경제포럼(WEF)[10]이 발표하는 국가경쟁력 순위에서 항상 상위권을 차지하고 있다. 핀란드는 이른바 '본 글로벌 프로그램(Born Global Program)'을 운영한다. 창업에서 글로벌에 이르는 총 네 단계로 구분된 단계별 맞춤형 정책지원 프로그램이다. 핀란드의 최대 창업보육기관인 테크노폴리스 벤처스(Technopolis Ventures)의 단계별지원 중 네 번째 단계인 '성장가속화 단계'의 핵심이 바로 이 프로그램이다. 사전 수출준비, 해외시장 진출 및 이에 소요되는 자금조달 등 전반에 걸쳐 맞춤형 지원을 제공함으로써 글로벌 경쟁력을 갖춘 기업으로 키운다.

한편 프랑스는 2000년대 중반 이후 중견기업의 범주(종업원 수 250~500명)를 법제화하고 이를 현재의 4,000개에서 6,000개까지 증가시키는 것을 목표로 정책적 지원을 하고 있다. 우선 필요한 금융 및 비금융지원을 혁신청이 일괄 담당한다. 지원 분야도 글로벌화에 필요한 R&D, M&A, 정보제공, 각종 정책자금 등 다양하다.

캐나다의 경우, 1993년에 법을 개정해 공적수출금융기관인 EDC (Export Development Canada)의 설립목적을 단순한 수출거래 지원에서 수출기업 육성 및 지원으로 확대했다. 아울러 수출 중소기업의 국제경쟁력 강화에 필요한 기술개발과 시설자금, 국내외 M&A 금융, 구조조정펀드 출자, 직간접출자 등 다양한 금융지원을 할 수 있도록 기능을 전환했다.

이 같은 외국의 사례를 참조해 2009년 4월 간부회의를 열었다. 우리나라 산업구조를 개선할 수 있는 대대적인 연구작업 계획을 수립하기 위한 것이었다. 은행 내에 '한국형 히든챔피언 육성사업 개발을 위한 태스크포스(T/F)'를 구성해 연구에 들어갔다. 동시에 외부 전문가집단과 함께 마스터플랜을 설계하는 것이 바람직하다고 판단하여 그해 7월부터는 A.T. 커니(Kearney)를 용역업체로 선정하고 최종 방안을 마련토록 했다. 3개월간의 공동작업 끝에 10월에 최종보고서가 나왔는데 그 핵심내용은 다음과 같다.

수출을 통해 세계시장을 제패(세계 시장 점유율 1~3위)한 작지만 강한 글로벌기업을 히든챔피언이라고 정의한 독일 경영학자 헤르만 지몬 교수의 아이디어를 참작해, 한국형 히든챔피언은 수출이 연간 1억 달러 이상이고 세계 5위 이내(또는 동종제품 국내

수출입은행장 시절인 2010년 6월 '현장경영'의 일환으로 한 '히든챔피언' 후보기업 방문.

수출 1위)인 작지만 강한 글로벌 기업이라고 정의했다. 그리고 이와 같은 개념에 들어맞는 우리 기업은 2008년 현재 15개에 불과하지만 향후 10년간 300개 이상을 키워 내겠다는 꿈을 마스터플랜에 담았다.

계획대로 진행된다면 경제적 파급효과로 10년간 누계기준 수출 480억 달러, 일자리 49만 명, GDP 256억 달러, 세수 5,000억 원 증대를 기대할 수 있는 그야말로 야심찬 프로젝트였다. 이처럼 정량적으로 대단히 유용할 뿐만 아니라 정성적으로 볼 때도 우리나라가 지난 50여 년간의 압축성장과정에서 노정된 극소수의 대기업과 절대 다수의 중소기업 간의 불균형문제를 해결하는 데에도 크게 도움될 것이라고 판단했다. 이에 따라 이를 실천하기 위

    갈림길에 선 한국경제, 현재에 묻고 미래에 답하다

한 보다 구체적인 방안에 대해서도 많은 고민을 했고, 그 결과 다음과 같은 5대 실천과제를 설정하게 됐다.

1) 매년 100여 개씩의 후보기업을 선정해 육성한다.
2) 기업집단, 맞춤형 처방, 성과관리 등 체계적인 실행시스템을 구축한다.
3) 중장기 R&D와 투자금융 등 수요자 중심의 서비스를 제공한다.
4) 국내외 전문가 네트워킹으로 원스톱서비스를 제공한다.
5) 국정과제 등 정부의 역할을 강화한다.

문제는 이 사업의 규모나 특성상 일개 국책은행이 감당하기에는 한계가 있다는 데 있었다. 사업의 성공을 위해서는 정부의 적극적인 관심과 정책적인 노력이 필요하기 때문이다. 그래서 2009년 11월부터 이듬해 봄까지 정부 관련 부처에 적극적인 참여와 협조를 요청했다. 우선 기획재정부, 지식경제부, 국가경쟁력강화위원회, 청와대 비서실 등의 관계관에게 프로젝트의 당위성과 함께 정부의 역할에 대해서도 상세하게 설명하고 이해를 구하는 노력을 했다. 동시에 2009년 11월에 열린 대통령주재 하반기 공공기관장워크샵에서는 동 프로젝트를 2010년도 수출입은행의 주요사업계획으로 보고했다. 그해 12월 기획재정부의 2010년도 중요업무계획 대통령 보고 및 발표에서도 일자리창출을 위한 투자 활성화 차원에서 동 프로젝트를 적극 실행한다는 것을 재천명했다. 이어 같은 달 열린 대외경제장관회의에서도 대외경제정책추진전략의 일환으로 수은이 앞장서서 유망 수출중소기업을 히든챔피언으로 육성하는 데 필요한 맞춤형 금융·비금융 서비스를 일괄 지원하기 위한 지원체제를 구축·실천하겠다는 것을 밝혔다.

정부에 대한 적극적인 설득노력과 병행해서 단순히 정부가 어떤 조치를 내려줄 것을 기다리고 있는 것보다는 한시 바삐 이를 실천에 옮기는 것이 중요하다고 판단했다. 그래서 우선 지원할 후보기업을 선정하는 작업에 들어갔다. 또한 KOTRA, 삼성물산, 대우인터내셔널 등과 상호협력을 위한 양해각서(MOU)를 체결했다. 중소수출업체 제품의 해외 판로개척이나 해당지역에 대한 구체적인 여건 분석 등과 같이 수은 자체적으로는 처리하기 어려운 비금융서비스 지원을 위해서였다.

이와 별도로 기술보증기금과도 공동 기술자금지원을 위한 MOU를 체결했다. 이밖에도 중소기업청은 글로벌 강소기업 선정 시 수은의 히든챔피언 육성대상기업을 우대하기로 했고 한국거래소는 히든챔피언 기업들에 대해 IPO 컨설팅 및 해외 IR을 지원해 주기로 했다. 나아가 한국무역협회, 경영혁신중소기업협회, 코인케(KOINKE), 벤처기업협회 등과도 MOU를 체결해 우수 히든챔피언 후보 기업들을 적극 추천받기로 했다. 맞춤형 지원을 위한 체제를 차근차근 구축해 나간 것이다.

이처럼 우리의 산업구조를 선진화하기 위해서는 한국형 히든 챔피언 육성이 절실하다는 점과 이에 대한 정부의 적극적이고 지속적인 지원이 필요하다는 점을 수출입은행이 앞장서 설득해 나갔다. 특히 글로벌 중견기업들에 대한 세제 및 정책금융 지원을 위해서는 법의 명문화가 시급하다는 점과 범정부적인 관심과 유기적인 협조체제를 갖추고 육성지원 노력을 경주해야 한다고 역설했다.

글로벌 중견기업 육성의 중요성을 인식한 정부도 2010년 3월 16일 대통령 주재로 열린 위기관리 종합대책에서 '세계적 전문중견기업 육성전략(부제: The Korean Hidden Champion Strategy)'을 확정했다. 이 전략에 의거해 지식경제부는 그해 여름 산업발전법개정안을 국회에 제출했고 2011년 3월 국회에서 동 개정안이 통과됨으로써 법적 기반을 갖추게 됐다. 개정된 산업발전법에서는 '중견기업'을 중소기업법 제2조에서 정의한 중소기업이 아닌 기업 중에서 공정거래법에서 정한 상호출자제한기업집단에 속하지 않는 기업으로 정의했다.

2012년 2월 15일, 당시 이명박 대통령은 기술력 우수 중견기업인 등 모두 80여 명의 중견기업 CEO를 청와대로 초청해 오찬간

담회를 가졌다. 아마 이렇게 중견기업인들만 따로 모아 대통령주
재로 간담회를 가진 것은 우리 헌정 사상 처음이었던 일로 기억
한다. 그만큼 정부는 우리 경제와 산업구조의 선진화를 위해서는
글로벌 중견기업의 육성이 절실하다고 판단한 것이다. 이 자리에
서 지식경제부장관은 2010년 말 1,291개의 중견기업을 2015년까
지 3,000개로 육성하겠다는 계획과 아울러 수은이 추진하는 것과
같은 개념의 세계적 글로벌기업 육성을 위한 '월드 클래스(World
Class) 300 프로젝트'를 계속 추진하겠다는 계획도 발표했다.

　나는 이 자리에서 수은행장으로 재직하던 2009년과 2010년에
걸쳐 한국형 히든챔피언 프로젝트를 추진하게 된 배경을 환기시
킨 후, 공정거래위원장으로서도 이 프로젝트의 성공을 위해 적극
적으로 지원하겠다는 의지를 밝혔다. 이때 당시 이명박 대통령은
지식경제부장관에게 중견기업 전담부서가 있느냐는 질문을 했
고, 지경부장관은 지금은 없지만 앞으로 팀 정도의 조직을 발족
시키겠다고 답변했다. 이 전 대통령은 곧바로 이의 중요성에 비
추어 그 이상 규모로 전담기구를 설치해 적극적인 지원체계를 갖
출 것을 지시했다. 그 결과 2012년 4월 지식경제부 내에 중견기
업국이 설치됐다.

　한편, 수출입은행은 한국형 히든챔피언 육성사업을 막 시작하
려던 2009년 10월에 시범사업 성격의 후보기업 30개를 우선 선

발하여 개별기업별로 맞춤형 컨설팅 작업에 착수했다. 이어 2010년에는 3회에 나누어 후보기업을 선발하고 필요한 진단에 들어갔다. 매년 100개의 후보기업을 선정·육성한다는 방침에 따른 것이었다. 은행 내부적으로는 2010년 한 해 동안 총 1조 원의 자금을 지원하기로 하고 수출촉진을 위한 기술개발자금, 해외시장 개척자금 등 신규 금융제도도 만들었다.

이를 위해 중소기업 지원부서 내에 히든챔피언 육성팀을 별도로 신설하는 등 지원을 위한 모든 노력을 경주했다. 이 같은 노력들은 당시 중소·중견기업계는 물론 언론에 커다란 기대와 반향을 불러일으켰다. 다수 언론이 수은의 한국형 히든챔피언 육성사업을 소개하는 기사들을 냈다. 또 어떤 언론사는 '히든챔피언: 세계를 지배하는 작은 기업'이라는 테마로 수은이 선정한 한국형 히든챔피언 기업 10곳을 선정해 그들의 경쟁력과 경영계획 그리고 고민거리를 취재해 시리즈 형태로 소개하는 특집기사를 내보내기까지 했다. 아래에 당시 보도됐던 히든챔피언 육성사업에 대한 언론 기사를 일부 발췌해 소개한다.

수출 중기 '히든챔피언' 300곳 육성,
수출입은행 10년간 20조 원 지원하기로

　수출입은행이 10년간 연평균 2조 원씩 총 20조 원을 지원해 2019년까지 글로벌경쟁력을 갖춘 중소기업 300개를 육성한다. 수출입은행은 1일 이 같은 내용을 담은 '한국형 히든챔피언 육성사업 계획'을 발표했다. '한국형 히든챔피언'이란 연간 수출이 1억 달러 이상이고 지속적으로 세계 시장지배력을 갖는 중소기업을 말한다. 수출입은행은 히든챔피언 육성으로 2019년까지 연간 수출 480억 달러, 고용 49만 명, GDP에 256억 달러, 세수 5,000억 원을 새롭게 창출할 수 있을 것으로 예상했다. 수출입은행은 우선 내년에 100여 개 기업을 선정해 본격적으로 히든챔피언 육성사업을 추진한다는 방침이다. 수출입은행은 우선 거래기업 중 선정위원회 심사를 거쳐 12개 육성 대상 기업을 선정했다. 이들이 보유한 특허건수는 업체당 26개며 연구개발 투자비율은 매출액 대비 7.17%로 전체 중소기업에 비해 3배가 넘었다. 평균 수출액은 매출액의 73%에 달하는 464억 원이었다. 히든챔피언 육성대상 기업으로 선정되면 우대금리 적용, 수수료 감면, 대출한도 확대 등 혜택과 함께 기술개발 자금, 외국 시장 개척자금 등 금융서비스와 국외계약 법률자문 등 비금융서비스도 제공한다. 수출입은행은 또 히든챔피언 육성전문가 20명 내외를 선발해 재무컨설팅을 통한 기업별 니즈에 부합

　갈림길에 선 한국경제, 현재에 묻고 미래에 답하다

하는 밀착형 맞춤서비스를 제공할 예정이다. 수출입은행 관계자는 "육성 대상 기업들이 대기업과 중소기업 사이에서 튼튼한 허리 구실을 하면서 좋은 일자리를 많이 창출하는 견인차가 될 수 있도록 전폭 지원하겠다"고 말했다

〈매일경제〉 2009년 11월 1일

스페셜 리포트 김동수 수출입은행장

취임 20개월을 맞은 김동수 수출입은행장의 광폭 행보가 금융권의 주목을 끌고 있다. 밖으로는 대외경제협력기금(EDCF)을 통한 사업자금 지원으로 국격 향상에 기여하고 있으며 안으로는 각지의 중소기업을 방문해 그들의 애로사항을 현장에서 듣고 맞춤형 지원에도 힘쓰고 있다. (중략) 김 행장은 작년 2월 취임 후 중소기업 현장방문을 상시화, 현재까지 50개 지역의 86개 기업을 방문했다. 현장근무 우대 원칙도 마련, 승진 대상자 선정 및 조직관리자 보임 시현장 근무자를 우대하고 중소기업 지원 부문 우수인력도 확충했다. 중소기업 환위험관리 진단·컨설팅도 작년부터 시작, 지난 7월 말현재 99개사에 상담을 해줬다. 이밖에도 중소기업 대출금리 인하및 우대폭 확대, 중소기업 대출만기 연장, 외화대출 만기연장, 특례신용대출 지원 대폭 확대, 중소기업의 시설 확장·증설용 수출자금지원 제도 도입, 신용등급 일시적 하락에 따른 해결책 마련 등 다양

한 중소기업 금융지원방안을 시행했다. 아울러 김 행장은 수출입은행의 대표적인 중소기업 지원방안인 한국형 히든챔피언 육성 대상 기업 선정작업도 최근 마무리했다. 지난달 말 35개 기업을 히든챔피언 기업으로 추가 선정함으로써 올해 목표였던 100개 기업 선정 절차를 완료했다. 이 사업은 수출 1억 달러 이상의 기업 중 세계시장을 지배할 잠재력이 있는 업체를 선정해 육성하는 것으로 기술력, 성장잠재력, 최고경영자(CEO) 역량, 재무안정성을 기준으로 서류심사와 현장실사를 거쳐 최종 선정됐다. 앞서 수출입은행은 지난 3월과 6월 두 차례에 걸쳐 65개 기업을 선정하고 이들 기업에 지난달 말까지 1조 2,000억 원을 지원했다. 수출입은행은 내년에도 최소 100개 이상의 기업을 새로 선정하는 등 2019년까지 20조 원을 지원해 한국형 히든챔피언 기업을 지속적으로 발굴·육성할 계획이다. 김 행장은 "1960~1970년대 유치산업이었던 선박, 플랜트 산업을 세계적 경쟁력을 갖춘 고성장 수출산업으로 발전시켰던 경험을 살려 원전, 신재생에너지, 지식·문화콘텐츠 등 녹색산업을 우리 경제의 미래 성장동력산업으로 육성하는 데 앞장설 것"이라고 포부를 밝혔다. 또 "수출중소기업에 대한 서비스를 질적으로 강화해 21세기 초우량 수출중소기업 육성에 힘을 쏟고, 주요 자원의 확보를 위해 탐사·개발·생산의 전 과정을 효율적으로 아우르는 지원체제 구축에도 심혈을 기울일 것"이라고 강조했다.

<아시아 투데이> 2010년 11월 15일

실로 큰 관심이었고 과분한 평가였다. 나는 이 사업이 수은 차원의 전사적 프로젝트임을 강조하기 위한 노력의 일환으로 일부 히든챔피언 후보기업들을 직접 방문하여 선정배경과 앞으로 수은이 지원해 나갈 내용 등에 대해 설명하기도 했다. 2012년 2월 15일 청와대에서 열렸던 중견기업인 오찬간담회에는 히든챔피언 후보기업으로 선정된 일부기업의 CEO들도 참석했는데, 그분들은 한결같이 그때 수은의 지원이 위기상황을 극복하는 데 큰 힘이 됐다고 밝혔다. 순간, 고생한 보람을 느꼈다.

2011년 1월 3일 공정거래위원회 수장으로 부임한 후 대·중소기업 동반성장에 각별한 관심을 갖고 심혈을 기울인 것도 수은의 책임자로 뛰면서 동분서주했던 지난 2년간 현장에서 절실하게 깨달았던 한 가지 믿음에서 비롯된다. 즉, 절대적 우위에 선 소수의 대기업과 그에 예속된 수많은 중소기업들로 이루어진 우리의 산업구조 속에서 이들 간에 실질적인 협력과 동반성장 없이는 우리의 경제발전과 번영이 어렵다고 보았다. 그리고 보다 근본적이고 장기적으로는 우리 산업구조의 허리에 해당하는 글로벌 중견 강소기업, 즉 한국형 히든챔피언이 많이 육성되어야 비로소 우리가 선진국으로 확실하게 자리매김할 수 있다는 믿음을 가졌다.

이러한 경험과 확신을 바탕으로 수은에서 공정거래위원회로 자리를 옮긴 후에도 지속적으로 이 문제에 대해 고민했고, 이를 토대로 관련 제도나 정책을 추진했다. 구체적으로, 하도급법상의 수급사업자 범위에 중견기업도 포함하는 내용으로 법 개정을 추진했고 중견·중소기업용 공정거래 자율준수프로그램을 개발·보급했다. 아울러 중견기업으로까지 동반성장협약 체결을 유도하여 체결기업의 범위를 확대했다. 이러한 시도들이 조만간 구체적인 성과와 결실을 맺어 수출 한국의 미래를 짊어지고 갈 작지만 강한 글로벌 중소기업, 즉 히든챔피언들이 지금보다 더 많이 등장하기를 기대한다. 그런 날이 어서 빨리 오길 희망한다.

소프트파워를 키울 때

흔히 중소기업 하면 제조업만을 생각하는 경우가 많다. 그렇지만 내가 주창하는 강소기업이란 기계·전기·전자 등의 하드파워만을 말하는 것이 아니라 관광이나 문화서비스 같은 소프트파워를 포함한 개념이다. 소프트파워가 강하면 한국이나 메이드 인 코리아 제품에 대한 외국인들의 이미지나 관심도가 높아지게 되고 하드파워 제품의 수출증가로 이어지게 된다.

이뿐만 아니다. 힘들게 수출시장을 개척하거나 물건을 실어 나르지 않아도 수많은 관광객들이 스스로 한국을 찾아와 먹고 입고 보며 자는 등 한국의 문화를 체험하면서 한 아름씩 물건을 사가지고 간다. 지난 10년 동안 이른바 한류(韓流)로 대표되는 소프트파워가 우리 경제에 얼마나 지대한 영향을 미쳤는지 깨닫는다면 소프트파워의 중요성을 미루어 짐작할 수 있을 것이다.

여기서 말하는 히든챔피언은 바로 이러한 소프트파워를 가지고 있는 기업들도 당연히 포함한다. 그래서 수출입은행장으로 재직하는 동안, 재화와 용역만이 아니라 우리의 문화와 시스템 수출을 지원하는 데에도 많은 노력을 기울였고, 조금씩 그 결실을 보게 됐다. 아래 기사는 그 일례를 보여준다.

제작 지원 영화 대박에 수출입은행 '함박웃음'

영화 〈해운대〉와 〈전우치〉의 공통점은? 할리우드 블록버스터의 공세 속에서도 '대박'을 냈다는 것 외에 이 두 영화는 모두 수출입은행이라는 든든한 '뒷배경'을 갖고 있다. 27일 금융업계에 따르면 수출 지원을 설립목적으로 하는 수출입은행이 '영화' 때문에 흐뭇한 미소를 짓고 있어 화제다. 수은이 제작을 지원한 한국 영화들이 연달아 흥행에 성공하고 있기 때문이다. 수은은 지난해부터 신성장 수출산업 지원 강화 방안으로 영화 등 문화콘텐츠 산업에 제작비를 대주기 시작했다. 지난해 6월 영화 투자·배급사인 CJ엔터테인먼트에 100억 원을 대출해 준 것도 이 같은 방침의 일환이었다. 100억 원은 〈해운대〉와 〈전우치〉를 비롯해 〈내사랑 내곁에〉, 〈굿

모닝 프레지던트〉 제작에 쓰였고 앞으로 4곳의 영화에 더 투입될 예정이다. 대출금이 나간 영화 모두 200만에서 1,000만 관객 동원에 성공했다. 산업 각 분야에 자금을 지원해주는 게 수은의 주요 업무이긴 하지만, 영화 제작 지원은 지난해 처음 시작됐다. 될성부른 영화를 골라내기 위해 지난해 4월 일찌감치 별도의 신용평가 모델도 개발했다. 다른 산업을 평가할 때와는 달리 재무건전성은 낮더라도 상품개발이나 제작이행 능력이 우수하다고 판단되면 지원하도록 설계됐다. 올 들어 지식문화 콘텐츠팀을 신설하고 심사를 담당할 직원도 2명에서 4명으로 늘렸다. 팀원들은 수시로 영화 창업 투자회사 관계자들과 접촉해 현안을 파악하고 감독의 과거 흥행성적, 감독과 배우 간 팀워크 등도 꼼꼼히 따진다. (중략)

〈문화일보〉 2010년 1월 27일

앞으로 더 많은 소프트파워를 가진 한국형 히든챔피언들이 나와서 세계를 주름잡아 주기를 학수고대한다. 그리하여 지금까지는 다른 선진국의 문화와 시스템을 받아들이고 적응하기에 바빴던 우리나라가 이제부터는 거꾸로 모든 분야에서 모범이 됨으로써 다른 나라들을 선도할 수 있는 국가가 되기를 소망한다. 아래에 그러한 꿈과 희망을 담아 신문에 기고했던 글을 소개한다.

   갈림길에 선 한국경제, 현재에 묻고 미래에 답하다

우리시대의 전범(典範)

　독일의 철학자 쇼펜하우어는 "모든 불행은 비교하는 것으로부터 시작된다"고 했다지만 본디 인간은 비교하기를 좋아한다. 그것은 비교를 통해 자신이 남보다 뛰어난 점에 대해서는 희열과 자긍심을 느끼는 한편, 부족한 부분이 있다면 발전의 추동력으로 삼기 위함일 것이다. 나도 예외는 아니어서 특히 외국을 방문할 기회가 있을 때마다 그곳에서 경험하는 것들을 우리나라와 비교하고는 한다. 경제적으로 여유롭지 못한 나라들을 여행할 때면 우리나라 1960~1970년대의 모습과 닮았다는 식으로 비교한다. 그렇지만 나의 경우는 수십 년간 경제관료로 지내온 때문인지 거기서 멈추지 않는다. 당시 경제발전정책을 반추해보면서 "지금 이 나라에는 이러이러한 내용과 방식을 적용할 수 있지 않을까"라는 데까지 나아간다. 비단 경제만이 아니라 정치, 사회, 문화 등 모든 영역에서 우리가 경험해왔던 발전 단계와 시행착오는 개발도상국들에게 더 없이 소중한 교훈과 시사점을 제공해줄 수 있을 것이다.

　그런 의미에서 우리의 지난 반세기는 값진 유산이다. 만약 개도국들에게 우리의 지식과 경험을 공유하게 한다면 이는 향후 우리나라의 경제발전은 물론, 대한민국이라는 국가브랜드의 가치 제고와 국격 향상에도 많은 기여를 할 것이다. 우리는 한류(韓流)라는 용어의 범람 속에서 이를 단순히 드라마나 영화, 가요, 음식 등 대중문화에 한정되는 것으로 이해하는 경향이 있다. 하지만 코카콜라와 맥도널드 그리고 할리우드가 미국의 전부가 아니듯 한류가 한국을 이해하는 유일한 창(窓)이 돼서는 곤란하다. 한류의 수준을 한 차원 높게 끌어올리는 노력이 필요한 이유다. 이에 맞춰 수출입은행도 재화와 용역만이 아니라 우리의 문화와 시스템 수출을 지원하는 데에도 많은 노력을 기울여 왔다. 지난 30여 년 동안 축적된 노하우를 보유한 우리 수출입은행의 지원을 받아 베트남, 도미니카공화국 등 개도국들이 자국의 수출입은행을 설립했거나 설립을 추진 중인 것이 그 좋은 예라고 하겠다. 돌이켜보면 우리는 지난 50년 동안 우리보다 앞선 나라들과 비교하고 때로는 그들을 모방해 가면서 오늘날의 경제성장을 이뤘다. 이제는 지난 시절의 성과를 되돌아보면서 다른 나라들이 본받을 수 있는 우리만의 전범(典範)을 만들고 확산시키는 데 더 많은 관심을 기울여야 한다.

〈서울경제〉 2009년 6월 21일

녹색성장
힘들더라도 가야만 하는 길

환경 문제를 다시 생각하다

지구가 날로 뜨거워지고 있다. 수백만 년 동안 얼어 있던 빙하가 녹아 해수면이 상승하면서 일부 저지대 도시나 섬이 침수되거나 아예 사라질 운명에 처해 있다. 현재 전 지구적으로 진행되고 있는 이러한 온난화현상은 세계경제의 지속가능한 성장(sustainable development)을 위협하고 있다. 기후변화에 관한 정부 간 협의체(IPCC, Intergovernmental Panel on Climate Change)나 경제협력개발기구(OECD) 등과 같은 국제기구, 그리고 관련 전문가들은 인류가 기후변화에 대한 대응노력을 강화하지 않으면 막대한 비용을 치르게 될 것이라고 경고한다. 기후변화의 바이블로 불리는 〈스턴 보고서(Stern Review)〉는 온실가스 배출에 따른 기후변화 비용이 지구의 온도가 2~3℃ 상승할 경우 전 세계 GDP의

0~3%, 그리고 5~6℃ 상승할 경우에는 전 세계 GDP의 5~10%에 이를 것이라고 밝혔다.

몇 해 전 기상청이 발표한 자료에 따르면, 지난 100년간 한반도의 연평균기온이 도시화 등의 영향으로 지구 평균과 비교해서 두 배 이상 높게 상승했다고 한다. 최근 지구온난화가 인류의 생존을 위협하는 단계로 빠르게 진행되고 있다는 경고들이 나오고 있는 상황 속에서 기상청 자료는 우리나라가 바로 그 중심에 놓여 있다는 사실을 보여준다.

환경을 공유지(公有地)에 빗대어 말한다면 환경오염은 누구도 책임지지 않는 공유지가 낳은 비극이다. 이러한 비극을 더 이상 수수방관 할 수 없다는 생각을 모태로 오늘날의 교토체제가 탄생했다. 특히 2020년 이후 모든 UN 기후변화협약 당사국들이 참여하는 '신기후변화체제(Durban Platform)'가 설립되면 개도국의 온실가스 감축조치 이행과 감축 목표의 상향압력이 예상된다. 또한 EU가 자국을 통과하는 항공기에 배출권거래제 적용을 검토하는 것과 같은 개별국가 및 지역차원에서의 규제도 나타날 것이다.

교토체제하 에서 국가별로 온실가스 감축이 의무화됨에 따라 에너지 고효율화와 신재생에너지를 기반으로 하는 저탄소에너지 소비시스템을 정착시켜 나가는 것이 국제사회의 주된 흐름이 되고 있다. 세계에서 아홉 번째로 많은 이산화탄소를 배출하고 있는 한국은 조만간 온실가스 의무 감축국으로 지정될 가능성이 높다. 철강, 석유화학 등 에너지 다소비 산업구조를 가지고 있는 우리 입장에서는 국제사회의 온실가스 배출규제가 심각한 위기요인으로 다가오고 있다고 해도 과언이 아니다.

그러나 이를 다른 관점에서 보자면, 친환경 에너지기술을 개발하고 탄소배출권을 거래하는 등 녹색시장의 발전 가능성이 무궁무진하다는 점에서 얼마든지 새로운 기회로 활용할 수도 있다. 다시 말해 기후변화는 온실가스 감축과 기후변화 적응강화 등의 노력을 수반함으로써 관련 기술과 산업을 발전시켜 새로운 시장을 창출하는 촉진체가 될 수도 있다. 그렇게 한다면 기후변화에 대한 적응노력이 비용이나 위기가 아니라, 새로운 소득기반을 발굴하고 신산업을 선점하는 등과 같은 기회로의 활용이 가능할 것이다.

그런 의미에서 우리가 기후변화에 얼마나 신속하고 전략적인 관점에서 대응하느냐 하는 것이 무엇보다 중요하다. 우리가 환경으로부터 지속 가능한 성장동력을 얻겠다는 이른바 '녹색성장'을 국가발전의 새로운 패러다임으로 삼고 있는 이유다. 물론 이제 막 '녹색경쟁(green race)'에 뛰어든 우리 앞에 놓여 있는 여정은 험난하고 갈 길도 멀다. 다행인 점은 전 세계적으로 녹색시장이 아직은 초기단계에 있다는 사실이다. 서구 선진국에 비해 우리가 비록 산업화는 몇 백년 늦었지만 정보화에서는 결코 뒤쳐지지 않았던 것처럼, 녹색시장도 마찬가지다. 지금부터 차근차근 내실 있게 녹색혁명을 준비해 나간다면 새천년의 중심국가로 우뚝 설 수 있을 것이다.

그런 전망을 토대로 2008년 8월 15일 당시 이명박 대통령은 미래의 새로운 국가비전으로 '저탄소 녹색성장'을 제시했다. 이후 정부에서는 그 후속조치로서 2009년 2월 녹색성장위원회를 출범시켰고 동위원회를 중심으로 2020년까지 세계 7대 그리고 2050년까지 세계 5대 녹색강국 진입이라는 녹색성장의 청사진을 확정했다. 또, 이를 실천하기 위한 3대 추진전략 및 10대 정책방향을 골자로 하는 '녹색성장 5개년 계획'을 수립했다. 아울러 국가 온실가스 총 배출량을 2020년까지 배출전망치 대비 30% 감축하기로 결정하고 이를 국제연합 환경계획(UNEP)에 제출하기도 했다. 같은 해 12월 29일에는 여야 합의로 '저탄소녹색성장기본법'이 국회를 통과해 2010년 4월부터 발효됐다. 이로써 녹색성장을 위한 법적·제도적 틀이 모두 갖추어진 셈이었다. 한편, 정부는 국내총생산(GDP)의 2%를 녹색 신성장분야에 투입한다는 '녹색예산(green budget)' 원칙에 따라 관련 재원을 배정하고 투자하고 있다.

또한, 정부는 녹색미래를 실현하기 위해서는 무엇보다도 국제 공조가 중요하다고 판단해 다양한 국제 녹색회의에서 주도적 역할을 해왔다. 2012년 5월 서울에서 개최된 제2회 글로벌 녹색성장 서밋, 2012년 6월 멕시코 로스카보스에서 열렸던 G20 정상회의, 브라질 리우에서 열린 지속가능발전 세계정상회의, 그리고 2012년 말 카타르에서 열린 제18차 기후변화총회 등이 그 예다.

그 같은 노력과 열정이 있었기에 2012년 10월 20일 마침내 인천 송도가 녹색기후기금(GCF, Green Climate Fund) 사무국 유치 도시로 선정됐다. GCF는 개발도상국의 온실가스 감축과 기후변화 적응을 지원하기 위해 설립된 기후변화 관련 국제금융기구로, 2010년 말 멕시코 칸쿤에서 열린 제16차 당사국총회(COP)에서 설립이 승인됐다. GCF는 향후, 세계은행(WB)이나 국제통화기금(IMF)에 버금가는 규모로 성장할 것으로 예상된다. GCF의 사무국 유치로 우리나라는 중량감 있는 국제기구를 사상 처음으로 유치하는 성과를 올리게 됐을 뿐만 아니라, 향후 글로벌 녹색성장 논의에서 우리나라의 리더십이 강화되는 교두보도 마련하게 됐다고 본다.

이처럼 녹색성장의 중요성에 대해 장황하게 설명하는 이유는 나 역시 수출입은행장으로 재직하기 이전부터 우리 경제의 미래 새로운 먹거리로서 녹색산업의 가능성을 재발견하고 그 중요성을 절감하고 있었기 때문이다. 때마침 2009년 6월 2일 제주에서 열린 한·아세안 10개국 정상회의에 참관할 기회가 있었다. 이때 녹색성장에 대한 각국 정상들의 강력한 의지를 확인하면서 미래의 지속가능한 경제성장의 원천이 될 녹색산업에 대해 국책은행으로서 수출입은행이 보다 적극적인 역할을 할 수 있는 방안을 모색해야 되겠다는 생각을 굳히게 됐다. 이렇게 해서 탄생한 것이 일명 녹색산업 내 강소기업 육성 프로젝트라고 불리는 '녹색 수출금융 지원모델(GPP, Green Pioneer Program)'이다.

사실 미국, 유럽, 일본 등 선진국은 물론이고 최근에는 중국 등 신흥 경제강국조차도 녹색성장정책을 강력히 추진하고 있는 상황에서 이명박정부가 마련한 녹색성장비전은 필연적인 선택일 수밖에 없었다. 덴마크, 네덜란드 등과 같은 많은 서유럽국가들은 1970년대부터 이미 녹색성장정책을 추진해 왔기 때문에 풍력을 포함해 에너지기술과 장비규모가 총 수출액에서 차지하는 비중이 비교적 크다. 이에 비하면 국내기업들의 수준은 매우 떨어지는 실정이다.

신재생에너지산업의 경우에는 심지어 중국 같은 후발주자들보다도 취약하다. 가령, 풍력터빈의 경우 중국기업의 세계 시장 점유율은 2010년 기준으로 36% 수준이고 태양광은 51%를 차지하고 있을 정도다. 2011년 말에 삼성경제연구소(SERI)가 발표한 바에 따르면 녹색경쟁력지수 국제비교에 있어서 우리나라는 28개 경제협력개발기구(OECD) 국가들 중 18위를 기록하고 있다. 보다 구체적으로 보면, 녹색소비(20위)나 녹색생활의식(26위) 같은 녹색수요 측면은 물론이고 녹색산업(21위), 녹색경영(10위) 등과 같은 녹색공급 역시 취약하다. 따라서 우선 단기적으로 성과 창출이 가능한 녹색기술 연구개발(R&D) 확대나 산업 활성화와 같은 녹색공급을 확대하는 데 주안점을 두되, 중·장기적으로는 녹색수요를 확대하는 데 보다 더 중점을 두는 단계적 추진방식을 제시하고 있다. 이러한 방향은 평소에 공감하고 있는 바, 녹색성장과 관련해 비교적 나의 생각을 잘 정리한 언론 인터뷰 자료가 있어서 참고로 소개한다.

녹색성장, 반드시 가야 할 길

김동수 수출입은행장이 녹색성장 전도사 역할을 자임하고 나섰다. "녹색성장은 아무리 강조해도 지나치지 않을 정도"라는 게 김 행장 생각이다. 그는 취임 한 달 만에 가진 기자간담회에서 수출입은행의 녹색성장 지원을 위한 장·단기 계획을 소개했다. 녹색펀드를 설립하고 여신규모를 대폭 늘리며 해외공적금융기관과 협조체제 구축을 공언했다.

녹색성장의 정의에 대해 김 행장은 명쾌하게 정리하고 있다. "환경·에너지·기후변화대책 등 관련 첨단 녹색기술을 새로운 성장동력으로 삼아 일자리를 창출하고 기업 경쟁력을 강화해 궁극적으로는 국가 브랜드를 높이는 종합적인 정책"이라는 설명이다. 따라서 "가도 되고 안 가도 되는 선택의 길이 아니라 반드시 가야 하고 이미 가고 있는 현재진행형"이라고 덧붙였다. 우리나라 기업들의 녹색성장 관련 수준에 대해서는 "다소 출발이 늦은 상태"라고 평가했다. 이미 선진국들이 기후변화 대응에 발 빠른 행보를 보이면서 반환점을 향해 질주하는 데 반해 우리나라는 교토협약 미발효국으로 늦은 출발을 하고 있기 때문이다. 따라서 현재 우리나라의 녹색기술 수준은 선진국의 약 60~70% 수준에 머물러 있는 것으로 평가했다. 하지만 세계적 수준의 반도체, 조선, IT, 자동차 등 관련 산업기반을 고려하면 수년 내 선진국 수준에 도달 할 수 있을 것이라는 게 김 행장의 평가다.

우리나라에서 녹색성장산업의 가능성에 대해서는 위기와 기회의 측면이 동시에 있다고 말했다. 김 행장은 녹색성장 산업의 가능성을 'IT 산업'과 자주 비교한다. 1990년대 집중투자를 한 결과 지금 그 결실을 거두고 있다는 것이다. 따라서 다소 출발은 늦었지만 기업과 정부 지원이 시너지를 이루고 선박, 반도체, IT, 자동차 산업 등 제조업 기반기술이 녹색산업과 연계될 때 그 성장 가능성은 무한하다는 것이다.

물론 김 행장도 녹색성장 기업이 과거 벤처기업처럼 녹색거품으로 이어질 수도 있다는 지적에 대해서는 충분히 공감하고 있다. 그렇다고 기업이 투자를 미루거나 은행이 금융지원을 회피한다면 이 치열한 무한경쟁 대열에서 도태될 수밖에 없을 것이라는 게 김 행장의 생각이다. 수출입은행이 녹색기업에 대한 지원을 강화하는 한편 도덕적 해이를 방지하기 위해 사업수행 능력, 사업성 검토 등에 대해 엄격한 심사기준을 적용하고 있는 것도 이런 배경에서다. 수

  갈림길에 선 한국경제, 현재에 묻고 미래에 답하다

출입은행의 지원체계는 연초에 전담조직인 녹색성장금융부를 신설하면서 구체화되고 있다. 자금지원규모를 대폭 늘리고, 신재생에너지 환경플랜트 등 성장 잠재력이 큰 사업을 국제개발금융기구들과 협력해 중점 발굴하는 한편, 발굴된 사업의 성격과 규모에 따라 맞춤형 금융을 제공한다는 방침이다.

김 행장은 녹색성장산업이 우리나라의 경쟁력 있는 산업이 되기 위해서는 무엇보다도 기업, 정부, 은행 등 각 경제 주체들 사이에 공감대 형성이 중요하다고 역설했다. 김 행장은 "녹색성장에서 '성장'은 '환경'과 상충되는 것이 아니라 상호보완적인 개념이라는 대통령 말씀에 전적으로 동의한다"면서 "녹색성장이 하나의 트렌드를 이루고 미래성장산업으로 자리매김하기 위해 무엇보다도 환경과 에너지, 기후변화 대책 전반에 걸쳐 모두의 인식을 바꾸는 일이 가장 중요하다고 생각한다"고 말했다.

〈내일신문〉 2009년 3월 26일

녹색 수출이 살 길이다

수출입은행이 우리의 미래 먹거리인 녹색산업 육성에 앞장서야 한다는 생각에서 2010년 9월부터 11월까지 컨설팅기관인 ADL과 수출입은행 직원들로 공동작업반을 구성해 작업한 끝에 '녹색

수출금융 지원모델(GPP, Green Pioneer Program)'을 발표했다. 2009년 히든챔피언 프로젝트 탄생 때와 마찬가지로 작업반을 포함해, 조정위원회(Steering Committee)와 자문위원회 등 그야말로 은행 안팎에서 많은 사람들의 헌신적인 노력과 정성이 뒷받침 됐기에 이 지원 프로그램이 세상에서 빛을 볼 수 있었다. 당시 작업에 참여한 분들께 고마운 마음을 전하고 싶다.

GPP는 크게 두 가지의 프로그램으로 구성되어 있다. 하나는 수출대기업의 녹색플랜트 해외시장을 창출하고 관련 중소부품기업의 동반 해외진출을 지원하는 프로그램(Green Plant Program)이고, 다른 하나는 세계적인 녹색 선도기업과 녹색 히든챔피언을 육성하는 프로그램(Green Champion Program)이다.

솔직히 말해 현재 우리나라의 녹색산업은 이제 막 시작하는 초기단계이기 때문에 경쟁력이 떨어지고 무엇보다도 특히 과거 실적(track record)이 부족해서 국제시장에 진출한다는 것 자체가 어려운 실정이다. 그렇다면 방법은 무엇일까? 먼저 이러한 상황을 감안하여 '개발 및 상담서비스(development & advisory service)'를 활용함으로써 적정한 사업기회를 발굴하고 이를 적절히 구조화시킬 필요가 있다. 그런 다음, 수은이 유리한 조건으로 장기금융을 제공한다면 우리 기업들이 보다 유리하게 녹색플랜트 시장에 진출하게 되지 않을까라는 기대에서 그린플랜트 프로그램(Green Plant Program)을 도입하게 됐다. 이를 위해 수은은 국제개발금융기구 등 해외 네트워크는 물론, 개도국 정부와의 긴밀한 협의체계를 활용하고 수출정보 제공기관들과의 제휴를 통해 현지마케팅도 강화해 나가기로 했다.

한편, 그린챔피언 프로그램(Green Champion Program)은 녹색수출 유망기업들이 세계시장을 주도할 수 있도록 필요한 기술력을 확보함으로써 국제경쟁력을 향상시키도록 돕겠다는 목표 하에 추진했다. 이 프로그램은 상용화부터 수출화까지 각 과정에 효과적인 연구개발금융 및 M&A 금융 확대, 녹색기업전용 대출한도(Green Express Loan) 신설, 시설금융 요건완화, 금리 및 거치기간 우대 등과 같은 다양한 금융지원방안을 담고 있다. 더 나아가 한국형 히든챔피언 지원프로그램과 병행해 향후 10년간 300개의 한국형 히든챔피언 중 50개를 녹색산업 분야의 중견기업으로 키우겠다는 플랜을 포함하고 있다.

이 같은 지원프로그램이 계획대로 추진된다면, 2020년까지 향후 10년간 연평균 350억 달러의 녹색수출과 함께 3만 4,000명의 고용을 새롭게 창출하는 등의 경제적 파급효과가 기대된다. 이를 토대로 나는 기획재정부와 녹색성장위원회 그리고 청와대(비서실)와도 긴밀하게 협의하여 정부 차원의 전폭적인 관심과 지원이 필요하다는 점을 강조했고 정부에서도 이 사업의 중요성을 깊이 인식하고 협조의 뜻을 밝혔다.

미국의 유명한 칼럼니스트인 토머스 프리드먼은 "석기시대가 사라진 것은 돌이 바닥나서가 아니다"라는 말을 인용함으로써 그린에너지시대 도래를 예견했다. 이제 녹색성장은 우리의 미래 세대를 위해서 힘들더라도 가야만 하는 길이 되고 있다. 20세기 미국을 대표하는 시인 로버트 프로스트는 '노란 숲 속에 길이 두 갈래로 나 있었습니다'로 시작되는 〈가지 않은 길〉이란 그의 시에서 마지막을 이렇게 노래하고 있다. '훗날에 훗날에 나는 어디선가 한숨을 쉬며 이야기할 것입니다. 숲 속에 두 갈래 길이 있었다고. 나는 사람이 적게 간 길을 택했다고. 그리고 그것 때문에 모든 것이 달라졌다고.'

우리 앞에 놓여 있는 녹색성장의 길이 힘들다고 지금 만약 이 길을 가지 않는다면 시인의 말처럼 아마도 '먼 훗날에 우리는 그것 때문에 모든 것이 달라졌다'고 후회하게 될지도 모른다. 기후변화와 그린에너지시대에 대응할 수 있는 신성장 동력으로서 저탄소 녹색성장에 국가의 명운이 달려 있다고 생각한다. 그래서 더욱 새 정부가 들어서면서 신설된 미래창조과학부의 향후 역할에 큰 관심과 함께 기대를 걸어본다.

큰 이견이 없다고 생각한다.

그런데 하필이면 왜 지금 '경제민주화' 논의가 경제·사회의 중심적 어젠다로, 좀 더 거창하게 말한다면 시대정신으로까지 운위되면서 국민적인 관심을 모으고 있는가를 한번 생각해볼 필요가 있다. 경제민주화가 현재처럼 우리 앞에 시대적 키워드로 부상한 이유는 그동안 우리가 이룩한 경제성장의 과실(果實)이 소수 대기업들, 특히 재벌에 편중되고 있고, 이에 따라 대·중소기업 간 혹은 사회계층 간 양극화(兩極化)가 점차 구조화되고 있다는 우려와 문제의식 때문으로 보인다. 이를 좀 더 세밀하게 살펴보자면 바로 다음과 같은 배경들이 복합적으로 작용한 결과가 아닐까 생각한다.

첫째, 경제민주화 논의는 비록 지금에 와서야 활화산처럼 분출하고 있지만 좀 더 거슬러 올라가 보면 이미 1997년 외환위기 이후부터 이미 분위기가 무르익고 있었다고 봐야 할 것이다. 사실 외환위기 이전만 하더라도 한국경제는 고도성장과 종신고용에 익숙해져 있었다. 최소한 고용 측면에서는 큰 문제가 없었고, 사회 전반에 열심히 자기 일만 잘하면 중산층으로 올라갈 수 있다는 믿음과 희망이 깔려 있었다. 하지만 외환위기 이후 한국경제는 구조적으로 큰 변화를 겪었다. 더하여 중산층이 붕괴되면서 적정한 소득분배 문제와 양극화를 둘러싼 사회적 관심이 서서히 커져

온 것이다. 이는 곧 파이를 키우는 것 못지않게 공평하게 나누는 것 또한 중요하다는 인식 확산으로 이어졌다. 다시 말하면 헌법에서 명시하고 있는 것 같이 성장과 안정에 있어서 균형 있는 국민경제발전이라는 접근을 요구받게 된 것이다.

둘째, 지난 몇 년간 우리 경제가 겪고 있는 '고용 없는 성장'과 '낙수 효과(trickle down effect)' 상실이라는 현상들이 경제민주화 논의에 촉매제로 작용하고 있다. 저출산·고령화가 빠르게 진행되는 상황에서 청년세대가 직면한 고용불안은 복지문제를 둘러싸고 계층·세대 간 갈등과 긴장을 유발하고 있다. 또, 과거에는 대기업이 성장하면 중소기업도 따라서 같이 성장할 수 있다는 원리가 작동했지만 최근에는 이런 관계가 약화되면서 대·중소기업 간 양극화문제가 대두됐다. 헌법상의 용어를 빌리자면 어떻게 해야 경제주체 간 조화를 가져올 수 있는지에 대한 사회적인 논의가 필요하게 된 것이다.

셋째, 최근 대기업들의 무분별한 행태에 대한 사회적 우려가 크게 확산되고 있다. 예를 들면 골목상권 침투, 편법상속, 경영권의 편법승계 등을 위한 계열사 일감몰아주기로 인해 소상공인들과 중소기업들의 활동이 위축되면서 국민적 반감이 커지고 있는 것이다. 과거 재벌 1·2세대들은 나름대로 강한 도전정신을 갖고 세계를 무대로 경쟁하는 모습을 보여주었다. 과거 어떤 대기업 오너가 기치로 내세웠던 '세계는 넓고 할 일은 많다'라는 말은 당시 젊은이들로 하여금 개척정신을 일깨우는 계기가 되기도 했다. 하지만 지금은 어떤가? 막대한 자금력을 무기로 이른바 '골목상권'을 놓고 국내의 소상공인 혹은 중소기업들과 경쟁하려고 한다. 겉으로는 경영 효율과 고급화 전략을 내세우고 있지만 말이다. 그 결과 부메랑이 되어 헌법 제119조 제2항이 언급하고 있는 (대기업들의) 시장지배와 경제력남용 방지에 대한 사회적 관심을 촉발하게 됐다.

이러한 배경하에 경제민주화에 대한 관심과 논의가 가속화되고 있다. 최근 정치권을 포함해 각계에서 진행되고 있는 상황을 보면 주로 대기업집단 문제를 중심으로 경제민주화 논의가 이루어지고 있다. 하지만 앞서 본 것처럼, 경제민주화에는 다양한 요소가 들어 있기 때문에 비록 모든 요소가 똑같은 비중으로 다루어질 수는 없다고 하더라도, 지금보다는 균형잡힌 시각으로 접근할 필요가 있다. 마찬가지로 대기업집단 문제를 다루는 데 있어서도 문제의 핵심이 무엇인지 그리고 그 해결방안이 무엇인지에 대한 공감대를 형성하는 작업이 무엇보다도 선행되어야 할 것이다.

대기업집단의 경제력집중이 여러 가지 폐해와 문제를 초래하고 있다는 점에는 우리 사회 전체적으로 어느 정도 공감대가 이루어져 있다. 하지만 경제력집중 그 자체를 개선해야 할지 아니면 불공정 행태를 중심으로 접근해야 할지 등에는 여전히 이견이 있다. 또한 이를 해결하기 위한 다양한 방안들이 제시되고는 있으나 대기업집단의 소유구조 문제에 대해서는 논란이 심화되고 있는 양상이다.

여기서 중요한 점은 현재의 경제민주화 논의가, 저성장 국면에 접어들고 있는 우리 경제에 활력을 불어 넣어줄 수 있도록 올바른 경제생태계를 만들어 나가는 데 기여할 수 있어야 한다는 것이다. 물론 우리가 그리는 올바른 경제생태계의 모습이란 큰 나무 몇 그루만 덩그러니 자라고 있는 삭막한 형태가 아니라 크고 작은 나무들이 균형 있게 어우러진 울창한 숲의 형태여야 한다. 진화론적 관점에서 보자면 현재의 경제민주화 논의는 우리의 경제생태계가 울창한 삼림으로 뒤덮인 숲의 모습으로 나아가기 위한 과정에서 겪는 일종의 성장통으로 이해하고 싶다.

향후 대기업집단정책이 나가야 할 방향

우리나라 대기업집단들은 흔히 '재벌'이라고 불린다. 재벌은 한국 특유의 대기업집단체제를 일컫는 말로 이제는 어느 정도 고유명사화되어 외국에서도 통상 '재벌(chaebol)'이라고 불리고 있다.

그런데 다수의 개별기업들이 집단을 이루어 하나의 경제적 실체를 형성하는 모습은 비단 우리나라에서만 나타나는 특유한 현상은 아니다. 전 세계에 걸쳐 비교적 보편적으로 발견되는 기업소유지배구조의 하나다. 제2차 세계대전 이전 독일의 콘체른(Konzern), 일본의 자이바츠(財閥), 20세기 초까지 미국 산업의 각 분야를 독점화했던 트러스트(Trust), 그리고 현재 여러 개도국에서 발견되는 다양한 형태의 기업그룹 등이 우리나라의 재벌과 매우 유사한 특징을 가지고 있다.

물론 기업집단이라고 하더라도 구체적인 형태와 특성은 나라마다 큰 차이가 있다. 미국의 경우 기업집단이 독점화를 위한 하나의 수단으로서 발전됐는데, 19세기 말 '셔먼법(Sherman Act)'과 20세기 초 '클레이튼법(Clayton Act)' 같은 반독점법(Antitrust Laws)이 등장하면서 이 같은 트러스트가 금지됐나. 그러자 기존의 트러스트 그룹은 오늘의 지주회사체제로 전환됐다. 오늘날 미국의 전형적인 기업집단체제는 소유지분이 분산된 상장(上場) 사업지주회사가 자회사를 100% 지배하는 형태다.

일본의 경우 제2차 세계대전 패배 이후 등장한 미군정청이 총수일가 중심의 재벌형태인 자이바츠가 일본 군국주의에 기여했다는 책임을 물어 이를 해체시켰다. 그 결과 오늘날에는 은행을 중심으로 주식을 상호보유하고 있는 다수의 관계회사들이 총수 없이 사장단협의체를 구성함으로써 느슨한 기업연합(게이레츠, 系列)을 이루고 있다.

우리나라의 재벌은 외형적으로는 독립되어 있지만 실질적으로는 총수 1인 또는 그 가족들에 의해 소유·지배되어 자금과 인사, 경영 등 모든 면에서 일관된 체계하에서 복수의 시장에서 활동하고 있는 다수의 비관련 대규모 독과점적 기업들의 집단[11]으로 이해되고 있다. 특히, 우리 재벌은 소유지배구조 측면에 있어 1인 총수에게 권한이 과도하게 집중된 소수지배구조, 복잡다단한 순환출자 그리고 계열금융사를 활용한 지배력의 확장·유지 등을 그 특징으로 한다.

엄밀히 말해, 기업집단체제 그 자체만 놓고 이를 좋다 혹은 나쁘다라고 단정하기는 어렵다. 기업집단체제는 그 나름대로 유용성도 가지고 있다. 사업다각화에 유리하다든지, 사업 위험을 분산시킬 수 있다든지, 자본시장이 충분히 발달하지 못한 경우에는 내부시장으로 활용되어 거래비용을 감소시킬 수 있다든지 하기 때문이다. 우리나라 재벌들도 과거 정부주도하의 고도성장기에 대량생산체제 구축은 물론, 해외수출의 견인차로서 경제발전에 상당히 공헌을 했다. 창업주들의 모험적인 기업가정신으로 부존자원의 한계를 극복한 사례가 많다.

그러나 다른 한편으로 우리나라 기업집단은 계열사 간 자금지원이나 내부거래 등과 같이 집단의 힘을 이용해 급속한 성장만을 도모함으로써 각종 폐해도 유발했다. 예를 들면, 계열사 간 출자와 채무보증 그리고 금융계열사의 고객자산을 활용함으로써 시장진입 과정에서 우위를 점하고, 결과적으로 경제력집중 문제를 초래했다. 그 외에도 계열사 간 부당내부거래를 통해 독립기업과의 공정경쟁을 훼손하고 배임이나 횡령, 편법적인 상속이나 증여 등과 같은 총수일가의 사익추구 행위도 빈발했다. 무엇보다 대기업의 독과점이 고착화되고 독립중소기업의 성장을 가로막음으로써 기업생태계의 건전성과 동태성이 저해되고 있는 것은, 우리 경제 전반의 역동성을 해치는 결과를 초래할 수도 있다는 점에서 심각한 문제다.

물론 1997년에 터진 외환위기를 계기로 우리나라 대기업집단의 경영 행태가 외형확장 위주에서 수익을 중시하는 경향으로 바뀌면서 재무건전성이 크게 개선된 것은 사실이다. 이와 함께 사외이사와 감사위원회 그리고 소액주주 권한강화 등과 같이 기업 내·외부의 견제시스템을 확충하기 위한 여러 제도적 장치들이 도입됐다. 그러나 기업집단의 책임성·투명성·공정성의 개선은 아직까지 제한적이며 불합리한 관행이 상존한다는 평가가 지배적이다. 그간 도입된 기업 내·외부 견제장치의 작동이 실질적으로는 미흡하여 총수일가의 사익추구행위 등 불합리한 경영관행이 지속되고 있고, 3~4세로의 승계과정에서 소액주주의 권익 침해나 중소기업 영역침투 등의 문제도 빈발하고 있기 때문이다.

우리나라 대기업집단정책의 역사를 되돌아보자. 우리의 대기

업정책은 1980년대 중반, 재벌의 경제적 폐해에 대한 우려가 커
지자 이를 규제할 필요성이 강하게 대두되면서 본격적으로 시작
됐다. 구체적으로는 대기업집단을 형성하는 주요 수단인 상호출
자와 채무보증 그리고 부당내부거래 등에 대한 규제가 검토됐다.
1984년 상법을 개정해 처음으로 기업집단을 형성하는 수단인 상
호출자를 규제했지만 모회사와 자회사 간의 상호출자만을 금지
하는 상법으로는 효과를 거둘 수 없었다. 결국 1986년 공정거래
법을 개정함으로써 상호출자금지 및 출자총액제한제도, 금융보
험사 의결권제한제도가 도입됐다. 1996년 12월 계열사 간 채무
보증을 자기자본의 100%로 제한했고 부당내부거래를 불공정거
래행위의 한 유형으로 추가했다. 이어 1998년 2월 계열사 간 채
무보증이 전면 금지된 반면, 지주회사의 설립·전환이 허용됐다.
아울러 대규모내부거래의 이사회 의결·공시 등 사후 감시 장치
도 도입됐다.

돌이켜보면, 공정거래법상의 대기업집단 정책은 시대 상황에
따라 그 주안점이 조금씩 변화돼 왔다. 초기에는 대기업집단의 일
반집중 자체를 문제시했다. 그러나 외환위기를 거치면서는 과도
한 출자 및 채무로 인한 시스템리스크 해소와 보유지분에 비해 과
도한 의결권을 행사하는 소유지배구조 괴리문제에 보다 초점을
두게 됐다. 최근에는 일감몰아주기 등 불공정한 방법을 통한 부

의 편법 증여, 상속과 같은 총수일가의 사익편취행위, 그 과정에서 중소기업 영역으로의 과도한 침투에 따르는 불균형 심화가 문제의 핵심으로 부상했다.

이런 측면에서 앞으로 대기업집단정책은 총수일가의 사익추구행위를 방지하기 위한 제도적 장치들을 보완하고 강화하는 데 집중할 필요가 있다. 우선 현행 부당지원행위 규제체계로는 총수일가의 사익편취를 규제하는데 한계가 있기 때문에 실질적인 규제가 가능하도록 새로운 제도적 장치 도입을 검토할 필요가 있다. 또한 부당지원행위에 대한 규제를 어렵게 하고 있는 현행 부당지원행위 금지규정도 실효성을 높이는 방향으로 개선되어야 한다. 이에 더하여 총수일가의 지배를 공고히 하는 순환출자구조를 개선해 나가되 경제와 기업활동에 미치는 영향을 신중히 고려해 자발적이고도 점진적으로 이 문제를 해소하는 것이 바람직하다.

또, 현재와 같은 기업집단구조와 비교해 상대적으로 투명하다고 평가되는 지주회사체제로의 전환을 도모해 나가되 지주회사 규제제도를 보다 합리화함으로써 대기업집단에게 유인을 제공할 필요가 있다. 이와 함께 금융보험사 의결권제한제도 역시 보다 실효성 있게 보완되어야 한다. 총수일가의 부당한 행위를 막기 위해 사외이사의 독립성과 역할을 제고하고 집중투표제와 전자투표제 의무화 등 기업 내·외부 견제시스템을 강화하는 방안도 함께 검토할 필요가 있겠다.

결론적으로, 현 시점에서는 불공정한 방법을 통한 총수일가의 사익추구행위와 중소기업 영역침투에 따른 불균형 심화가 대기업집단 문제의 핵심이라는 데는 이론이 없어 보인다. 따라서 향후 공정거래법상의 대기업집단정책은 이와 같은 문제 해결에 적합한 맞춤형 정책을 효과적으로 추진하는 데 주안점을 두어야 할 것이다. 다음에서는 세부 과제별로 보다 심도 있게 최근의 논의 동향과 이슈들을 살펴보기로 한다. 다음은 과거 공정거래법상 대기업집단 시책이 어떻게 변천해 왔는지 한눈에 보여주는 도표다.

공정거래법상 대기업집단 시책 변천 연혁

법령 개정일	출자총액제한제도	상호출자금지제도	지주회사제도
1986. 12. 31	●도입·시행(1987. 4. 1) – 대규모기업집단 ＊소속회사에 대해 당해 회사 순자산의 40%를 초과한 타 회사 주식취득 금지 ＊자산총액 4,000억 원 이상 집단	●도입·시행(1987. 4. 1) – 대규모기업집단 ＊소속회사 간 상호 주식 취득·소유 금지 ＊자산총액 4,000억 원 이상 집단	●지주회사 설립·전환 금지 (1987.4.1) – 누구든지 지주회사를 신규로 설립하거나 기존 회사를 지주회사로 전환할 수 없음
1993. 2. 20 (시행령)	●대규모기업집단 기준 변경(1993.2.20) – 자산총액 4,000억 원 이상 → 자산순위 상위 30대 집단		
1994. 12. 22	●출자한도를 40% → 25%로 축소(1995.4.1) ＊출자한도 초과분은 1998. 3. 31까지 해소(3년 유예)	–	–
1998. 2. 24	●제도 폐지(1998. 2. 24) ※IMF 외환위기 이후, 외국인의 적대적 M&A의 허용 등에 따라 경영권방어 및 기업구조조정 촉진을 위해 폐지	–	–
1999. 2. 5	–	–	●지주회사 설립·전환 자체는 허용하되, 과도한 지배력확장 억제를 위해 행위세한 규정 마련(1999.4.1) ＊2단계(지주회사–자회사–손자회사)이상 출자금지 ＊자회사지분율 요건(상장사: 30%, 비상장사: 50%) ＊자회사–손자회사 간 사업 관련성 요건 ＊부채비율 요건(100%) ＊금융·비금융 동시소유 금지 등
1999. 3. 31 (시행령)	–	–	●지주회사 기준 도입(1999.4.1) – 자산총액 100억 원 이상, 자회사 주식가액 합계액이 당해회사 자산총액의 50% 이상인 회사 ※ 지주회사 자산총액요건 변경 : 100억 원 이상(1999. 3. 31) → 300억 원 이상(2001. 3. 27) → 1,000억 원 이상(2002. 3. 30)
1999. 12. 28	●제도 재도입(2001.4.1) –30대 집단 소속회사의 출자한도를 순자산 25% 이내로 한정 ＊출자한도 초과분은 2002. 3. 31까지 해소(1년 유예)	–	–

2002. 3.30 (시행령)	● 대상 기업집단 변경(2002. 4. 1) － 30대 집단 → 자산총액 5조 원 이상 집단	● 대상 기업집단 변경 (2002. 4. 1) － 30대 집단 → 자산총 액 2조 원 이상 집단	－
2004. 12.31	－	－	● 제도개선: 지주회사체제의 투 명성 제고 및 지주회사 전환 촉진(2005. 7. 1) ＊ 자회사 간 출자 금지 ＊ 손자회사 지분율 요건(비상장 사: 50%, 상장사: 30%) ＊ 지주회사의 비계열사 주식 5% 초과소유 금지 ＊ 지주회사 행위제한 규정에 대 한 각종 유예기간 부여
2005. 3.31 (시행령)	● '시장개혁 3개년 로드맵'에 따 른 제도개편 － 대상 집단 변경 : 5조 원 이 상 집단 → 6조 원 이상 집단 (2005. 4. 1) － 출총제 졸업제도 도입(2005. 4. 1) ＊① 지배구조모범기업, ② 지주 회사 및 그 소속 자회사, 손자 회사, ③ 출자단계가 2단계이 하, 계열회사수가 5개 이하, ④ 소유지배괴리도가 25%p 이하 이고 의결권승수가 3.0배 이하	－	－
2007. 4.13	● 제도 대폭 완화(2007. 7. 14) － 대상 집단 변경(자산 6조 원 → 10조 원) － 출자한도 대폭 상향(순자산의 25 → 40%) 등 ※ 적용대상 회사 축소(집단소속 모 든 회사 → 자산 2조 원 이상 회사, 2007년 7월 시행)	－	● 지주회사 행위제한 규정 완화 (2007. 4. 13) ＊ 부채비율요건 상향조정 (100→200%) ＊ 자회사·손자회사 지분율 요 건 완화(상장: 30→20%, 비상장: 50→40%) ＊ 지주회사 행위제한의무 유예기 간 2년 추가 연장(주식가격의 급 격한 변동 등 불가피한 사유발생 시)
2007. 8.3	－	－	● 지주회사 행위제한 규정 완화 (2007. 11. 4) ＊ 자회사→손자회사 간 사업관 련성 요건 폐지 ＊ 100% 증손회사의 제한적 허용 ＊ 합병분할에 따른 법 위반 시 1 년의 유예기간 부여
2008. 6.25 (시행령)	－	● 대상 집단 변경(2008. 7. 1) － 2조 원 이상 → 5조 원 이상	－
2009. 3.25	● 제도 폐지(2009. 3. 25) ※ 경제여건 변화에 따른 규제타 당성 약화, 기업의 투자의욕 고 취 등 경제활성화의 필요성 등 을 고려	－	－

 갈림길에 선 한국경제, 현재에 묻고 미래에 답하다

핵심적인 이슈들 어떻게 풀 것인가?

경제의 블랙홀이 돼서는 곤란하다

경제민주화와 관련해서는 2012년 대선과정에서 다양한 이슈들이 분출됐지만, 지금도 여전히 타다 남은 불씨처럼 살아 있어 계기만 되면 언제든 재점화될 가능성과 여지가 충분하다.

경제민주화라는 과제가 비록 우리 사회가 다루어야 할 시급하고도 긴요한 현안이라 하더라도 너무 서둘러서 될 일은 아니라고 본다. 옛말에 '욕속부달 욕교반졸(欲速不達 欲巧反拙)'이라고 했다. 즉, 일을 너무 빨리 하고자 서두르면 도리어 이루지 못하고 또 무언가를 잘 만들려고 너무 기교를 부리면 오히려 졸렬한 결과를 보게 된다는 말이다. 경제민주화나 재벌개혁 같은 우리 경제에 지대한 영향을 미칠 수 있는 과제들은 시행상의 문제점을 충분히 그리고 신중히 고려하면서 중심을 잡고 추진할 필요가 있다.

이런 차원에서 현재 각계에서 다양하게 제시되고 있는 소유구조 관련 규제강화 방안들이 당면한 대기업집단의 문제들을 해결하는 데 얼마나 기여할지에 대한 종합적인 검토가 필요한 시점이라고 생각한다. 그러나 분명한 것은, 최근 논의되고 있는 소유구조 개선방안들, 예를 들면 출자총액한도제도(출총제)[12] 부활이나 순환출자 금지 등이 일부 긍정적 효과를 가져 올 것으로 예상은 되지만 문제를 근본적으로 해결하는 데에는 한계가 있다는 점이다. 특히, 소유와 지배의 괴리에 따른 총수의 사익추구행위나 부의 편법승계 등의 폐해를 근원적으로 시정할 수 있는지는 다소 회의적이다.

법인 간 출자가 허용되는 한 소유와 지배의 괴리 문제는 항상 발생할 수밖에 없다. 이는 지난 20여 년간 출총제를 운영했음에도 불구하고 기업총수가 전체계열사를 지배하는 관행이 지속되어 온 사실에서도 알 수 있다. 경제가 글로벌화되면서 경쟁시장이 전 세계로 확대될 수밖에 없는 상황에서 대기업집단의 규모확대 그 자체를 문제 삼는 것이 과연 바람직한지에 대해서도 심도 있는 검토가 필요하다. 그런 의미에서 소유지배구조 개선을 위한 제도개선 방향에 대해 사회적 합의점을 찾는 노력과 함께 기업의 투명성과 책임성을 높이고 중소기업과의 공생발전을 도모할 수 있는 다양한 접근방법이 강구되어야 한다.

　앞서도 지적했지만 지금은 불공정한 방법을 통한 총수일가의 사익추구와 중소기업 영역침투에 따른 불균형 심화문제가 대기업집단문제의 핵심이다. 대기업의 문어발식 경영이 사회적으로 용인할 만한 도를 넘어 중소기업영역은 물론, 골목상권까지 확장을 꾀하다보니 중소기업이 어려워지고 영세상인의 설 땅이 없어지고 있다. 더 나아가 대기업집단 중심으로 우리 산업구조가 급격하게 쏠리면서 소득과 부의 편중이 심화되고 있어 이를 바로 잡는 것이 급선무다. 경제민주화를 위한 대기업집단시책은 글로벌 시대에 우리 기업의 대외경쟁력을 훼손하지 않으면서 총수일가 지배에 따른 폐해를 시정하는 방향으로 추진되어야 한다. 대기업집단이 가진 규모와 범위의 경제, 신속·과감한 의사결정 등 나름의 장점은 살리면서 총수일가의 사익추구를 막기 위한 제도적 장치를 강화해야 한다. 또한 총수일가의 지배를 공고히 하는 대기업집단의 순환출자구조 개선이나 독립기업과의 공정경쟁 훼손행위 근절을 위한 법집행은 보다 강력히 추진되어야 할 것이다. 대기업집단정책에 감정적으로 접근함으로써 경제민주화가 다른 모든 이슈들을 빨아들이는 블랙홀이 되어서는 곤란하다.

출자총액제한제도 부활을 둘러싼 논란

출자총액제한제도는 1986년에 처음 도입된 이후 경제여건에 따라 규제의 정도가 세지고 약해지기를 반복해왔다. 1998년 폐지됐다가 2001년 다시 도입됐고 2007년 대폭적인 규제완화 과정을 거쳐 이명박정부 출범 후, 2009년에 기업투자 활성화를 위한 규제완화 차원에서 다시 폐지됐다. 그런데 일부에서 출총제 규제가 폐지됨으로써 대기업집단의 경제력집중이 심화됐다고 하면서 이를 해소하려면 출총제를 다시 부활해야 한다고 주장한다.

그러나 출총제는 계열사 확대 같은 대기업집단의 폐해를 억제하는데 한계가 있고, 건전한 출자까지도 제한하는 문제가 있다는 점에서 그 부활 여부는 신중히 검토되어야 한다고 본다. 우선 출자한도 내에서는 자유로운 출자가 가능하고 심지어 순환출자도 가능해 복잡한 다단계 출자구조를 개선하는 효과는 미미하다. 또한 순자산규모가 커서 출자여력이 많은 대규모회사에는 실효성도 떨어진다. 그리고 문제가 되는 중소기업영역으로의 진출은 통상 80억 원 이하의 적은 자본으로도 가능하기 때문에 출총제가 대기업집단의 중소·영세업종 진입을 막기도 어렵다.

이처럼 출총제 부활에 따른 효과는 그다지 크지 않은 반면, 미래성장산업에 대한 투자 등 기업의 성장과 발전에 필요한 건전한 출자도 함께 제한하는 부작용은 크다. 게다가 출자한도를 낮출 경우, 사업구조 재편을 위한 불가피한 출자나 투자목적의 건전한 출자까지 가로막는 경우가 발생한다. 출총제 시행 당시에도 이러한 문제가 있어 사회간접자본에 대한 출자, 민영화되는 공기업 인수, 동종·밀접업종 출자, 외국인투자기업 출자, 신산업 분야 진출, 구조조정 출자 등 23가지에 이르는 각종 예외를 인정했고, 이는 결국 규제효과를 크게 반감시켜 제도 자체의 실효성에 대한 한계를 노출했다.

또한, 국내에 투자하는 외국기업의 경우에는 출총제를 적용받지 않기 때문에 우리나라 회사에 대한 인수합병이 용이하다. 반면, 국내기업은 출자한도 제한으로 인해 대형 M&A에 참여하기가 어려워져 우리 기업이 외국 투기자본의 적대적 M&A에 그대로 노출돼 국부유출에 대한 우려가 높아질 수 있어, 결국 출총제는 외국기업과 비교해 우리 기업에게 역차별로 작용할 소지도 크다.

순환출자금지 어떻게 풀어야 할까

순환출자는 현재의 대기업집단을 유지하는 다양한 유형의 계열사 간 출자의 한 형태로 재벌 지배력을 확장하고 유지하는 대표적 수단이다. 이러한 순환출자는 사실상 변형된 형태의 상호출자로 실질적인 자본투여 없이도 가공자본을 형성함으로써 주식회사 자본의 건전성이 저해되고, 특히 최초의 출자자금이 회수된다는 점에서 다른 어떤 형태의 다단계출자보다도 더 악성으로 평가되어 왔다.

그동안 대기업집단에서 이러한 순환출자가 발생한 원인은 크게 네 가지로 유형화해볼 수 있다. 첫째, 투자목적 등으로 계열회사 주식을 취득하는 과정에서 우연히 형성되는 경우다. 둘째, 총수일가의 지배권을 강화하고 이를 통해 적대적 M&A를 방어할 목적으로 순환출자를 활용하는 경우다. 셋째, 대형 M&A에 필요한 자금을 조달하는 과정에서 발생하는 경우다. 자금을 외부에서 조달하면 총수일가의 지배력이 불가피하게 약화되기 때문에 순환출자를 동원해 그룹의 내부지분율 하락을 막으려고 하게 된다. 넷째, 기업집단을 친족 간에 분리하는 과정에서 발생하는 경우다. 분리되는 집단이 보유한 모기업 측 계열회사 주식을 모기업집단이 인수하면서 순환출자가 발생하기도 한다.

2012년 4월 현재, 우리나라 63개 대기업집단 중 순환출자가 존재하는 기업집단은 삼성, 현대자동차, 롯데, 현대중공업, 한진, 한화, 동부, 대림, 현대, 현대백화점, 영풍, 동양, 현대산업개발, 하이트진로, 한라 등 15개 기업집단이다. 이들은 대부분 그룹의 대표회사를 중심으로 순환출자고리를 형성하고 있다. 다음 도표는 우리나라 주요 기업집단의 순환출자 현황을 잘 보여준다.

기업집단	주요 환상형 출자
삼성	삼성에버랜드 → **삼성생명** → 삼성전자 → 삼성SDI → 삼성물산 → 삼성에버랜드 삼성물산 → 삼성에버랜드 **삼성카드** → 삼성에버랜드 **삼성화재** → 삼성전자 → 삼성전기 → 삼성에버랜드 삼성전자 → 삼성SDI → 삼성전자 → 삼성전자
현대 자동차	현대자동차 → 현대자동차 → 현대모비스 → 현대자동차 현대제철 → 현대모비스 → 현대자동차
롯데	롯데쇼핑 → **롯데카드** → 롯데칠성 → 롯데쇼핑 롯데알미늄 → 롯데알제과
현대 중공업	현대중공업 → 현대삼호중공업 → 현대미포조선 → 현대중공업
한진	대한항공 → 정석기업 / 한국공항 / 한진관광공항 → 한진 → 대한항공
한화	한화 → **대한생명** → **한화손해보험** → 한화 한화케미칼 → 한화엘앤씨 → 한화폴리드리머 → **한화손해보험** → 한화 / 한화케미칼
동부	동부건설 → 동부제철 → **동부증권** / **동부캐피탈** → **동부생명** → 동부건설
대림	대림코퍼레이션 → 대림산업 → 오라산업 → 대림코퍼레이션
현대	현대상선 → **현대증권** / 현대로직스틱스 → 현대엘리베이터 → 현대상선

＊상기 표는 기업집단 내 모든 환상형 출자를 나타내고 있는 것이 아니라 일부 현황을 예시한 것이며, 굵은 글씨는 금융보험사를 나타냄.

　지금 상황에서 기존의 순환출자를 포함해 순환출자를 전면적으로 금지할 경우 그 실효성은 크지 않은 반면, 기업부담이 커진다는 점에서 신중하게 검토되어야 한다. 우선 순환출자를 금지한다 하더라도 행렬식, 피라미드식, 계열식 출자 등 다양한 유형의 다른 계열사 간 출자는 금지되지 않기 때문에 이를 통해서 지배력을 확장, 유지하는 것이 가능하다. 따라서 소유구조 개선의 효과가 미미하다. 또한 순환출자 고리 중 하나를 끊는다고 해서 지배구조의 투명성이나 총수의 책임성이 바로 높아진다는 보장도 없다.

이에 비해 주력회사들이 대규모 순환출자로 연결된 집단은 의결권만 제한하더라도 당장 적대적 M&A 위협에 노출됨으로써 경영권을 방어하는데 심각한 문제가 발생할 우려가 있다. 일부 기업집단의 경우, 기존의 순환출자를 해소하기 위해서는 막대한 규모의 자금이 필요한데 그로 인해 기술개발과 설비증설에 대한 투자여력이 크게 감소되어 정상적인 경영활동이 어려워질 가능성도 있다. 다만, 신규순환출자 금지는 실질적 자본투자 없이 지배력을 확장하는 문제를 미리 예방하는 효과가 있으므로 그러한 측면에서는 상당한 실익이 있다고 본다.

지주회사 규제강화만이 능사인가

지주회사(Holding Company)는 주식을 소유함으로써 다른 회사의 사업내용을 지배하는 회사다. 때문에 지주회사는 피라미드형 출자를 통한 기업집단의 지배력확장 수단으로 활용될 우려가 있다. 이런 이유로 인해 1986년 공정거래법은 대규모기업집단 규제를 도입하면서 지주회사의 설립·전환을 원칙적으로 금지했다.

그러나 지주회사체제는 계열회사에 대한 출자구조 측면에서 복잡한 순환출자로 얽혀 있는 기존의 기업집단보다는 상당한 장점이 있다. 특히, 1997년 외환위기를 겪으면서 우리 기업의 소유·지배구조 개선과 구조조정이 시급하게 요구되면서 1999년 과도한 경제력집중문제를 최소화할 수 있는 제도적인 보완장치 마련을 전제로 지주회사 설립·전환이 제한적으로나마 허용됐다. 이에 따라, 공정거래법은 자산총액이 1,000억 원 이상이면서 자회사의 주식가액 합계액이 해당회사 자산총액의 50% 이상인 회사를 지주회사로 정의하고, 이러한 지주회사에 대한 규제를 도입했다. 즉, 2단계 이상 출자 금지, 자회사에 대한 지분율요건 세한(비상장사 40%, 상장사 20%), 부채비율요건 100%로 제한, 금융·비금융 동시소유 금지 등이 바로 그것이다.

공정거래법상 규율을 받는 지주회사체제에서는 계열회사들 간순환출자 고리가 끊어지게 됨으로써 동반부실화의 위험이 낮아지고 부실기업의 신속한 퇴출이 가능하다. 이에 따라 시장에서의 유효경쟁을 촉진시키는 효과를 기대할 수 있다. 아울러 출자구조가 단순·투명하기 때문에 금융기관이나 소액주주의 경영감시가 용이하다는 장점도 있다. 이러한 이유로 정부는 기존에 순환출자로 복잡하게 얽힌 기업집단들이 단순·투명한 출자구조의 지주회사체제로 전환하도록 유도하고 있다.

이를 위해 다양한 인센티브를 부여하고 있다. 예를 들면, 일반 법인보다 배당수익에 대한 익금불산입률을 높여줌으로써 법인세 감경 혜택을 준다. 지주회사 전환 시 발생하게 되는 주식교환이나 현물출자에 따르는 양도차익에 대해서는 양도소득세와 법인세를 주식처분 시까지 과세이연해 주며, 간접취득 부동산의 취득세를 면제하는 등 세제상 인센티브를 주고 있다.

그럼에도 불구하고 출총제 폐지 이후 지주회사 전환유인이 상당히 줄었다. 왜냐하면 지주회사에 대해서는 계열사 주식보유 금지나 지분율 요건 등 규제가 많은 반면, 일반기업집단은 이에 대한 별다른 제약이 없기 때문이다. 이에 따라 정부는 지주회사 규제를 다소라도 완화함으로써 일반 기업집단과 규제의 형평성을 맞추고 지주회사로의 전환 흐름을 유지하기 위한 노력들을 기울여 왔다.

그 한 예가 바로 지주회사의 금융·비금융 동시보유금지 규제 완화다. 18대 국회에서 지주회사가 금융자회사를 둘 수 있도록 허용하는 공정거래법 개정이 추진됐다. 당초 정무위에서는 일반지주회사의 금융사 지배는 원칙적으로 허용하되, 그에 대한 보완책으로써 중간금융지주회사제도를 도입하기로 여야 간 합의가 이루어졌다. 중간금융지주회사를 설립하면, 금융-비금융 간 출자고리가 단절돼 금산분리가 강화되는 효과가 있다. 중간금융지주회사는 개별 금융관련법상 규제 외에 금융지주회사법에 따라 추가로 지주회사체제 내 모든 회사를 합산한 자기자본비율 규제, 대주주 신용공여한도 설정, 지주회사 전체 차원의 경영실태 평가 등 연결감독을 받음으로써 금융감독 실효성이 제고되는 효과도 있다. 특히, 일반지주회사의 금융사지배가 가능해 금융사보유 대기업집단의 지주회사전환이 용이해지게 된다.

그러나 법사위에서 다시 논란이 일어 최종적으로는 2012년 18대 국회 임기만료와 함께 자동폐기됐다. 이러한 지주회사 관련 규정개정이 국회에서 논란 끝에 무산됨으로써 이후 대기업집단정책을 운영하는데 차질이 생기고, 좀 더 큰 틀에서 진략적으로 접근할 수 있는 추동력을 잃은 것 같아서 당시 공정거래위원장으로서 아직까지도 아쉽게 생각한다. 앞으로 정치권에서 좀 더 전향적으로 이 문제를 다시 생각해 주기를 기대한다.

중간금융지주회사 설립 시 기대효과

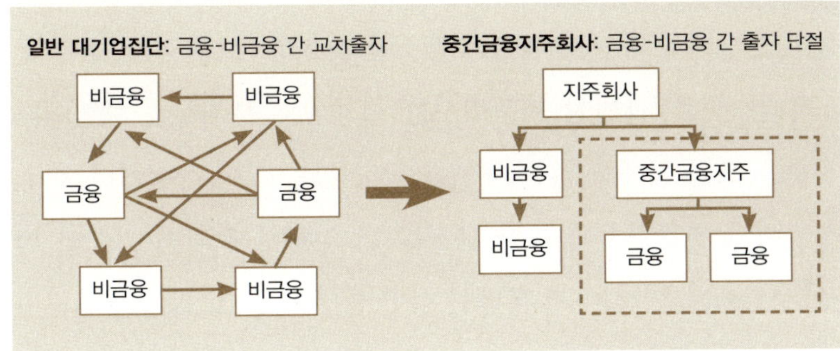

한편, 이와 같이 지주회사규제의 완화를 통한 지주회사 전환 흐름을 강화하려는 노력과는 정반대로, 부채비율 하향[13]이나 자(손자)회사 최소지분율 상향[14]과 같은 조치를 통해 오히려 규제강화가 필요하다는 일부 주장도 있다. 그러나 지주회사 규제강화는 일반대기업집단의 지주회사체제로의 전환을 저해할 가능성이 농후하고 이미 지주회사체제로 전환한 기업집단도 일반기업집단으로 복귀하게 되는 부작용이 발생할 수도 있다.

물론 지주회사를 통한 지배력확장 억제라는 측면에서만 보자면, 자회사를 100% 소유하는 외국의 지주회사체제가 이상적이라고 할 수 있다. 그러나 이를 우리나라 기업집단에 그대로 적용하기에는 현실적으로 무리가 있고, 현재의 공정거래법상 지주회사체제 자체가 소유지배구조 개선이라는 측면에서 기존의 일반기업집단보다는 우월한 측면이 있다. 지주회사체제는 출자단계를 제한하고 계열사 간 출자를 금지하기 때문에 단순하고 투명한 소유구조를 유도함으로써 경영감시가 용이하다. 또 총수지분이 지주회사로 집중되므로 총수지분이 높은 특정계열사를 지원하는 등의 부당지원 유인도 현저히 감소될 것으로 예상된다.

특히, 공정거래법상 지주회사는 현재에도 부채비율 제한이나 지분율 요건 등에서 많은 규제를 받고 있는 것이 사실이다. 이런 상황에서 지주회사에 대한 규제를 더 강화하게 되면 기존의 지주회사 전환기업들마저 복잡한 다단계출자구조로 돌아가게 되어 우리 기업집단의 소유·지배구조가 더 악화될 가능성이 있다는 점을 깊이 헤아려야 할 것이다. 참고로 현재 우리나라 대기업집단에 소속되어 있는 지주회사의 현황을 소개한다.

대기업집단 소속 지주회사 현황 (2012년 10월 기준)

기업집단	지주회사	전환일	기업집단	지주회사	전환일
삼성	삼성종합화학	2004. 1. 1.	한진중공업	한진중공업홀딩스	2007. 8. 1.
SK	SK	2007. 7. 3.	웅진	웅진홀딩스	2008. 1. 1.
	SK이노베이션	2011. 1. 4.	코오롱	코오롱	2010. 1. 1.
LG	LG	2001. 4. 3.	농협	농협경제지주	2012. 3. 2.
GS	GS	2004. 7. 7.		농협금융지주	2012. 3. 2.
	GS에너지	2012. 1. 3.	하이트진로	하이트진로홀딩스	2008. 7. 3.
한진	한진해운홀딩스	2009. 12. 1.	대성	대성홀딩스	2009. 10. 1.
한화	한화도시개발	2009. 12. 1.		서울도시개발	2011. 1. 1.
두산	두산	2009. 1. 1.		대성합동지주	2011. 1. 1.
	디아이피홀딩스	2010. 1. 1.	세아	세아홀딩스	2001. 7. 3.
LS	LS	2008. 7. 2.	태광	티브로드홀딩스	2008. 11. 11.
CJ	CJ	2007. 9. 4.		티브로드도봉강북방송	2012. 1. 1.
동부	동부인베스트먼트	2011. 1. 1.	한국투자금융	한국투자금융지주	2003. 1. 11.
부영	부영	2009. 12. 30.	태영	SBS미디어홀딩스	2008. 3. 4.
	동광주택산업	2011. 1. 1.	계 (22개 집단)	30개 회사 (일반: 28, 금융: 2)	
현대백화점	현대에이치씨엔	2006. 1. 1.			

금산분리는 필요하지만 현명하게 접근해야

금융자본과 산업자본의 관계설정을 어떻게 할 것인가 하는 금산분리 문제는 산업정책을 집행하고 있는 모든 정부에서 고민하지 않을까 생각한다. 우리나라의 경우, 금산분리와 관련해서는 산업자본의 은행 및 은행지주 주식 9% 초과보유 금지, 일반지주회사의 금융회사지배 금지, 대기업집단소속 금융회사의 의결권 제한 등 산업자본의 금융자본 소유를 제한하는 문제와, 동일 기업집단소속 금융기관의 비금융계열사 주식 5% 초과보유 금지, 금융지주회사의 비금융회사 주식소유 금지, 은행 및 보험회사의 타 회사 주식 15% 초과취득 금지 등 금융자본의 산업자본 지배를 금지하는 문제 등 여러 가지 이슈가 있다. 다른 분야도 마찬가지이지만 이 역시 어느 것 하나 간단하지 않다. 여기에는 금융당국이 소관하고 있는 사항도 많아서 이 자리에서는 공정위가 담당하고 있는 문제로 범위를 좁혀서 살펴보고자 한다.

앞서 본 것처럼 현실적이고 실효성 있는 금산분리 강화를 위해서는 일반지주회사의 금융자회사 보유를 허용하는 대신 지주회사로 전환한 기업집단에 대해서는 중간금융지주회사를 도입하는 것이 필요하다. 또 금산분리에 충실하기 위해서는 금융자본과 산업자본을 완전히 분리해야 한다. 하지만 2012년 4월 현재 33개 대기업집단이 166개의 금융·보험회사를 보유하고 있는 등 이미 금산복합으로 형성되어 있는 기업현실을 고려하지 않을 수 없다. 따라서 일반지주회사의 금융자회사 보유를 허용함으로써 일반대기업집단이 지주회사체제로 전환하도록 유도하는 동시에 다수의 금융회사를 보유한 경우 중간금융지주회사를 설립하도록 해 금산분리를 강화하는 것이 바람직하다.

이와 별개로 대기업집단 금융·보험사의 비금융계열사에 대한 의결권을 현재의 15%보다 축소하는 문제가 검토되고 있다. 이는 금융·보험사가 고객자금을 동원해 지배력을 확장하는 것을 방지하기 위해 도입된 것이다. 원칙적으로 금융·보험사가 비금융계열사 주식을 소유하는 것은 허용하되 의결권 행사를 금지하고, 예외적으로 적대적 M&A로부터 경영권을 방어할 필요성이 있을 때, 즉 임원임면, 정관변경, 합병 등의 경우에 한하여 특수관계인과 합쳐 15%까지만 의결권을 행사할 수 있도록 인정해주는 제도다.

1987년 처음 제도가 도입됐을 때는 예외 없이 의결권행사를 전면 금지했다. 그러나 상장회사에 대한 외국인의 적대적 M&A 가능성이 제기되자 2002년 1월에 30%까지는 의결권을 행사할 수 있도록 예외를 허용했다. 그러다가 이러한 예외조항이 총수일가의 금융회사에 대한 지배력 유지 및 확장에 악용되고 있다는 지적이 잇따라 2004년 12월 예외한도를 15%까지 단계적으로 축소했다. 그러나 현재 상당수 대기업집단이 금융·보험사를 통해 계열사 주식을 상당수 보유하고 있기 때문에 고객자금을 이용한 지배력확장 가능성이 상존한다. 그간 일부 대기업집단 소속 금융·보험사는 이 같은 예외조항에 의거하여 비금융 상장계열사에 대한 의결권을 행사하기도 했다.

이러한 점을 고려할 때, 금융·보험사의 비금융계열사에 대한 의결권 제한제도를 좀 더 강화할 필요가 있다. 금융·보험사를 통한 총수일가의 지배력확장을 억제하기 위한 제도의 실효성을 제고하는 측면에서다. 다만 금융·보험사 의결권행사의 예외한도를 축소하는 경우 금산분리 강화라는 긍정적 측면이 있는 반면에, 적대적 M&A에 대한 경영권방어가 더욱 어렵게 되고 신규 투자보다도 경영권방어에 많은 자본을 지출함으로써 투자가 위축될 수 있는 등 부정적 측면도 함께 존재한다. 이 때문에 구체적인 의결권행사 한도는 지배력확장을 억제하는 효과와 함께 적절한 경영권 방어수단이 보장 가능한 수준에서 신중하게 결정되는 것이 바람직하다.

계열분리명령제 도입 꼭 필요한가

기업분할명령제라는 것이 있다. 이는 독점사업자가 부당하게 독점유지행위를 지속할 경우, 시장의 경쟁질서를 회복하기 위한 시장구조적인 교정책으로서 기업분할을 명령하는 제도다. 미국의 판례법을 통해 확립됐으며 일본과 영국의 독점금지법에도 명시적으로 도입되어 있다.

최근 경제민주화 논의 과정에서 기업분할명령제도와 유사하게 대기업집단 계열회사에 대한 계열분리명령제를 도입하자는 주장이 제기된 바 있다. 재벌의 금융계열사에 대해 우선적으로 계열분리명령제를 도입하고 점차 이를 일반 기업으로까지 확대 적용해 보자는 의견이다.

그러나 계열분리명령제를 도입할 경우, 주주·회사·산업계 전반에 미치는 영향이 지대하기 때문에 신중한 검토가 필요하다. 무엇보다 계열사 등이 경제력집중 또는 부당지원수단으로 악용되는지 여부를 판단할 수 있는 객관적·정량적 기준을 설정하기가 곤란한 면이 있다. 이로 인해 제도의 예측가능성이 떨어지게 되고 그 결과 기업경영을 과도하게 위축시킬 우려가 있다. 또한 정부의 계열분리 명령에 대해 기업들이 바로 소송을 제기하더라도 소송기간 동안 발생하는 경영불안정, 인력·고객이탈 등 손해는 회복하기가 어렵다.

또한 자기책임원칙이나 비례원칙에 위배되는 법리적 문제도 논란이 될 수 있다. 왜냐하면 금융계열사의 법위반행위와 무관한 주주의 재산권을 침해하는 법리적 한계가 있기 때문이다. 즉, 계

열분리를 위해 부당지원행위 등에 직접 관여하지 않은 주주(계열
사)에게 주식매각을 명하게 되므로 법 위반의 주체(금융계열사)와
책임의 주체(계열사)가 달라지는 문제가 발생한다. 이에 더해 구
조적 교정을 정당화하는 불가피성이 있는지, 위법행위와 제재조
치 간에 균형이 맞는지 등에 대한 법리적 측면의 논란도 크다. 따
라서 계열분리명령제를 도입하기보다는 금산분리와 부당지원행
위 규제 등을 강화함으로써 문제를 해결하는 것이 더 바람직하
다고 본다.

지금까지 경제민주화와 관련해 그간 논란이 되어 왔던 핵심적
인 이슈들에 대해, 이 장에서 상세히 서술한 나의 입장은 사실 지
난 대선 직전인 2012년 11월 22일, 31명의 국회의원들로 구성된
국회 경제포럼에 강연자로 초청됐을 때 언급했던 내용들이다. 당
시 일부언론에서는 내가 공정거래위원회 수장의 입장에서 대선
주자들의 재벌 정책을 평가한 것이라고 확대해석했다. 시각에 따
라서는 그렇게 보일 수도 있겠다.

하지만 당시 나는 경제민주화 논의와 관련해 제기됐던 각종 이
슈들에 대해 토론회에서 솔직한 입장을 밝혔을 뿐이었다는 점을
분명히 해두고자 한다. 특정 대선 후보의 정책을 편들고자 한 것
도 아니며 그렇다고 일부 대기업집단의 입장을 두둔하고자 한 것
은 더더욱 아니었다. 경제민주화와 관련한 대기업집단정책의 방

향을 둘러싸고 우리 사회에 논란이 뜨거워지고 있는 상황에서 책임 있는 위치에 있는 사람으로서 입장을 밝혀두지 않을 수 없었다. 그것이 정치권의 논의를 지켜보면서 일견 혼란과 불안감을 갖고 있는 국민들에게도 마땅한 도리이고 책임 있는 자세라고 생각했다.

부당지원 관행
무엇이 문제인가?

관행이란 이름의 나쁜 기업문화

일감몰아주기는 공정거래법이 금지하고 있는 '부당내부거래'의 한 유형이다. 공정거래법 제23조 제7항은 부당내부거래를 '당해 회사의 특수관계인(주로 대주주나 그 친족)이나 다른 회사에 대해 상품, 용역, 자금, 자산, 인력 등을 무상으로 제공하거나 현저히 유리한 조건으로 거래함으로써 공정한 거래를 저해할 우려가 있는 행위'로 규정하고 있다. 부당내부거래가 우리 기업의 나쁜 문화이자 고질적인 관행이 된 데는 몇 가지 이유가 있다.

첫째, 독과점적 시장에서 시장지배적 지위를 누리는 대규모기업집단 계열의 기업들은 사업확장에 필요한 자금을 조달하기가 쉽기 때문이다. 특히 재벌은 생산활동과정에서 독과점이윤의 축적이 용이하고 계열금융기관들의 금융자원을 활용할 수 있다. 따라서 계열사유지와 사업확장을 손쉽게 추구할 가능성이 높다.

둘째, 재벌총수와 그 친족들은 계열회사 간 출자를 통해 기업집단 전체를 지배하면서도 각각의 계열회사에 대한 지분율이 상이하기 때문에 부당지원행위를 통해 사적 이익을 추구하려는 유인이 상존한다. 즉, 개인적 지분율이 높은 계열사 쪽으로 다른 계열회사들의 지원행위가 집중될 가능성이 크고 그 과정에서 시장경쟁을 차단하는 문제가 그간 빈번하게 발생해왔다.

셋째, 대규모기업집단을 구성하는 계열사들은 시장 메커니즘에 의한 견제가 미흡하다. 회계자료가 부실한 경우 경영실적에 대한 정확한 평가가 이루어지기 힘들뿐만 아니라 외부에서 견제 역할을 수행해야 할 금융기관도 오히려 대규모기업집단에 종속될 수가 있다. 부당지원행위를 감시하고 막아야 할 제2금융권 역시 이미 재벌이 지배하는 경우 이를 통한 부당지원행위 견제가 사실상 불가능하다. 또한, 대규모기업집단의 총수는 수익성보다는 영향력 극대화(influence maximization)에 집착하는 성향이 있어 계열사 수를 늘리고 외부와의 시장경쟁을 차단하기 위한 수단으로 부당지원을 활용할 수 있다.

서양 기업들이 대체로 수익성 있는 핵심분야에 치중하는 것과는 달리 동양의 기업문화는 내실보다 외형을 확대하려는 경향이 강하다. 우리나라 기업들도 대개 매출확대, 차입확대, 사세확대, 계열확대를 추구하는 행태를 보여주고 있다. 특히, 총수를 정점으로 일사불란한 조직체계와 의사결정구조를 가진 대기업집단에서 이러한 특징이 현저히 나타난다.

그러나 이러한 부당내부거래행위는 사회 전체적으로 여러 경제적 폐해를 야기한다. 우선 부당지원을 받는 회사가 속한 시장에서는 그만큼 잠재적 경쟁자의 출현이 어려워 시장참여자 수가 줄어들어 실질적으로 시장경쟁이 제약된다. 게다가 경쟁력을 끌어올리기 위한 노력을 등한시함으로써 한계기업이라 하더라도 퇴출을 피할 수 있어 구조조정이 지연되고 결과적으로 자원의 낭비가 초래되는 것이다. 부당지원을 하는 회사도 핵심적 역량이 외부로 유출되기 때문에 경쟁력이 저하될 수밖에 없다.

또 잘 되는 기업과 그렇지 않은 기업의 경영실적이 정확히 드러나지 않음으로써 경영자의 자질이나 책임에 대한 객관적인 비교·평가가 어려워지고 경영자의 선정이 경영능력보다 총수와의 혈연관계나 총수에 대한 충성심을 기준으로 이루어질 가능성이 높아진다. 이렇게 되면 부실기업을 매수해 기업가치를 높임으로써 기업의 구조조정과 외부감시를 가능하게 하는 M&A시장 활성화도 어렵게 된다. 이는 개별기업의 실제 영업실적과 상관없이 경영실적이 시현되어 기업집단별로 임금이 획일적으로 결정되는 도덕적 해이(moral hazard)를 야기할 수 있다.

무엇보다 국민경제적 피해가 우려된다. 부당내부거래는 계열사 유지와 확장을 통해 경제력집중을 심화시킴으로써 기업집단

 갈림길에 선 한국경제, 현재에 묻고 미래에 답하다

전체의 동반부실화를 가져오고, 또한 경쟁을 제한하기 때문에 소비자후생 역시 감소하게 된다. 거시경제 차원에서 만약 국민경제 비중이 큰 대규모기업집단이 시장원리에 역행하는 부당내부거래 행위로 부실화하거나 몰락할 경우 국가경제 시스템 전반의 위기로 연결될 가능성도 배제할 수 없다. 그러한 실례를 우리는 1997년 외환위기 때 뼈저리게 경험한 바 있다. 당시 대우, 한보, 기아, 진로, 우성, 해태 등 우리 사회에서 내로라하는 대규모기업집단이 연쇄 도산했다. 이러한 측면에서, 계열사 부당지원과 같은 관행이란 이름의 구태의연하고도 나쁜 기업문화는 하루 빨리 청산되어야 한다. 그리고 앞으로 전개될 경제민주화를 둘러싼 논의에서도 다른 어떤 문제보다 최우선적으로 다루어져야 한다.

이보다 더 심각할 수 없다

좀 더 생산적인 논의를 위해, 우리나라 대기업집단들의 부당내부거래가 어느 정도 심각한지 구체적인 자료를 토대로 살펴보자. 이와 관련해서는 공정거래위원장으로 일하던 2012년 8월, 46개 대기업집단을 대상으로 내부거래 현황을 구체적으로 분석해 본 적이 있다.

당시 분석결과에 따르면, 46개 대기업집단의 전체매출액(1,407.2

조 원) 중 계열사와의 내부거래 비중은 13.2%에 이르렀다. 특히, 비상장사의 내부거래 비중은 24.5%로 상장사의 8.6%에 비해 3배 가까이 높았다. 서비스업분야가 제조업, 건설업, 금융보험업 등에 비해 상대적으로 내부거래 비중이 높았고, 상위 집단 내 주력산업에서 수직계열화된 회사들 간 내부거래 비중이 높게 나타났다.

또한, 계열사에 대한 지분과 총수일가 지분이 높을수록 내부거래 비중도 높았다. 특히 재벌 2세가 보유한 지분율이 50% 이상인 경우 내부거래 비중은 56.3%로 현저히 높게 나타났다. 이는 재벌 2세의 지분율이 30%를 밑도는 기업의 내부거래 비중 13.4%와 비교해봐도 훨씬 높았다. 이런 결과는 기업의 내부거래가 총수일가의 이익을 늘리기 위해 이용됨은 물론, 경영권 상속에도 악용될 개연성이 있다고 볼 수 있다. 즉, 부당내부거래를 통해 2세가 오너로 있는 회사에 많은 사업 물량을 몰아줌으로써 단기간에 회사를 급성장시킨 뒤, 이 회사의 이익을 2세가 배당받아 다시 주력 계열사의 지분을 사들이는 것이다. 결국 부당내부거래행위가 총수일가에게 꿩도 먹고 알도 먹는 일석이조의 효과를 가져다 줄 수 있는 것이다.

이 외에 규모가 작은 회사의 내부거래 비중이 대체로 높았다. 즉, 매출액 및 자산총액이 적을수록 내부거래 비중은 증가했다.

내부거래 시에 거래상대방을 선정하는 방식은 수의계약인 경우

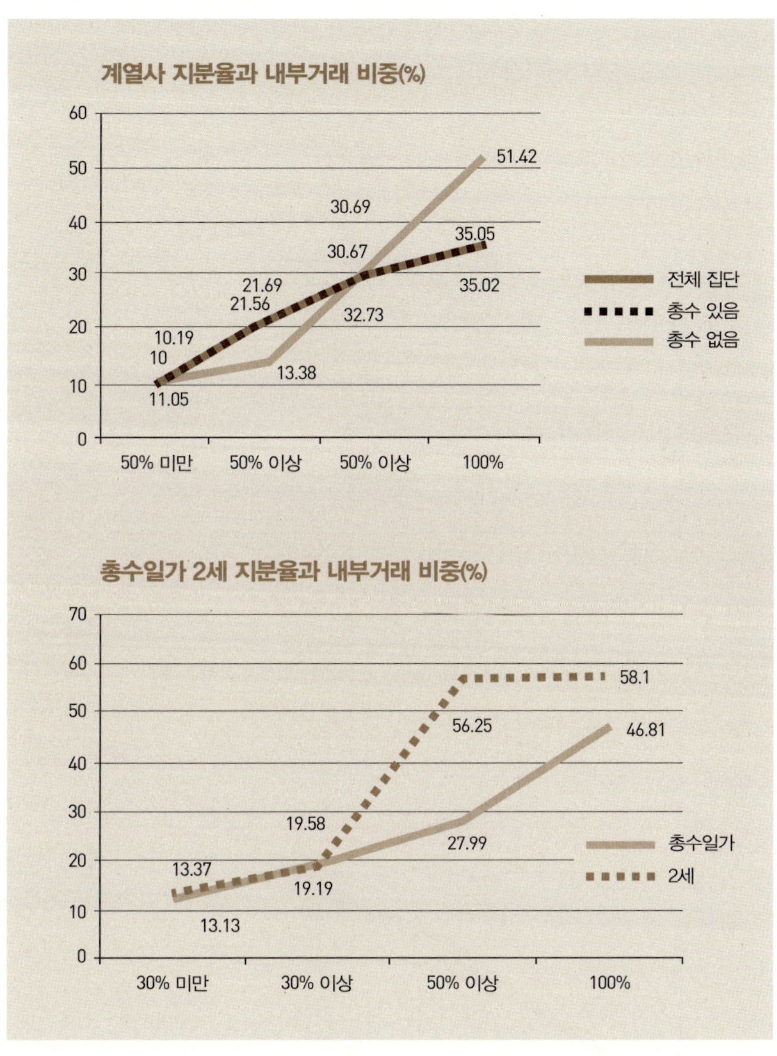

가 89.7%로 압도적으로 많았다. 특히, 계열사 간 일감 몰아주기와
관련해 가장 많은 비판을 받았던 시스템 통합관리(SI), 물류, 광고

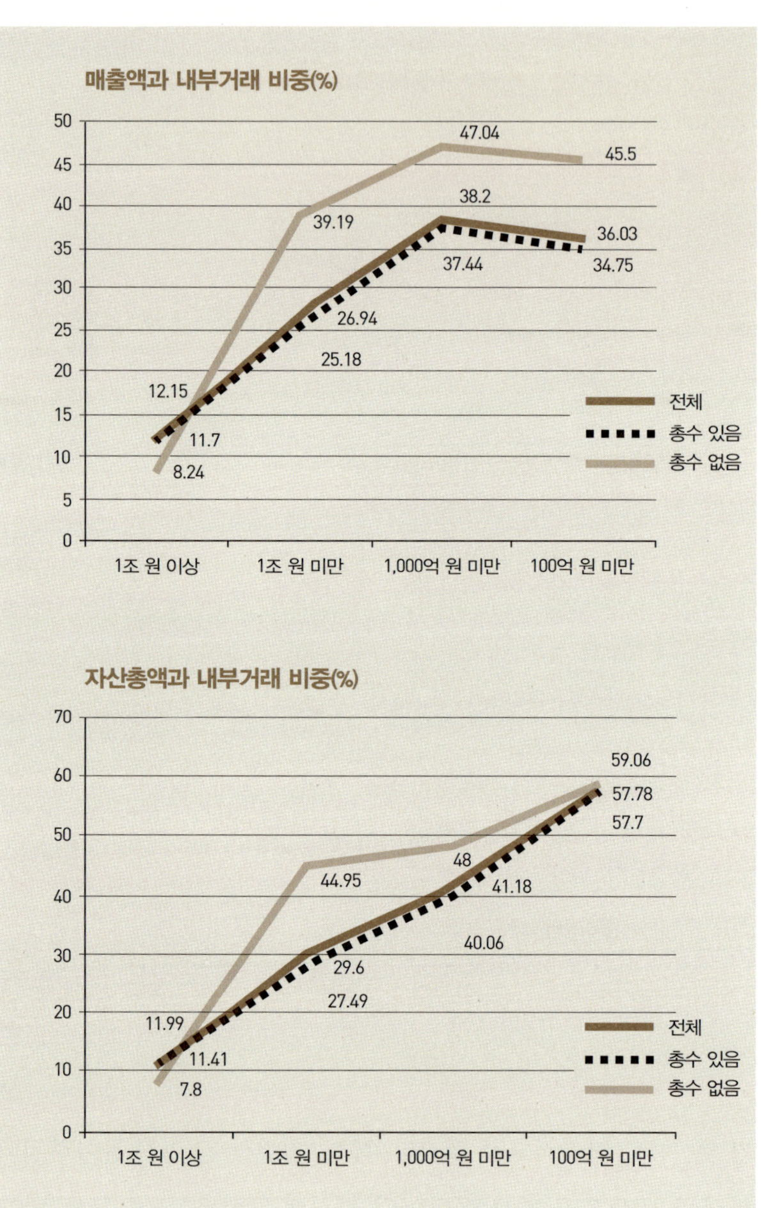

 갈림길에 선 한국경제, 현재에 묻고 미래에 답하다

업 등의 내부거래와 관련한 수의계약의 평균 비중은 무려 91.8%
에 달했다.

물론 그룹 내 계열사 간 내부거래의 경우 일률적으로 평가하
기가 어려운 사정이 분명히 있다. 영위업종이나 수직계열화 여
부, 지분율 및 회사규모, 그리고 회사의 분할·합병 등에 따라 양
상이 서로 다르기 때문이다. 100% 출자한 자회사나 수직계열화

내부거래 상대방 선정방식(내부거래금액 기준) (2011년 말 기준, 단위: 조 원, %)

선정방식	내부거래금액	비 율*
수의계약	153.1	89.66
경쟁입찰	5.4	3.19
지명경쟁입찰	3.6	2.09
제한경쟁입찰	0.7	0.43
혼합방식	6.5	3.81
공개입찰	0.08	0.05
기타(일반거래 등)	1.3	0.78

*상품·용역거래 내역 공시대상 전체 내부거래금액(170.7조 원)에서 차지하는 비율

SI·광고·물류 업종 수의계약 비중 (2011년 말 기준, 단위: 개, 조 원, %)

업종명 (산업 분류코드)	회사 수	내부거래금액	수의계약	
			금액	비율
SI(J620)	41	6.26	5.97	95.31
광고제작(M7131)	22	1.12	0.78	69.06
물류(H521)	13	0.44	0.44	99.50
계	76	7.83	7.18	91.78

된 주력업종 등과 같이 부득이하게 내부거래가 발생하는 경우도 있고 기존 사업부를 별도의 계열사로 분할한 경우 종전의 사내거래가 계열사 간 거래로 전환됨으로써 내부거래 비중을 증가시키기도 한다.

그러나 내부거래가 늘어나면서 정상적 거래뿐만 아니라 일감 몰아주기 같은 불합리한 거래관행이 지속되거나 증가될 가능성 역시 부인할 수 없다. 수의계약을 통해 거래상대방을 선정하는 관행이 지속될 경우, 대기업집단별로 폐쇄적 내부시장(captive market)이 형성되어 역량 있는 비계열 독립기업의 사업참여나 성장기회가 불가피하게 제약된다. 뿐만 아니라 대기업집단 소속회사 입장에서도 계열사들의 물량에만 안주함으로써 경쟁력이 약화될 수밖에 없다. 따라서 국민경제적인 측면에서, 경쟁력을 가진 각 분야의 전문기업을 육성함으로써 공정경쟁 풍토를 마련하고 건전한 산업생태계를 조성하기 위해서라도 도를 넘는 부당내부거래행위는 사라져야 할 것이다.

공정위가 위와 같은 내용의 분석자료를 내놓자 당시 사회적 파장과 반향이 매우 컸다. 경제민주화 논의와 자연스럽게 맞물리면서 대기업집단의 내부거래에 대한 비판의 목소리가 높아졌고, 대기업들 내부적으로 이를 자제하자는 분위기도 형성됐다. 참고로 당시 공정위의 발표 자료를 토대로 대기업들의 자성과 행태개선을 촉구했던 한 신문사의 사설을 아래에 싣는다.

공정거래위원회가 공개한 대기업의 내부거래가 우려할 만한 수준에 이르렀다. 46개 대기업 집단의 내부거래 규모가 200조 원에 육박하고, '일감 몰아주기' 비판에도 아랑곳없이 전년 대비 내부거래 비중이 더 높아졌다. 더욱 걱정스러운 대목은 그동안 소문으로 떠돌던 잘못된 관행들이 구체적인 숫자로 드러났다는 점이다. 2~3세 경영자 지분율이 높을수록 내부거래 비중이 크고, 이런 거래일수록 수의계약이 압도적이었으며, 대금 결제 방식도 현금을 자주 사용한 것으로 나타났다.

물론 대기업들은 "100% 출자나 수직계열화 등 내부거래가 부득이한 경우가 적지 않다"고 해명한다. 또한 우리 기업들이 글로벌 경쟁력을 갖춘 배경에는 내부거래가 큰 역할을 한 것이 사실이다. 독일과 일본 제조업들의 경쟁력도 수직계열화에 따른 효율성 덕분이다. 하지만 내부거래도 지나치면 독(毒)이 된다. 특히, 광고·정보시스템(SI)·물류 등은 수직계열화에 따른 순(順)기능이 별로 없는 업종이다. 그런데도 이런 계열사일수록 수의계약을 통한 내부거래의 비중이 압도적으로 높다. 이렇게 되면 외부의 독립기업들이 끼어들지 못하고, 경쟁이 사라지면 사회 전체의 효율성을 떨어뜨리는 역기능으로 이어진다.

이런 관행에 제동이 걸리지 않으면 '일감 몰아주기'와 '경영권 편법 승계'가 기승을 부리게 된다. 온 사회가 '반(反)대기업 정서'에 물들고, 일반 기업들은 도저히 살아남을 수 없다는 절망감에 빠지게 된다. 벌써 그런 부작용이 '경제민주화'의 역풍으로 몰아치고 있지 않은가. 대기업 스스로 내부거래를 자제하는 것이 가장 바람직하다. 이를 위해 공정한 시장의 룰이 제대로 작동하도록 우리 사회 전체가 감사의 눈을 부릅떠야 한다. 이대로 내부거래가 팽창을 거듭한다면 공정위가 외과적 수술에 나설 수밖에 없다. 이런 불행한 사태를 예방하려면 대기업들 스스로 과감히 계열사들을 정리하는 결단을 내릴 때가 됐다.

〈중앙일보〉 2012년 8월 31일

어떻게 개선할 것인가

사실 정부가 나서서 대기업집단의 일감 몰아주기 관행을 조사·제재하는 것만으로는 한계가 있다. 대기업들 스스로 이런 습성을 개선하려는 노력이 긴요하다. 더 나아가 경쟁입찰을 확대해 독립 중소기업들에게 사업기회를 개방할 수 있도록 유도할 필요가 있다. 이를 위해 대기업들이 거래상대방을 선정할 때 참조할 만한 모범기준과 절차(best practices)를 정하여 권고하는 것도 효과적인 방법이다.

2012년 11월 6일 삼성, 현대, LG, SK 등 4대 기업 CEO들과 가진 '동반성장 간담회'.

공정거래위원장 시절인 2012년 10월, 국회 국정감사 업무보고를 통해 총수일가의 사익편취행위 근절을 위한 규제체계 개편방안을 종합적으로 검토하겠다고 밝힌 바 있다. 구체적으로, 부당지원행위 시에 지원하는 주체뿐만 아니라 지원받는 객체(수혜기업)도 제재함으로써 부당이득을 환수하는 방안, 별다른 역할 없이 단순히 거래단계만 추가하여 수수료를 받는 이른바 '통행세' 관행을 규제하는 방안, 그 밖에 편법적인 총수일가의 사익추구 행위를 차단하기 위해 규제체계를 보완하는 방안 등을 강구하고자 했다. 아래에서는 이와 관련된 몇 가지 방안들에 대해 하나씩 좀 더 자세히 설명하기로 한다.

(1) 업계의 자율선언 유도

2012년 1분기에 10대 기업집단들은 일감 몰아주기 자제와 함께 경쟁입찰 확대를 위한 자율선언을 발표했다. 1월 16일 4대 기업집단에 이어 3월 29일에는 나머지 6대 그룹의 발표가 이어졌다. 광고, SI, 건설, 물류 등 4개 분야에서 경쟁입찰을 확대하고 독립중소기업에 직발주를 확대하며 내부거래위원회 설치를 확대하겠다는 것 등이 골자였다. 이 같은 자율선언 발표에 대해 당시 언론들은 '4대 그룹이 공정위와 협의해 4개 업종의 내부거래 문호를 외부기업으로까지 열기로 결정한 것은 잘한 일이며, 오히려 진작 했어야 했다'고 평가했다. 아울러, '내부거래 문호개방의 효과가 입증되어 다른 그룹과 업종으로도 확산되기를 희망한다'고 강조했다.

자율선언 이후의 조사자료에 따르면, 건설분야에서 경쟁입찰 금액이 수의계약 금액보다 많아졌고 광고(8%p)와 SI(5%p) 분야에서도 경쟁입찰 금액비율이 소폭 증가했다. 그러나 광고·물류·SI 분야의 수의계약 비율은 여전히 70~90%에 달하고 있어 앞으로도 개선해야 할 여지가 많다. 독립중소기업에 대한 직발주 금액은 광고(36%), SI(15%) 분야에서 크게 증가했지만 건설·물류 분야는 오히려 감소했다. 대기업집단 내 계열사 간 거래점검을 위한 내부거래위원회는 당초 약속대로 23개 대기업이 설치했다.

　갈림길에 선 한국경제, 현재에 묻고 미래에 답하다

(2) '대규모 기업집단 소속 회사의 거래상대방 선정에 관한 모범기준' 제정

2012년 2/4분기에 공정위는 독립중소기업에 사업기회가 보다 많이 돌아갈 수 있도록 '대규모기업집단 소속 회사의 거래상대방 선정에 관한 모범기준'을 제정, 대기업들에 채택토록 권고했다.

공정위는 또 모범거래기준으로 ① 계열회사 등에 대한 부당지원행위 금지, ② 비계열 독립기업에 대한 사업기회 개방, ③ 거래상대방 선정과정에서의 절차적 정당성 확보 등 세 가지를 제시했다. 대기업이 거래상대방 선정 시 지켜야 할 기본원칙들인 셈이다.

이러한 기본원칙하에 경쟁입찰 확대, 비계열 독립기업에 대한 직접 발주 확대, 내부거래위원회 확대 등에 관한 세부기준도 마련했다.

첫째, 경쟁입찰 확대와 관련해 광고, SI, 물류, 건설 등의 분야에서 경쟁입찰을 확대토록 했다. 수의계약은 긴급성, 보안성, 효율성 등 경영상 필요한 경우에 한해 적용토록 했고, 수의계약 사유를 내부 구매지침에 구체적으로 규정토록 했다. 또한 계열사와 대규모 수의계약을 체결할 때는 내부거래위원회나 감사부서 등에서 계약의 적정성을 사전에 검토하는 절차를 마련했다. 또 이들 부서가 경쟁입찰 활성화가 필요한 세부분야를 지정해 수의계약의 적정성을 지속적으로 점검토록 했다.

둘째, 비계열 독립기업에 대한 직접발주 확대와 관련해서는 중소독립기업에 적합한 분야를 적극적으로 발굴토록 했다. 이로써 대기업집단의 계열사가 아닌 중소독립기업의 직접발주가 활성화되도록 했다. 이와 함께 소위 '통행세' 수취행위가 발생하지 않도록 점검하게 했다. 여기서 '통행세'란 대기업이 업무는 실질적으로 비계열 독립기업에게 일괄 위탁하면서도 그룹의 특정계열사가 개입, 특별한 역할 없이 거래단계만 추가하여 과다한 이익을 수취하는 행위를 말한다. 또 비계열 독립기업의 직접발주에 적합한 분야들을 제시해 직발주를 적극 모색할 수 있도록 했다.

내부거래위원회는 3인 이상의 이사로 구성하되 3분의 2 이상을 사외이사로 구성해 의사결정의 독립성과 공정성을 확보하도록 했다. 내부거래위원회는 자료제출 및 보고 요청, 시정건의 권한 등을 갖도록 해 내부거래의 적정성과 독립기업에 대한 직발주 가능성 등을 검토할 수 있도록 했다.

이 같은 모범기준은 기업들에 강제하는 것은 아니고 권장하는 것이다. 이 때문에 이것이 어느 정도 지켜질 수 있을지는 알 수 없다. 다만, 법 집행이라는 정책수단과 더불어 기업들이 자율적으로 노력한다면 일감몰아주기라는 나쁜 관행은 빠르게 개선될 것이다. 다행스럽게도 10대 기업집단의 경쟁입찰확대 자율선언에 이어 그 외의 대규모 기업집단들도 모범기준을 채택키로 했다. 전반적으로 수의계약을 통한 일감몰아주기가 감소하고 보다 역량 있는 중소기업의 사업기회가 크게 늘어날 것으로 기대한다.

(3) '통행세' 관행 개선

우리나라 대기업집단의 경영행태를 보면, 소속 회사가 내부거래 과정에서 기획과 총괄관리 업무를 수행하고 계약의 세부 실행은 비계열 중소기업 등에 위탁하는 경우가 빈번하다. 업무의 효율성 차원에서 기획이나 총괄 업무가 필요한 경우도 있지만 단순히 거래단계만 추가하는 것으로 의심되는 경우가 상당수다. 즉, 그룹 계열사로부터 수의계약을 통해 사업을 수주한 후 실제로는 별다른 역할을 하지도 않으면서 계약내용과 거의 동일한 업무를 중소기업에 위탁하고 일정금액의 소위 '통행세'를 수취한다. 이러한 통행세관행은 내부거래비중이 높은 광고(69%), SI(64%), 물류(83%) 등의 분야에서 자주 발견된다.

이러한 관행은 대기업집단 계열사에 부당한 경쟁상 우위를 제공한다. 반면, 독립중소기업들로부터는 사업기회를 빼앗는 문제를 유발한다. 이를 개선하기 위해 공정위는 일부 통행세관행에 대해 과징금을 부과하는 등 제재를 강화하는 한편, 제도개선방안을 적극 강구했다. 구체적인 사례를 들어보자.

2012년 7월 18일 공정위는 롯데피에스넷(주)에 계열사 부당지원행위에 대한 시정명령과 함께 총 6억 4,900만 원의 과징금을 부과했다. 롯데피에스넷이 ATM기(현금자동입출금기)를 제조사로부

터 직접구매할 수 있음에도 불구하고 계열회사인 롯데알미늄(주)
을 통해 간접구매하는 방법으로 부당지원했기 때문이다. 당시 롯
데피에스넷의 경쟁사업자는 ATM기를 직접 제조사로부터 구매하
고 있었고 롯데피에스넷 역시 ATM기 외에는 제조사로부터 직접
기기들을 구매했다. 이런 점에서 이 건은 전형적인 '통행세' 사례
에 해당됐다.

　통행세관행을 보다 효과적으로 규제하기 위해서는 법 개정이
필요하다. 현행 법령은 통행세관행 유형에 따라 제재 가능성 여부
가 달라지는 등 한계가 있기 때문이다. 예를 들어, 기존에 직거래
관계가 있었거나 통상적인 거래관행이 직거래인 경우에는 현행
공정거래법상 부당지원행위 금지로 제재가 가능하다. 그러나 기
존에 직거래 관계가 없었거나 통상 직거래관행이 형성되지 않은
경우 현재의 규정만으로는 규제가 곤란한 측면이 있다.
　법 개정을 통해 통행세 관행을 명시적으로 부당지원행위의 한
유형으로 규정함으로써 현재의 규정이 가지고 있는 공백을 해소
할 필요가 있다. 또한, 부당지원행위 규제에 있어 위법성을 입증
하기가 어려운 '현저성' 요건을 보완하여 통행세를 실질적으로 규
제할 수 있게 해야 한다. 앞으로 통행세 관행에 대한 합리적 규제
범위와 규제수준 등에 대한 면밀한 검토가 요구된다.

이제는 공정경영이다

　전 세계적으로 양극화현상이 심화되면서 경제발전의 정도와 이념을 뛰어 넘어 양극화극복을 위한 정책대안 마련이 오늘날 모든 국가들의 공통 관심사가 되고 있다. 이런 상황 속에서 '경제민주화'는 균형성장과 적정한 소득분배를 통한 경제주체 간의 조화, 그리고 시장지배와 경제력남용 방지를 위한 거스를 수 없는 시대의 조류로서 우리 사회가 마땅히 구현해야 할 정의이자 가치로 자리 잡아가고 있다. 약육강식이라는 정글의 법칙이 지배하는 산업생태계로는 더 이상 지속가능한 성장을 도모할 수 없다는 사회적인 공감대가 형성되고 있다. 이것이 '상생'과 '동반성장'이라는 패러다임에 기초한 21세기형 산업생태계와 기업생태계를 가꾸기 위해 모든 경제주체가 노력해야 하는 이유다.

　이러한 배경하에서 기업의 사회적 책임 역시 앞으로 점점 더 강조될 것이 자명하다. 법위반 행위가 발생한 후 사후대처하는 식의 관행으로는 더 이상 기업의 성공을 담보할 수 없을 것이다. 그 이전에 기업들 스스로 문제의 소지가 없도록 기업의 사회적 책임과 역할에 보다 많은 관심을 기울여 나가야 한다. 이에 따라 기존의 윤리경영 등 유사 경영논의에서 다루지 못한 기업경영전략상 공정거래의 중요성, 즉 '공정경영'에 대한 관심이 날로 확산될 것이라고 생각한다. 기업들은 앞으로 비즈니스 차원에서 이와 같은 공정경영의 필요성을 절감할 것이고 경영전략을 수립할 때도 이를 충분히 감안해야 할 것이다. 특히, 경제민주화의 열풍 속에 대기업집단의 영향력 확대에 대한 우려가 날로 확산되는 상황에서 공정경영은 중요한 경영요소의 하나로 대두될 것이다.

공정경영의 필요성을 웅변적으로 보여준 대표적 사례가 최근 재벌 2세들의 빵집을 비롯한 경쟁적 골목사업 진출문제였다. 이는 우리 사회에 뜨거운 '골목상권' 침해 논란을 불러 일으켰다.

이와 관련, 2012년 1월 25일 이명박 당시 대통령은 대기업 2, 3세들이 빵집 등 소상공인 업종에 진출한 실태를 파악하도록 경제수석실에 지시했다. 당시 이 대통령은 수석비서관회의에서 "재벌 2, 3세 본인들은 취미로 할지 모르겠지만 빵집을 하는 입장에선 생존이 걸린 문제다. 이들이 중소기업 업종을 한다고 해도 그런데 소상공인 업종까지 하느냐. 수조 원씩 남기면서 그런 거 하면 되겠느냐"고 강하게 비판했다는 〈중앙일보〉의 보도도 있었다.

대통령은 그 며칠 전에도 직접 기업인들에게 유사한 '경고'를 한 바 있다. 1월 19일 논란의 당사자들인 롯데, GS, 한진 등 대기업 대표들과의 만찬에서 "재벌 2, 3세의 중소기업업종 진출은 반(反)기업 분위기를 확산시킬 수 있다는 점에서 대기업과 경제단체들이 슬기롭게 해야 한다"고 강조했다.

이후 재벌 2, 3세들의 무분별한 골목상권 진입에 대한 사회적 비판이 폭포수처럼 쏟아지면서 관련 대기업들은 앞다투어 빵집에서 철수한다고 발표했다. 정부도 이를 규제하기 위한 제도적 방안들을 마련하느라 야단법석을 떨었다. 대기업집단들이 좀 더 일찍 공정경영에 대해 더 많은 관심을 가졌더라면 이러한 경영전략의 실패와 혼란, 그리고 사회·경제적 비용은 초래되지 않았을 것이다.

대기업들이 너나 할 것 없이 빵집이나 커피숍, 분식점 같은 골목업종에 진출해 이를 흡수했다고 하자. 그렇게 한들 과연 관련 산업들이 반도체나 스마트폰, 자동차, 조선 산업처럼 한국을 대표하는 세계적인 산업으로 성장할 수 있을까? 아무리 생각해도 그렇지 않다. 오히려 산업의 다양성이 저해되고 기업생태계만 교란될 것이다. 수백만 명에 이르는 중소상공인과 그 가족들이 우리 경제와 사회의 허리로서 든든하게 버텨줘야 대기업들이 생산하고 있는 고부가가치 제품들의 판매시장도 활성화될 수 있다. 대기업들이 자금력과 일감몰아주기를 무기로 골목상권을 접수하면 지금 당장은 돈을 더 벌 수 있을지 모른다. 그러나 서민경제가 무너짐으로써 그 피해는 결국 부메랑이 되어 자신들에게 돌아갈 것이다.

우리의 자본주의 경제사가 증명하듯이, '공정경영' 문제를 단순히 윤리경영의 차원에서 기업들의 선의와 자비, 그리고 시장의 원리에만 맡길 수는 없다. 경제민주화가 무엇보다 중요한 과제로 등장한 이 시점에 앞으로 공정거래위원회가 할 일이 많아지고 중요해지는 이유가 바로 여기에 있다. 이러한 이해와 믿음 위에서 공정거래위원장으로서 경제민주화의 제도적 정착을 위해 나름대로 밑그림을 완성하고자 노력했고, 어느 정도 소기의 성과도 거두었다고 자평하고 싶다. 그러나 공정거래위원장 퇴임사에서도 밝혔듯이, 경제민주화 실천을 위한 과제를 좀 더 구체화시키지 못하고 떠나게 돼 아쉽게 생각한다.

다행히 새 정부의 국정과제에는 경제민주화라는 표현만 없을 뿐 그 기조와 내용이 그대로 담겨 있는 것 같다. 경제민주화의 실현을 위해서는 표현이 아니라 실천이 중요하다. 경제민주화의 기본내용은 나름대로 정리가 끝났다. 하지만 이를 현실에 옮기기 위해 해야 할 세 가지 과제가 남아 있다. 첫째, 국회의 입법 과정을 통해 이를 제도화하고, 둘째, 궁극적으로 업계의 관행과 행태를 바꿔야 하며, 마지막으로 관련 정부부처들이 긴밀히 상호 공조해 나가야 한다.

과거 경험에 미뤄 볼 때 국정과제를 추진하기 위해서는 초기 1년이 무엇보다 중요하다. 발표된 새 정부의 국정과제는 초기에 뜨겁게 달궈졌을 때 최대한 많이 시행해야 한다. 그런 의미에서 해야 할 일의 3분의 2를 1년 안에 끝낸다는 각오가 필요하다.

공정경영은 이제 토론단계를 넘어 실천단계로 진입했다. 공정경영은 분명 경제민주화를 가능케 하는 원동력으로 작용할 것이다. 우리 대기업집단들이 경제민주화를 실천에 옮기도록 하는 통로가 바로 공정경영이다. 공정경영은 우리 기업들에게 더 이상 선택의 문제가 아니라 실천의 영역으로 다가왔다.

Part **4**

유통
생산자와 소비자를
이어주는 가교

유통산업 선진화 더 이상 늦출 수 없다

유통은 시장경제의 혈맥

시장경제에서 유통의 중요성은 아무리 강조해도 지나치지 않다. 전문가들은 유통의 기능을 흔히 인체의 '혈맥'에 비유하곤 하는데, 이는 혈액이 막힘 없이 체내에서 잘 순환되어야 신체가 건강한 것처럼 유통이 제대로 기능해야 한 나라의 경제도 그만큼 활력 있고 튼튼해진다는 의미를 내포하고 있다.

유통은 본질적으로 각기 다른 장소에서 다른 공급자가 생산한 상품을 또 다른 장소의 소비자에게 전달해주는 기능을 수행한다. 이처럼 생산과 소비를 연결해 줌으로써 유통은 시장경제가 제대로 작동할 수 있게 한다. 또 유통은 궁극적으로 시장경제의 발전과 변화를 유도한다. 예를 들면, 유통혁신은 생산자와 소비자 간 거래비용을 획기적으로 줄여주고, 소비자의 수요와 소비패턴을 신속하게 생산에 반영함으로써 생산성향상과 기술혁신, 신제품 개발 등을 촉진하기도 한다. 오늘날 모든 분야에서 유통의 힘과 영향력은 확대일로에 있다.

미국의 경제잡지 〈포브스〉는 매년 분야·나라별로 부자순위를 발표한다. 〈포브스〉가 발표한 바에 따르면, 지난 몇 년간 미국에서 가장 부유한 10인 중 절반은 세계적 유통기업인 월마트의 창업자 가족들이 휩쓸었다. 이는 시장경제가 발전한 선진국일수록 유통분야가 발전하고 대형화하며 영향력도 커진다는 사실을 보여준다.

시장경제가 점점 대량생산·대량소비화함에 따라 유통의 역할은 더욱 커지고 있다. 대량매입을 통해 보다 저렴한 가격으로 상품을 구입하고 박리다매의 형태로 이익을 창출하면서 유통산업은 빠르게 대형화됐다. 유통업체의 대형화는 비단 유통분야뿐만 아니라 경제·사회 전반에 걸쳐 폭넓은 변화와 긍정적인 영향을 미치고 있다.

1990년대 중반, 대내외적으로 전면적 유통자유화를 추진한 이후 우리나라의 유통산업은 대형화의 길을 걸으며 눈부신 성장을 해왔다. 하지만 대형유통업체의 성장은 다른 한편에서는 많은 문제를 노정하고 있다. 바로 대형 유통업체와 영세 유통업체 간에 빚어지는 심각한 대립과 갈등, 유통업체와 제조업체 간 힘의 불균형으로 인해 발생하는 각종 불공정행위, 유통산업 내의 양극화

현상 심화 등이다. 이 같은 부정적인 측면은 그동안의 유통산업의 비약적 성장 이면에 드리워진 어두운 그림자다. 이런 의미에서 경제주체들은 경제 전체의 편익증대를 위해 유통이 제대로 기능할 수 있도록 노력해야 한다. 유통분야가 우리 경제의 건전한 발전을 위해 건강해야 한다고 믿는 이유가 바로 여기에 있다.

우리는 기본적 혈액검사만으로도 몸의 상태와 기능이 어떻다는 것을 알 수 있다. 마찬가지로 경제의 혈관인 유통이 건전하게 작동해야 우리 경제도 생산과 소비 측면에서 좀 더 견실하게 돌아갈 수 있다. 혈관에 노폐물이 쌓이면 만병의 근원이 되듯이 경제의 혈맥인 유통이 막히면 경제도 언젠가는 활력을 잃는다.

소비자들이 접하는 유통경로는 오프라인과 온라인 두 가지로 나눌 수 있다. 백화점이나 할인마트, TV홈쇼핑과 같은 대형 유통업체는 대표적인 오프라인 유통이고, 전자상거래는 온라인 유통이다. 이 두 가지 축이 원활하게 작동해야 앞으로 우리 경제가 지속가능한 성장을 할 수 있다.

여기서 잠시, 유통산업이 우리 경제에서 차지하는 위상을 한 번 살펴보자. 우선 유통산업은 국민경제의 생산과 고용 측면에서 매우 중요한 비중을 차지한다. 2011년 말 기준으로 유통산업은 GDP의 7.4%(76.9조 원), 총고용의 15%(358만 명)를 점했다. 이를 다른 선진국과 비교하면, GDP 비중은 상대적으로 낮은 데 비해, 고용 비중은 비교적 높다. 다시 말해 우리나라 유통산업의 상대생산성은 다른 선진국이나 국내의 여타 산업분야와 비교해 매우 낮은 수준이다.[15)16)] 이렇게 우리나라 유통산업의 생산성이 낮은 주된 이유는 대형유통업체들의 납품업체에 대한 과다한 판매수수료 부과 및 불공정 행위를 통한 수익추구 등이라는 분석결과가 있다.[17)]

앞서 언급했듯이 우리나라 유통시장은 1996년 전면 개방됐다. 이를 계기로 기업형 소매업태의 비중이 급증하면서 이 분야의 시장집중도가 지속적으로 심화됐다. 즉, 2011년 말 현재 백화점과 대형마트 그리고 TV홈쇼핑 등 기업형 소매형태가 전체 유통시장의 44.2%를 차지하고 있다.

기업형 소매업계는 내부적으로 인수·합병 등을 통해 큰 변화를 겪었다. 먼저 백화점업계는 1997년 외환위기 이후 인수·합병 등 구조개편이 활발하게 이루어졌다. 이 과정을 통해 롯데, 현대, 신세계 등 상위 3사 위주로 시장이 재편됐다. 이에 따라 이들 상위 3대 백화점의 시장점유율은 2001년 61%에서 2011년 83%로 대폭 증가했다.[18)]

이즈음 대형마트의 부상 또한 눈부시다. 대형마트는 2002년부터 백화점을 제치고 1위의 소매업태로 부상했다. 외국계 유통기업의 국내 진출과 가격이나 쇼핑 편의성에 대한 소비자들의 인식이 높아지면서 대형마트를 찾는 사람들이 급증했기 때문이다. 이

주요 소매업태별 매출규모   (단위: 조 원)

구 분	2004년	2005년	2006년	2007년	2008년	2009년	2010년	2011년
백화점	16.5	17.2	18.4	19.0	19.7	21.7	24.3	27.0
대형마트	21.5	24.2	25.7	28.4	30.1	31.2	33.7	36.8
슈퍼마켓	11.5	11.0	19.3	19.5	21.5	22.4	23.8	25.3
편의점	4.2	4.0	4.2	4.7	5.5	6.2	7.3	8.6
무점포판매	12.7	17.8	19.6	21.3	23.9	27.0	31.1	34.2
기타	85.0	134.5	126.7	133.7	141.2	143.1	155.6	167.1
계	151.4	208.7	213.9	226.6	241.9	251.6	275.8	299.0

출처: 대한상공회의소 '2011 유통산업 통계', 체인스토어협회 〈2012 유통업체 연감〉

마트(점포 수 138개), 홈플러스(점포 수 125개), 롯데마트(점포 수 95개) 등 3개 대형마트는 2011년 말 확고한 3강 체제를 구축했다. 이들 대형마트 3사의 시장점유율도 2001년 52%에서 2011년 84%로 크게 증가했다.[19] 이처럼 대형 유통업체들은 비교적 짧은 시간에 비약적으로 성장했다. 반면, 중소유통업체들은 신유통업태 확산과 소비패턴 변화로 인해 영업기반이 크게 위축되고 있다. 특히 재래시장과 같은 전통적 유통업체들은 점포 수와 일평균 매출액이 지속적으로 감소하고 있다.[20]

이처럼 백화점과 대형마트의 독과점 현상은 갈수록 심화되고, 중소납품업체들과 소형유통업체들의 영업환경은 급격히 악화되고 있다. 이것이 우리나라 유통산업의 현주소다. 우리 유통산업의 실상은 한마디로 외화내빈(外華內貧)이다. 그런데 이런 현상이 비단 우리나라에만 국한된 문제는 아닌 것 같다. 2006년 기자 출신의 찰스 피시먼(Charles Fishman)이 저술해 많은 화제를 불러일으킨《월마트 이펙트(Wal-Mart Effect)》란 책이 있다. 그는 이 책에서 세계최대의 할인마트 제국을 건설한 미국의 월마트가 가져온 다양한 부정적 효과를 분석했다. 저자는 초대형 유통업체인 월마트의 진출이 소매점 도산, 노동임금 하락, 생산성 저하 등을 통해 시장경제와 지역경제를 어떻게 파괴하고 있는지 다양한 사례들을 제시하면서 대형유통업체가 가져올 수 있는 부정적인 측면들에 대해 경고한다. 미국과 같이 시장경쟁이 매우 활성화된 나라에서조차 대형유통업체의 등장으로 인한 경제·사회적인 폐해가 상당하다는 것을 보여준다. 대형유통업체가 구매력(buying power)을 무기로 생산자들까지 굴복시키고 결국에는 생존마저 어렵게 만드는 현실이 결코 남의 나라만의 이야기가 아니라고 느꼈다.

2011년 새해 벽두 공정거래위원장으로 취임한 순간부터 이와 관련해 무엇을 할 수 있을지 자문했다. 2011년 2월부터 대형유통업체들과 판매수수료 인하 문제를 두고 길고 긴 줄다리기를 벌인 이유도 사실 이런 고민의 산물이었다. 아래에 좀 더 자세히 이야기하겠지만, 장기적 관점에서 우리나라 유통산업이 좀 더 건전하게 발전하려면 모든 이해관계인들이 상생과 공존, 그리고 동반성장의 정신에 기초해 이 문제에 접근해야 한다고 믿는다. 개인적 차원에서도 박사학위 과정의 전공분야가 산업조직론이었고, 재정경제부에서 생활물가과 과장으로 일할 때도 물가안정을 위해 유통의 역할이 얼마나 중요한지 절실히 느꼈다. 그런 연유인지는 모르지만 공정거래위원장으로 있으면서도 유통산업에 대한 남다른 관심과 애정을 바탕으로 우리나라 유통산업의 건전한 발전에 많은 시간과 노력을 투입했다.

유통산업의 어두운 그늘

공정거래위원장으로 부임한 후 좀 더 자세히 살펴본 우리나라 유통산업의 문제는 당초 생각했던 것 이상으로 심각했다. 특히, 유통업체들이 소수의 상위사 중심으로 대형화·독과점화되면서 유통거래분야에서 불공정 거래관행이 일상화되고 고착화되는 양상을 나타냈다.

첫째, 판매수수료가 과도할 뿐만 아니라 지속적으로 상승했다. 백화점 등 대형유통업체가 부과하는 높은 판매수수료는 납품업체들의 이익을 감안한다 하더라도, 그들에게는 엄청난 부담이었다. 중소기업중앙회가 실시한 설문조사결과도 이를 잘 보여준다. 백화점 입점업체의 80% 이상이 입점이익 대비 판매수수료율이

높다고 응답했다.[21]

둘째, 판매장려금 제도가 변칙적으로 운영되고 있었다. 본래 판매장려금은 납품업체가 신제품을 출시하거나 또는 좋은 진열장소를 제공받을 때 그에 대한 보상으로 유통업체에 지급하는 성격의 돈이다. 그런데 유통시장이 개방된 이후 외국계 대형마트는 납품업체에 매입금액 대비 일정비율을 의무적으로 지불하도록 요구했다. 이때부터 현재와 같은 성격의 판매장려금 수령관행이 고착화됐다. 따라서 직매입을 위주로 하는 대형마트 등에서 수령하는 판매장려금은 그 취지와 달리 리베이트적 성격으로 변질됐다. 그 종류도 기본장려금 이외에 신제품 입점비나 성과장려금, 매장 위치 변경장려금, 폐점장려금 등 명목에 따라 다양하다. 뿐만 아니라, 대형마트 등이 납품받는 단가와 판매가의 차액(마진)에 더해 판매장려금까지 받음으로써 사실상 이중으로 마진을 취하는 수익구조였다. 이는 영국과 미국 등 선진국과 매우 다른데, 이들 국가에선 통상적으로 신제품 입점비 같이 예외적인 경우에만 당사자 간 계약방식을 통해 판매장려금을 지급받는다.

셋째, 대형유통업체들이 중소납품업체로부터 판촉사원을 파견받는 것이 일상화되어 있었다. 백화점의 경우 납품업체의 매장당 판촉사원 인원이 평균 3~4명으로 추산되고, 대형마트에 파견된 사원도 전국적으로 6~10만 명에 이른다. 게다가 이들 숫자가 계속 증가하는 추세에 있다고 한다. 이렇게 파견된 판촉사원의 인건비는 납품업체가 지급해야 하므로 그 부담이 고스란히 납품업체로 전가된다. 이는 당연히 원가상승 요인으로 작용한다. 특히, 판촉사원 파견에 관한 세부조건도 명시하지 않은 채 일방적으로 계약을 체결하는 것이 관행처럼 되어 있었다.

마지막으로 대형 유통업체들은 수시로 매장을 개편하는데 이에 필요한 인테리어 비용 역시 납품업체들에게 떠넘겨지고 있었다. 백화점 측의 판매전략 변경에 맞춰 요구되는 매장위치 이동이나 인테리어변경은 고스란히 납품업체의 부담 증가로 이어져 가장 큰 애로사항 중 하나로 지적됐다. 게다가 백화점들은 특약매입 거래를 통해 재고관리와 미판매 위험을 납품업체들이 부담토록 하고 있다. 국내백화점 매출액에서 특약매입이 차지하는 비중이 약 75%에 이르는데, 이는 미국 등 주요선진국의 경우 백화점들의 대부분이 상품을 직매입으로 납품받는 상황과 큰 차이가 있다.

중소제조업체나 납품업체들은 대형유통업체에 납품하거나 입점함으로써 브랜드 가치를 높이고 매출을 늘리려고 한다. 이들은 대개 대형유통업체에 비해 자금력, 기술 수준, 경영 능력 등 모든 면에서 열세다. 이에 반해 대형유통업체들은 구매력과 함께 교섭력 등 우월한 지위를 남용함으로써 불공정행위를 지속적으로 강요한다. 부당반품, 상품권구입 강제, 판촉비용 부당전가, 판촉사원파견 강요, 경품 및 저가납품 강요, 인테리어비용 미보상 등이 대표적인 사례다. 만약 납품업체가 이를 수용하지 않으면 거래가 중단되는 경우가 많다. 따라서 울며 겨자 먹기식의 거래관행이 근절되지 않고 있다. 사정이 이쯤 되면 이를 시장이라기보다는 정글이라고 부르는 편이 더 나을지도 모르겠다. 시장만능주의 입장에서 본다면 이것이 시장의 원리라고 강변할지 모른다. 하지만 그렇게 해서 유지되는 시장은 건전하지도 않을 뿐더러 경제 전체적으로 오히려 더 큰 사회적 비용을 유발한다. 다시 한 번 강조하지만, 나는 시장의 건전성과 상식을 믿는 시장주의자다. 그런 의미에서 공정거래위원장으로서 법이 허용하는 범위 내에서 이런 불공정한 행위들에 메스를 들이대겠다고 마음먹은 것은 어찌 보면 당연한 상황이었다.

대형유통업체의 단기적인 이윤극대화 추구행위들은 생산과 소비의 연결고리인 대형유통업체 스스로의 생존기반을 약화시키고, 유통분야의 생태계 자체를 무너뜨릴 것이다. 이는 유통시장 왜곡으로 이어져 자원배분의 효율성을 떨어뜨리고 소비자후생을 저하시킴으로써 경제 전체적인 측면에서 부정적 결과를 야기할 것이 명약관화했다. 따라서 나는 보다 장기적 관점에서 생산-유통-소비로 이어지는 건전한 경제생태계를 만듦으로써 대형 유통업체의 여러 불공정거래관행을 반드시 개선할 필요가 있다고 생각했다. 특히 유통시장의 공정한 거래질서를 회복하기 위해서는 법·제도적인 보완과 함께 사회적 합의과정을 통해 접근해야 실질적인 효과를 기대할 수 있다고 믿었다. 그래서 이를 위한 구체적인 정책방안들을 강구하고 이를 하나 하나 실행에 옮기고자 노력했다.

판매수수료, 그 감내할 수 없는 무거움

앞에서도 언급한 바 있듯이 나는 업무를 수행하면서 늘 현장의 중요성을 강조했다. 그래서 기회가 될 때마다 현장을 방문해 어려움을 보고 들으면서 그 속에서 해결책을 찾고자 했다. 그 연장선상에서 수출입은행장과 공정거래위원장으로 재직할 때도 지방을 다니며 수많은 중소업체 기업인들을 만나면서 그들의 고충과 애로사항을 들었다. 그들이 이구동성으로 지적한 사항이 바로 판매수수료였다. 즉, 대형유통업체가 납품(입점)업체에 부과하는 판매수수료가 지나치게 높아 중소납품업체 입장에서 더 이상 감내하기 어렵다는 호소였다.

공정거래위원장으로 부임한 후 얼마 지나지 않은 2011년 2월 9일, 롯데, 신세계, 현대, 한화, 갤러리아, AK플라자, 이마트, 홈플러스, 롯데마트, 하나로마트 등 9개 대형 유통업체 CEO들과 간담회를 가졌다. 이 자리에서 과도한 판매수수료 안정을 위해 적극적으로 협조해 달라고 당부했다. 이는 대·중소기업 동반성장의

2011년 2월 9일 대형유통업체 CEO들과의 간담회.

일환에서, 그리고 대형유통업체와 중소납품업체 간 갈등과 이해
대립을 해소하기 위한 차원에서의 요청이었다. 그러나 당초 기대
와는 달리, 간담회를 개최한 지 4개월이 넘도록 대형유통업체들
은 자체적인 개선노력을 거의 보이지 않았다. 어쩌면 당시 대형
유통업체들은 이러한 당부를 전시성 또는 일회성 이벤트 정도로
받아들였는지도 모른다. 하지만 당시 나의 심정은 기호지세(騎虎
之勢), 즉 호랑이를 타고 달리는 형세와 같았다. 거기서 그냥 멈출
수는 없는 일이었다.

(1) 기(起)

먼저 이 문제가 얼마나 심각한 상황인지 널리 알림으로써 사회

적 공론화가 긴요하다고 생각했다. 때마침 2011년 6월 발표된 중소기업중앙회의 설문조사[22] 결과도 백화점 입점업체의 81%가 현행수수료가 과도하다고 지적했다. 공정위도 우리나라 3대 백화점의 평균 판매수수료율을 조사했다. 조사결과에 따르면, 이 수치는 1991년 25.8%에서 2001년 27.2%, 2010년에는 29.3%로 지속적으로 증가한 것으로 나타났다.[23] 이와 함께 대형유통업체의 당기순이익증가율이 매출액증가율을 훨씬 상회하여 대폭 늘어나는 추세에 있다는 점도 확인됐다. 즉, 2010년도에 3대 백화점과 대형마트의 당기순이익과 매출액은 2001년과 비교해 각각 7.1배와 2.7배로 증가했다. 또한, 5개 TV홈쇼핑의 당기순이익과 매출액도 이와 크게 다르지 않았다.[24] 결국 과도한 판매수수료 부과로 중소 납품업체들은 이익감소와 투자위축, 나아가 품질저하의 어려움을 겪고 있는데 반해 대형유통업체들은 매출과 이익이 증가하고 있다.

이 같은 현실을 확인한 후, 대형유통업체의 판매수수료 수준을 좀 더 깊이 파악할 필요가 있다고 보았다. 이에 따라 2011년 6월 29일 공정위는 11개 주요 대형 유통업체를 대상으로 의류, 구두, 화장품, 잡화 등 상품군별 수수료 수준을 구체적으로 분석해 공개했다. 여기에는 롯데, 현대, 신세계 등 3개 백화점, GS, CJO, 현대, 롯데, 농수산 등 5개 TV홈쇼핑, 그리고 이마트, 홈플러스, 롯데마트 등 3개 대형마트가 포함됐다. 이들 3개 소매업태를 대상으로

2010년도 계약서에 반영된 상품군별 판매수수료율(장려금률)의 평균치와 그 범위를 최초로 공개한 것이었다.[25]

당시 분석한 결과를 보니, 3개 백화점의 경우에는 의류, 구두, 화장품, 잡화 등의 평균수수료율이 30%를 넘었고 식품, 가구, 완구 등은 20%대, 가전제품은 19% 수준으로 나타났다.[26]

TV홈쇼핑의 경우, 백화점과 동일하게 의류의 평균 판매수수료율이 상대적으로 높아 전반적으로 30%를 넘었다. 심지어 최고 40% 수준에 이르는 것도 있었다. 반면, 가전·디지털기기의 평균 판매수수료율은 상대적으로 낮았다. 이러한 차이가 발생하는 이유는 백화점과 마찬가지로 TV홈쇼핑과 납품업체 간 거래상의 지위 차이 때문으로 판단됐다.[27]

대형마트의 경우에는, 가공식품과 가정·생활용품의 평균판매장려금률이 8~10% 수준으로 비교적 높았다. 이에 비해 신선식품이나 스포츠·레저용품 상품군은 3~5% 정도로 상대적으로 낮았다.[28]

이처럼 대형유통업체의 판매수수료율(판매장려금률) 수준이 공개됨으로써 중소납품업체들이 대형유통업체들과 거래할 때 협상력이 높아져 판매수수료를 보다 합리적으로 결정할 수 있는 토대가 마련됐다고 본다. 그동안 납품업체가 다른 납품업체나 대형유통업체의 판매수수료율 수준을 알 수 없어 대형유통업체와 판매수수료를 협상할 때 불리한 측면이 많았기 때문이다. 결과적으로 보자면 판매수수료율의 공개는 대형유통업체들이 판매수수료율을 인하하도록 유도하는 효과를 거둘 수 있었다.

　판매수수료 수준이 공개되자 사회적인 관심과 반향은 대단했다. 당시 주요언론들은 한결같이 대형유통업체들에게 판매수수료 관행을 개선하도록 촉구하는 기사를 연일 내보냈다. 당시 보도된 관련 기사들의 제목만 간략히 훑어보자. '소비자에 바가지 씌우는 백화점 수수료 30%'(《매일경제》 2011. 9. 3.), '백화점·대형마트 순익증가율(10년간 7.1배↑) 〉 매출증가율(2.7배↑)'(《문화일보》 2011. 9. 5.), '35% 수수료 쥐어짜… 백화점·대형마트만 살찐다'(《조선일보》 2011. 9. 6.), '수수료 따먹기식 전근대적 영업행태 개선 서둘러야'(《서울경제》 2011. 10. 14.), '대형마트·홈쇼핑은 왜 수수료 안 낮추나'(《매일경제》 2011. 11. 9.) 등이었다. 대부분의 언론들이 최소한 판매수수료 수준에 대해서만큼은 대형유통업체들의 과도함을 신랄하게 비판했다.

　이처럼 판매수수료 문제에 대한 사회적 관심이 높아진 가운데 대형유통업체 실무책임자들이 공정위 실무진들과 판매수수료 인하에 대한 협의를 진행했다. 나 역시 2011년 9월 6일, 11개 대형유통업체 CEO들과 다시 한 번 간담회를 개최했다. 이 자리에서는 각 유통업체들의 실정을 감안하여 판매수수료를 현행보다 3~7%p 인하하되, 이를 2011년 10월부터 적용키로 합의했다. 유통업체별로 거래하고 있는 중소기업체들의 50% 이상이 그 적용

대상이었다. 다음은 당시 간담회에서 참석자들이 공정위와 합의한 내용이다.

유통 분야 대·중소기업 동반성장을 위한 합의

- 중소 입점·납품업체들에게 실질적으로 도움이 되도록 중소기업기본법상 중소업체에 대해 판매수수료율(대형마트는 판매장려금률)을 3~7%p 인하한다. 인하 시기는 2011년 10월로 하고, 세부적인 인하 폭과 인하 대상이 되는 중소업체 등은 유통업태별 실정에 맞게 해당 유통업체가 결정한다.

- 2011년 10월부터 신규 중소 입점·납품업체와는 현재 1년인 계약기간을 원칙적으로 2년 이상으로 설정하여 거래기회의 안정성을 보장하고 시장 연착륙을 지원한다.

- 2012년 1월 신규·갱신 계약부터 표준거래계약서를 사용하여 선진 계약문화 정착에 앞장선다.

- 2012년도가 부당반품·감액, 판촉비용 부당전가, 상품권 구입 강제, 서면미교부 등 불공정거래 관행을 근절하는 원년이 되도록 한다.

- 해외판로 개척지원, 상품개발비용 지원 등을 통해 유망 중소 입점·납품업체에 대한 입점·납품기회를 대폭 확대한다.

- 이상과 같은 합의내용을 입점·납품업체와의 공정거래 및 동반성장 협약에 포함하여 성실히 이행한다.

2011. 9. 6.

당시 이 같은 판매수수료 인하합의에 대해 일부언론들은 '백화점 습격사건'이니 '정부의 압박'이니 하면서 그 방식에 문제를 제기하기도 했고 또 일부는 무늬만 자유일 뿐 정부 등쌀에 밀려 마지못해 한 구두동의였다고 평가절하하기도 했다. 그러나 그것이 우리 유통시장과 중소납품업체들의 현실을 감안했을 때 비록 최선은 아니었더라도 당시로서는 차선의 불가피한 선택이었다고 믿는다. 아래에 당시 이 같은 필자의 입장을 담은 언론 인터뷰 기사를 실어 기록에 갈음한다.

수수료 인하 없인 공생 불가능, 유통업체 통 큰 결단

판매수수료 최고 7%p 인하 관철한 김동수 공정위장 인터뷰

"유통업체들은 과다한 수수료 외에도 무리한 반품이나 할인행사 강요 등 문제점이 많았습니다. 지금이라도 전향적인 자세를 나타내 다행이지요." 6일 대형 유통업체의 판매수수료 인하를 관철시킨 직후 서울 여의도에서 만난 김동수 공정거래위원장은 한결 편안한 표정이었다. 이날 김 위원장은 서울 명동 은행회관 회의실에서 11개 대형 유통업체 대표들을 만나 중소 납품업체에 매기는 판매수수료율을 3~7%포인트 내리는 데 합의를 끌어냈다. (중략) 그는 "7개월을 끌어온 문제가 이제야 풀렸다"면서 "공생(共生) 발전을 향해 일보 전진했다"는 자평으로 말문을 열었다. (중략)

김동수 위원장은 중국 고사 《사기》에 나오는 '불양불택(不讓不擇)

이란 말로 합의 결과를 평가했다. 그는 "큰 산은 작은 흙을 버리지 않고 큰 강은 지류를 버리지 않는다는 말"이라며 "대기업은 중소기업을 얼싸 안아야 진정으로 큰 기업이 될 수 있다는 점을 강조해 합의를 이끌어냈다"고 말했다. 하지만 그간 유통업체들의 행태에 대해 얘기할 때는 김 위원장의 목소리가 다소 높아졌다. 그는 "과다한 수수료, 반품, 할인행사 강요 등에 대해 중소 납품업체들이 여러 차례 호소를 했지만 크게 달라진 게 없었다"며 "이에 대해 평소에도 심각한 문제의식을 가져왔다"고 말했다. 그 결과로 대형 유통업체들은 많은 이익을 낸 반면, 중소업체들은 고전할 수밖에 없었다는 게 김 위원장의 설명이다. 그는 "대형 유통업체들은 지속적으로 수수료율을 높이면서 수익을 확대해 온 반면, 중소 납품업체들은 수익률 저하로 고전해 왔다"며 "오늘의 협의로 이제 균형에 가까워질 수 있게 됐다"고 말했다. 김 위원장이 유통업체의 수수료 인하를 시도한 것은 지난 2월부터다. 유통업체 대표와의 간담회에서 공개적으로 '실질적이고 장기적인 협력'을 요청했다. 그는 "올 3월과 5월 지방을 돌면서 중소업체들의 고충도 추가로 들었다"며 "이를 바탕으로 유통업체들을 지속적으로 설득했다"고 말했다. 김 위원장은 "지난 7개월 동안 유통업체들이 자정 노력을 기울이는 등 일부 개선점도 있었지만 수수료 인하 없이는 공생이 어렵다는 현실인식은 더 뚜렷해졌다"며 "이 같은 상황이 어우러지면서 이번에 수수료 인하가 가능했다"고 덧붙였다. (중략)

협의 내용이 대형 유통업체들의 수익성 악화로 이어질 수 있다는 지적에 대해 김 위원장은 "장기적으로는 오히려 도움이 될 것"이라고 반박했다. 그는 "당장 이익이 줄어들 것이란 얘기도 나오고 업체들이 불만을 갖는 것도 잘 알고 있지만 이번 조치를 통해 제품의 질이 개선되고 공급가격이 내려가는 등 시너지 효과가 생기면 결과적으로 대형 유통업체들도 이익을 볼 수 있다"고 말했다. 그는 이어 "대형업체들은 단기 이익에 급급하지 말고 앞으로 오랫동안 장기 수익을 늘리는 관점에서 판단해야 한다"고 덧붙였다. 유통업체들이 협력을 해준 만큼 앞으로 충분히 배려하겠다는 게 김 위원장의 입장이다. 그는 "납품업체뿐 아니라 소비자들도 이익을 볼 수 있도록 유통업체와 납품업체가 함께 노력할 것"이라며 "유통업체들의 얘기에 귀를 기울이고 애로사항이 있다면 정책에도 적극 반영하겠다"고 말했다. (중략)

〈조선일보〉 2011년 9월 7일

(2) 승(承)

그러나 일부 대형유통업체들은 이러한 합의정신에 맞지 않게 후속조치 과정에서 소극적인 자세를 견지했다. 심지어 합의를 회피하려는 움직임까지 보여주었다. 실망스러웠다. 공정거래위원장으로서 처음 이 문제에 접근할 때부터 나는 우공이산(愚公移山)이라는 고사성어에 나오는 우공(愚公)의 심정으로 시작했다. 이 말은 어리석은 영감이 산을 옮긴다는 뜻으로 중국의 고전인 《열자(列子)》 탕문편(湯問篇)에 나온다.

　북산에 우공이라는 아흔 살 된 노인이 살고 있었다. 그런데 노인의 집 앞에는 둘레가 700리나 되는 태행산과 왕옥산이라는 두 산이 가로막고 있어 다니기가 여간 불편하지 않았다. 그래서 자식들과 의논한 끝에 산을 옮기기로 했다. 그렇지만 우공과 아들 그리고 손자가 지게에 흙을 지고 발해만까지 갖다 버리고 돌아오는 데만 꼬박 1년이 걸렸다. 이 모습을 본 이웃사람이 비웃으며 만류하자 그는 정색을 하고 "비록 나는 늙었지만 나에게는 자식도 있고 손자도 있다. 그들이 죽으면 그의 자손들이 또 대를 이어가며 산을 깎겠지만, 산은 더 이상 높아지지 않을 테니 언젠가는 평평하게 길이 날 것이다"라고 답했다. 두 산을 지키던 산신이 이 말을 듣고는 큰 일이 났다고 여겨 즉시 옥황상제에게 이 일을 말려주도록 호소했다. 그러나 옥황상제는 오히려 우공의 정성에 감동해 가장 힘이 센 과아씨의 두 아들을 시켜 두 산을 들어 옮기도록 했다고 한다.

　이렇게 우공이산의 고사는 아무리 어리석어 보이는 일이라 하더라도 한 가지 일에 매진하여 끝까지 포기하고 않고 노력하다 보면 언젠가는 그 목적을 달성할 수 있다는 의미를 가지고 있다. 사실 그랬다. 나의 심정은 이 이야기 속의 우공과 다를 바 없었다.

내가 추진하던 일은 그저 바위 하나를 들어 올리는 것에 불과하다고 생각했다. 하지만 이렇게 계속 가다보면 비록 내가 아니더라도 후대에는 결국에는 산이 옮겨질 것이라고 믿었다.

당시 판매수수료 인하문제를 깔끔하게 마무리하기 위해서는 사회적 분위기와 모멘텀을 계속 이어갈 필요가 있었다. 그래서 지속적으로 필요한 정보를 공개했다. 그 첫 번째 조치로 2011년 10월 18일, 공정위는 국내 유명브랜드 납품업체와 해외 유명브랜드 납품업체에 대한 차별적 판매수수료 현황을 포함해 백화점의 우월적 지위남용 사례를 조사·발표했다.

당시 조사는 2010년 국내 매출액 기준 1~8위인 해외 8개사와 주요 상품군별(의류, 잡화) 3대 백화점 매출액이 상위 1~4위인 국내 8개사를 대상으로 이루어졌다. 조사 결과에 따르면 백화점 해외 유명브랜드 매장 중 3분의 1 정도가 판매수수료율이 15% 이하였으며 최대 25%를 넘지 않는 것으로 나타났다. 반면 국내 유명브랜드 판매수수료율은 1개 매장에서만 15%였고 총 입점매장 315개의 60%가 넘는 196개 매장에서 30% 이상인 것으로 나타났다.[29] 계약기간에 있어서도 해외 유명브랜드는 최소 3년, 일부 업체는 5년에 이르는 데 반해, 국내 유명브랜드는 계약기간이 대부분 1년으로 거래의 안정성 측면에서도 해외 유명브랜드보다 불리한 실정이었다. 사실 공정위의 조사발표가 있기 전부터 일부언론들은 이러한 불합리한 현상에 대해 따끔하게 일침을 가하면서 소비자와 백화점 모두의 의식전환을 촉구했다. 그 가운데 일부를 발췌해 싣는다.

이어 10월 25일 중소납품업체의 판매수수료 실태도 정밀분석
해 백화점의 불합리한 행테를 추가로 공개했다. 이는 롯데, 현대,
신세계 등 3대 백화점에 납품(입점)하는 73개 중소업체를 대상으
로 한 것이었는데, 이들 중소 납품업체들은 1개 백화점에 대해서
판매수수료로 평균 31.8%를 부담하고, 판촉사원 인건비와 인테
리어비로 업체당 1개 백화점에 대해 각각 매년 평균 4억 1,000만
원과 1억 2,000만 원을 부담하는 것으로 조사됐다.[30]

이러한 조사결과를 기초로 판단하건대, 중소 납품업체들이 판
매수수료 등의 부담이 늘어나면 이익감소는 물론이고, 상품개발
에 대한 투자가 위축된다. 투자위축은 제품에 대한 품질개선 노
력 저하 등으로 이어져 판매가 부진해지고, 이는 다시 수수료 등
의 부담 상승으로 이어지는 악순환구조에 빠질 수밖에 없다. 중

소납품업체들은 이런 악순환의 구조에서 벗어나기가 사실상 어려워 보였다.

판매수수료 인하를 두고 대형유통업체들과의 추가협의가 두 달 넘도록 지속됐다. 그런 가운데 수수료 개선을 요구하는 여론의 강도는 갈수록 높아졌다. 마침내 2011년 11월 8일, 3개 대형 백화점은 개별적으로 구체적 인하계획을 최종 확정한 후 10월부터 이를 소급적용한다고 발표했다. 공정거래위원장 취임 이후 인내심을 가지고 끈기 있게 추진해온 노력이 마침내 결실을 맺게 된 것이다.

주요 내용을 보면, 판매수수료 인하대상은 3개 백화점과 거래 중인 중소 납품업체 가운데 50% 정도인 총 1,054개사(롯데 403개, 현대 321개, 신세계 330개)였다. 대기업과 당해 계열사, 외국계 직진출 협력사 그리고 현재 수수료율이 20%대 이하 수준으로 낮은 납품업체는 인하대상에서 제외됐다. 당시 수수료를 기준으로 10월분부터 3~7%p의 범위에서 소급적용하여 인하하기로 했다. 그리고 백화점별 인하내용은 각자의 여건에 맞게 조금씩 달랐다.

대형유통업체들이 자신들의 발표대로 판매수수료를 3~7%p 인하하면 백화점에 매장을 둔 인하대상 중소납품업체들에는 실질적으로 큰 도움이 될 수 있었다. 판매수수료 3~7%p 인하는, 공정위가 실태 조사한 의류·생활잡화 기준 평균수수료 32%가

25~29% 수준으로 낮아지게 되는 것을 의미하기 때문이다. 그동안 판매수수료는 매년 인상되는 경향을 보였다. 그러나 이번 인하조치로 인해 대형유통업체들이 수수료를 추가로 인상하기 어려운 분위기가 조성됐다. 결과적으로 판매수수료의 전반적 하향 안정화를 마련할 수 있는 계기도 마련된 것이다. 이는 유통업과 제조업 그리고 대기업과 중소기업이 실질적 차원에서 동반성장을 꾀하는 첫걸음이었다. 동시에 중소납품업체들 입장에서는 판매수수료 인하에 따른 부담완화를 계기로 상품개발과 품질개선 등을 통해 기업의 성장과 소비자후생 증가에 기여할 수 있는 길도 열렸다.

(3) 전(轉)

백화점의 판매수수료 인하에 대해 대부분의 여론은 환영하고 이를 지지하는 분위기였다. 당시 언론기사에서 인용된 한 중소납품업자의 말이 아직도 머릿속에 남아 있다. 그는 "지난 20년간 그렇게 내려 달라고 해도 고쳐지지 않았는데 정부가 나서니 해결됐다"는 것이다. 유통업에서의 동반성장 노력이 조금이나마 평가를 받은 것 같아 기뻤다. 하지만 아직 갈 길이 멀었다. 수수료율인하 발표가 실질적으로 정착될 수 있도록 실무자들에게 지속적으로 이행여부를 확인하도록 했다. 또한 백화점 이외에 다른 대형유통업체들에 판매수수료 인하를 유도하도록 했다. 그 결과가 바로

TV홈쇼핑과 대형마트의 판매수수료 실태공개다.

당시 공정위는 백화점에 이어 3개 대형마트와 5개 TV홈쇼핑도 2011년 9월 6일의 합의정신에 따라 판매수수료를 인하해줄 것을 촉구했다. 이어 11월 22일, 5개 TV홈쇼핑과 3대 대형마트에 납품하는 중소업체들의 평균판매수수료 실태를 조사해 발표했다.[31]

잠깐 당시의 조사결과를 보자면, TV홈쇼핑과 거래하는 중소 납품업체의 경우에는 의류 및 생활잡화의 단순평균 판매수수료율이 37% 수준이었고, 세부 품목별 최고 수수료율은 대부분 40% 이상이었다. 심지어 여성캐주얼의 경우에는 50%에 이른다는 답변도 있었다.[32]

대형마트와 거래하는 중소납품업체의 경우에는, 식품 및 생활용품의 단순평균 판매장려금률은 10% 수준으로 나타났다. 세부 품목별 판매장려금률을 보면 욕실·위생용품이 12.1%로 가장 높은 것으로 파악됐다.[33] 대형마트 납품업체들은 판매장려금 이외에 발생하는 추가부담으로 물류비를 가장 큰 항목으로 지적했으며 이어서 판촉사원 인건비가 큰 부담요인이라고 응답했다. 또한 납품업체들은 계약기간 중에 판매장려금 인상, 상품권 구입강요 등과 같은 불공정행위를 경험한 적이 있다고 응답했다.[34]

이러한 조사결과를 통해 아래와 같은 사실을 다시 한 번 확인했다. 즉, 대형유통업체의 독과점구조로 인해 시장이 아닌 힘의 논리가 작동하게 되고, 이는 거래 중소납품업체들의 부담으로 이어

짐으로써 결과적으로 경쟁력 있는 기업으로의 성장을 가로막고 있다는 점이다.

공정위의 조사 발표 이후, 이마트, 홈플러스, 롯데마트 등 3개 대형마트는 총 850개 중소납품업체의 판매장려금을 3~5%p씩 인하해 2011년 10월분부터 소급적용키로 했다. GS, CJO, 현대, 롯데, 농수산의 5개 TV홈쇼핑 역시 총 455개 중소납품업체의 판매수수료를 10월분부터 소급해서 3~7%p 인하하기로 결정했다. 이로 인해 대형마트 그리고 TV홈쇼핑과 거래하는 인하대상 중소납품업체에게는 도움이 될 것으로 예상됐지만, 대형마트의 경우 판매상려금률이 3% 미만으로 낮은 납품업체를 상당수 포함시킴으로써 결과적으로 중소납품업체 수의 50% 수준에 못 미쳤다. TV홈쇼핑의 경우 다른 유통업태보다 상대적으로 높은 수수료를 받으면서도 5%p를 초과한 인하는 하지 않았다. CJO를 제외한 나머지는 5%p로 일률 인하했다.

어찌됐든 이후에도 판매수수료 인하 분위기가 11개 대형유통업체를 제외한 나머지 37개 대형유통업체에까지 확산됨에 따라 코스트코, 하나로클럽, 킴스클럽 등 3개 대형마트도 총 604개 중소납품업체의 판매장려금률을 2012년 1월부터 0.5~5.0%p 인하하기로 결정했다. 코스트코는 136개 중소납품업체 중 70개(51.5%), 하나로클럽은 647개 중 324개(50.1%), 킴스클럽은 426

개 중 210개(49.3%) 업체에 대해 수수료를 인하했다. 하나로클럽과 코스트코는 저마진 판매구조여서 다른 유통업체에 비해 판매장려금 수준이 낮음에도 불구하고 장려금을 인하하는 모습을 보여주었다. (주)이랜드리테일과 NC백화점에 이어 대형마트인 킴스클럽까지도 판매장려금을 인하하여 중소 납품업체와의 공생발전에 동참했다.

(4) 결(結)

2012년 3월 롯데와 신라 2개 면세점이 4월분 판매수수료부터 3~11%p의 범위에서 인하하는 방안을 마련해 발표했다. 이로 인해 2개 면세점과 거래하던 국내 중소납품업체 중 63%에 이르는 총 81개사(롯데 54개, 신라 27개)가 수혜를 받게 됐다. 이들은 국내 중소납품업체이면서 기존 판매수수료가 40%(공항점 50%) 이상인 업체들 가운데서 선정됐다.

이처럼 3대 대형백화점들이 판매수수료를 인하한 이후부터 유통분야 전반에 걸쳐 판매수수료 인하분위기가 형성됐다. 이에 따라 공정위는 2012년 이후부터 이들 대형유통업체의 이행실태를 체계적으로 점검하는 동시에 이른바 풍선효과를 차단하는 방향으로 정책적인 노력을 기울였다. 예를 들면, 판매수수료가 인하되지 않은 나머지 50% 기업들에게 이를 전가하지는 않는지, 판촉비 또는 기타 방법들을 통해 수수료 인하분을 보완하려는 시도는 없는지 등을 철저히 점검했다.

이와 함께 2012년 5월 공정거래위원회는 11개 대형유통업체 임원들과 간담회를 갖고 판매수수료 인하 합의가 충실히 이행되도록 당부했다. 아울러, 일부 업체에서 판매수수료를 형식적으로 인하하거나 인하대상 중소기업 숫자만 채우는 방식의 인하 사례가 있다는 점을 지적하고, 당초 합의한 대로 중소기업들에게 실질적 도움이 되는 방향으로 적극 협조해줄 것을 요청했다.

한편, 2012년 7월에는 11개 대형유통업체들을 대상으로 그간의 판매수수료 인하실태를 점검했다. 그 결과에 따르면, 2,272개 중소업체에 대해 연간 약 358억 원의 판매수수료가 인하된 것으로 추정됐다. 업태별로는 3개 백화점이 185억 원, 3개 대형마트가 129억 원, 5개 TV홈쇼핑이 43억 원 수준인 것으로 분석됐다. 이 같은 직접적인 효과 이외에도 매년 인상되던 판매수수료가 인하되면서, 판매수수료의 전반적 하향안정화에 기여할 것으로 예상했다. 대형유통업체들이 인하대상에서 제외된 업체들에게도 인하는 못 해줄 망정 더 인상하기는 어려운 분위기가 조성됐기 때문이다.

그럼에도 불구하고 점검결과를 면밀히 분석해보면 판매수수료 인하가 상당부분 소규모 납품업체를 대상으로 소위 '숫자 맞추기식 인하'였거나 또는 '무늬만 인하'된 측면도 있었다. 수수료인하

대상 중소업체가 한 개 대형유통업체와 1년간 거래하는 금액을 보면, 1억 원 미만이 백화점 16%, 대형마트 20% 수준이나 되었고 대부분이 10억 원 미만(백화점 86%, 마트 94%)이었다. 따라서 공정위는 우선 3개 백화점 및 3개 대형마트의 임원들과 간담회를 개최해 중소업체들에게 실질적인 도움이 될 수 있도록 판매수수료를 종합적으로 검토해줄 것을 요청했다.

이에 대해 롯데, 현대, 신세계 등 3개 백화점과 롯데마트, 홈플러스, 이마트 등 3개 대형마트는 2012년 11월부터 총 1,200여 개 중소납품업체를 대상으로 판매수수료와 판매장려금률을 1~2%p 인하하기로 결정했다. 이번에는 2011년 10월 1차 인하 시에 판매수수료·장려금률을 인하하지 않았던 중소납품업체를 대상으로 백화점은 1%p, 대형마트는 2%p 인하했는데, 이로써 연간 약 197억 원 정도 추가 인하효과가 있을 것으로 예측됐다. 그와 같은 추가인하로 1차 인하분을 포함해 전체 지원대상 중소업체(3,820개)의 85%에 해당하는 총 3,200여 개 업체에 대해서 연간 총 512억 원 상당의 판매수수료 인하효과가 기대됐다. 특히, 2011년 1차 인하 대상기업은 거래금액이 대부분 연간 5억 원 미만이었으나 2012년 추가 인하 대상기업은 거래규모가 연평균 8~20억 원인 것으로 나타났다.

판매수수료 인하와 같은 지속적인 노력에도 불구하고 유통분

   갈림길에 선 한국경제, 현재에 묻고 미래에 답하다

경험했던 불공정거래행위 유형 – 백화점

판촉행사 참여강요	매장·인테리어 변경강요	판촉비용 부담강요	일방적 수수료 인상	부당한 단가 인하
58.7%	54.5%	49.6%	36.4%	33.9%

출처 : '백화점 입점업체 실태조사', 중기중앙회, 2009. 6.

경험했던 불공정거래행위 유형 – 대형마트

납품단가 인하	판촉행사 참여강제	판촉비용 전가	추가비용 부담요구	타사 입점 방해 등	기 타	무응답
35.6%	36.2%	40.5%	35.0%	16.0%	2.5%	9.2%

출처 : '대형마트 납품 중소기업 실태조사 결과', 중기중앙회, 2008. 9.

야의 거래질서 공정화는 아직도 개선해야 할 부분들이 많다고 생각한다. 실제로 2012년 실시한 공정위의 서면 조사결과, 응답한 중소납품업체들의 법위반행위 경험 비율은 66.5%로 나타났다.[35] 주요 불공정행위 유형은 업태별로 다소 차이가 있었지만 대체로 판촉행사 강요와 비용전가 등과 같은 불공정행위의 발생빈도가 높게 나타났다.

이러한 현실을 감안해 '유통분야 거래공정화 추진방향'을 마련, 2013년 1월 30일 발표했다. 여기에는 대형유통업체들의 불공정행위를 근본적으로 방지하여 거래질서를 확립하고 중소납품업체는 물론, 유통분야 전체의 경쟁력을 제고할 수 있는 이행과제들이 망라되어 있다. 주요 내용은 ① 각종 불공정행위의 원천이 되는 제도의 개선, ② 불공정행태 감시 및 제재 실효성 강화, ③ 대형유통업체와 중소납품업체들 간의 공생발전문화 정착, ④ 유통업체 간 경쟁촉진을 위한 시장구조 개선(규제개혁) 등이다. 참고로 당시 발표했던 종합시책의 상세한 내용을 이 책 마지막 부분의 참고자료 5에 담았다.

마침표를 찍다

판매수수료 인하와 관련된 이야기를 이쯤에서 마쳐야 할 것 같다. 아주 오랫동안 이어져 내려온 관행에 메스를 들이댄다는 것이 쉽지 않은 일이라는 것은 미루어 짐작하고 있었다. 하지만 실제로 그 과정을 다시 한 번 되돌아보니 참으로 지난한 시간들이었다. 문제에 올바로 접근하기 위해서는 우선 정확한 실태분석이 필요했고, 이를 토대로 사회적인 공감대 형성과 의견수렴 과정을 거쳐야 했다. 그리고 나름대로의 해법을 만들어 이해당사자들과 밀고 당기는 협의의 시간을 가져야 했다. 그 결과 애초 목표로 한 수준은 아니었지만 그래도 의미 있는 수준의 판매수수료 인하를 이끌어 냈다. 참으로 보람 있는 시간들이었다고 생각한다.

앞에서도 지적했듯이, 산업구조상 강한 허리가 중소기업이라면 기업과 소비자가 만나는 시장에서의 허리는 이 두 경제주체를 이어주는 유통이다. 달리 표현하면, 유통은 생산자와 소비자를 이어주는 가교와 같다. 따라서 이 다리가 부실하면 시장경제가 제대로 작동할 리 만무하다. 소비중심의 내수경제 활성화는 물론, 앞으로 신성장을 위한 대표적인 서비스업종의 하나로써 유통이 갖는 역할과 기능은 실로 지대하다고 본다. 공정거래위원장으로 있으면서 유통 분야의 건전한 발전을 위해 나름대로 고군분투한 이유도 바로 이 때문이다. 현실세계에서 일상적으로 소비자들이 가장 많이 접하는 유통이 오프라인에선 대형유통이고, 온라인에선 전자상거래다. 이 두 가지 축이 원활하게 작동되도록 하는 것이야말로 우리 경제의 지속적 성장을 위해서 반드시 필요하다고 믿었다. 전자상거래와 관련해서는 바로 뒤에서 이야기하게 될 터이니 자세한 사항은 여기서는 생략한다.

오프라인 유통과 관련해서는 크게 두 가지 관점에서 문제점을 개선하고자 노력했다. 우선 제도적인 측면에서는 관련법을 제·개정함으로써 우월적 지위 남용에 대해 엄격히 제재할 수 있는 근거를 마련하고 표준거래계약서를 만들어 보급했다. 행태적인 측면에서는 대형유통업체가 중소납품업체에 대해 부담시키는 판매수수료를 자율적으로 낮추는 여건을 조성하고자 했다. 이를 통해 유통의 공정화를 위한 어느 정도의 기반은 마련된 것이 아닌가라고 평가하고 싶다. 좀 더 바람이 있다면, 파트 5에서 자세히 이야기하겠지만 오프라인 유통분야의 혁신을 위해 이제는 중소납품업체와 소비자들도 힘을 합쳐야 한다는 점이다. 이것을 가능하게 해주는 제도적 장치 중 하나가 바로 협동조합이라고 생각한다. 자신들의 구매력을 협동조합이라는 체제를 통해 조직화함으로써 대형유통업체와 대등한 지위에서 경쟁할 수 있게 되면 우리니라 유통분야의 건전한 발전이 촉진될 것으로 기대한다.

되돌아볼 때, 판매수수료를 인하하는 과정에서 대형유통업체들의 반발이 매우 컸고 일부언론에서는 나를 경제원칙도 모르는 사람이라고 비난도 했다. 하지만 당시 점점 심화되고 있는 유통 분야의 독과점 현상을 그대로 놔둘 경우 시장의 실패가 예견됐다. 그런 점에서 이를 방치하는 것이야말로 공정거래위원장으로서의 직무를 방기하는 것이라고 판단했다. 앞에서도 잠깐 언급했듯이 나는 그저 바위 하나를 들어 올린 것에 불과하니 우리 앞에 놓여 있는 큰 산이 다 옮겨져 없어질 때까지 공정위의 이 같은 노력은 계속되어야 한다고 생각한다.

이와 관련, 비록 자의반 타의반으로 시작했다 할지라도 결과적으로는 대의(大義)를 좇아 통 큰 결단을 내려준 대형유통업체들에게 이 지면을 통해 감사의 뜻을 전하고 싶다. 이것이 계기가 되어 눈앞의 조그만 이익을 좇는 것이 아니라, 모두 다 함께 성장해 나갈 수 있는 건전한 생태계를 지향하는 동반성장의 문화가 우리나라 유통분야의 아름다운 관행으로 자리 잡길 바라고 또 바란다. 그렇게 함으로써 유통이 진정으로 소비자와 생산자를 이어주는 올바른 가교로서 제 역할을 하길 고대한다.

　마지막으로 지난하기만 했던 과정을 불평 한마디하지 않고 적극적으로 동행해준 공정거래위원회 직원들에게 고맙고 감사하다는 마음을 전하고 싶다. 그들의 노고가 없었더라면 이런 결과를 가져오지 못 했을 것이다. 그들이야말로 진정한 해결자이고 공로자다.

사이버
유통 혁신

전자상거래란 이름의 신대륙

가히 혁명이라고 불러도 좋을 만큼, 현재 눈부시게 진행되고 있는 정보통신기술의 발달은 유통산업을 빠르게 다변화된 구조로 변화시키고 있다. 가령, 인터넷 쇼핑몰 같은 전자상거래가 새롭게 등장하면서 기존의 오프라인 유통질서체계를 뒤흔들 만큼 강력한 경쟁자로 대두됐다.

전자상거래는 시간적·공간적 제약을 받지 않고 소비자들이 편리하게 재화나 용역을 구매할 수 있다는 장점을 가지고 있다. 그뿐인가? 다양한 매체를 통해서 구매관련 정보를 풍부하게 얻을 수 있고, 또한 재고와 물류비용이 낮아 전통적 오프라인 거래보다 유통효율성이 뛰어나다. 따라서 동일한 상품도 전자상거래에선 보다 저렴한 가격으로 구매할 수 있다. 인터넷 오픈마켓의 마진율은 오프라인 채널의 50~60% 수준인 것으로 알려져 있는데, 이것은 인터넷쇼핑몰의 가격 경쟁력이 그만큼 높다는 사실을 보여주는 방증이다.

우리나라는 1990년대 초반에 초고속 인터넷이 상용화되면서 전자상거래가 본격적으로 도입되기 시작했다. 최초의 인터넷 쇼핑몰인 인터파크와 롯데닷컴 등에 이어 포털사이트 네이버 등이 사업을 시작했다. 이후 CJ와 SK 등 대기업도 진출하면서 전자상거래시장이 본격적인 성장단계에 진입했다, 오픈마켓은 인터넷 경매방식으로 사업을 시작한 옥션을 2002년 이베이가 인수하면서 본격적으로 태동했다. 2004년 한국형 오픈마켓인 G마켓이 등장한 이후 폭발적으로 성장하고 있다. 2000년대 중반 이후부터는 디지털 콘텐츠 같은 새로운 상품거래가 나타났고, 최근에는 소셜커머스 등 새로운 거래방식이 출현하고 있다.

한국온라인쇼핑협회가 발표한 자료에 따르면, 현재 우리나라 전자상거래시장 규모는 약 45.4조 원에 이른다. 이는 정보서비스를 주로 제공하는 인터넷포털(2.2조 원)을 제외한 국내 B2C 시장(인터넷쇼핑+디지털재화)만을 추산한 것이다. 유형의 재화를 거래하는 인터넷쇼핑은 연평균 21.7%씩 성장하면서 2010년 기준 약 27.8조 원의 시장을 형성했고, 소매유통채널에서의 비중이 지속적으로 증가하고 있다. 그 결과 2009년에 이미 백화점 전체의 매출

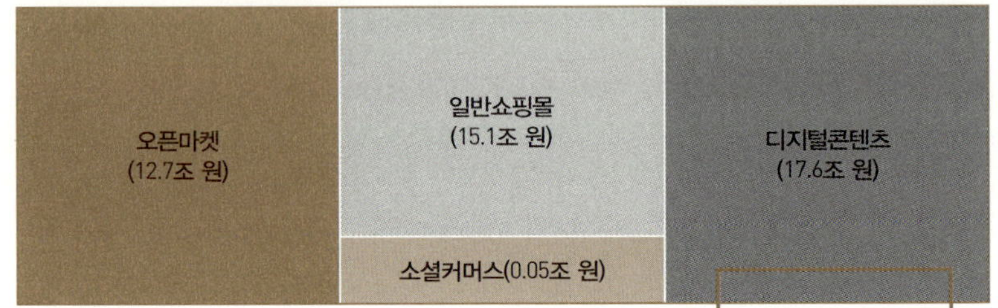

주요 소매업종별 시장규모

(단위 : 조 원, %)

		2007년	2008년	2009년	2010년
유형재화	인터넷쇼핑	15.4 (6.8)	18.0 (7.4)	22.0 (8.7)	27.8
	대형마트	28.9 (12.7)	30.6 (12.6)	30.9 (12.2)	33.7
	백화점	18.7 (8.2)	19.5 (8.0)	21.3 (8.4)	24.2
	슈퍼마켓	19.6 (8.6)	21.5 (8.8)	22.4 (8.9)	23.5
	기타*	144.8 (63.6)	143.4 (59.0)	166.5 (65.8)	-
	총계	227.7 (100.0)	243.2 (100.0)	252.9 (100.0)	-
무형재화	디지털재화	11.7	13.6	15.2	17.6
인터넷쇼핑+디지털재화		27.1	31.6	37.5	45.4

*기타: 방문판매, 다단계판매, 편의점, 재래 시장
출처: 한국온라인쇼핑협회, 온라인쇼핑 시장에 대한 이해와 전망 및 문화체육관광부, 콘텐츠산업 통계

을 추월했고, 대형마트 매출과의 격차도 계속해서 줄어들고 있다.

최근에는 스마트폰이 빠르게 보급되면서 모바일 인터넷이 일상화됐다. 이에 따라 모바일 전자상거래시장이 확대되는 방향으로 시장구조가 크게 변화하는 중이다. 이와 같은 소비형태의 변화로 인해 기존 오프라인시장과의 경쟁도 보다 직접적이고 치열해지는 양상이다. 또한 전자상거래시장 안에서의 내부경쟁도 심화되고 있다. 예를 들면 이베이 G마켓과 이베이 옥션의 자체 가격비교사이트 개발이나 네이버의 오픈마켓 진출 등이 이를 증명한다. 이처럼 전자상거래는 빠르게 우리 생활의 일부로 자리 잡고, 국민경제 전반의 유통효율에 미칠 수 있는 영향력이 증대하면서 그 중요성이 점점 커지고 있다.

한편, 전자상거래가 가진 비대면(非對面) 거래의 특성으로 인해 사업자와 소비자 간 정보비대칭성의 문제가 다양한 소비자문제를 야기하고 있다. 판매자와 소비자의 대면 없이 거래가 이루어지기 때문에 표시 또는 광고와 다른 상품이 배송되거나 미배송, 오배송, 사기성 거래 위험 등과 같은 다양한 형태의 소비자피해가 발생하고 있다. 실제로 전자상거래시장 규모가 급격하게 증가하면서 소비자피해 구제청구 건수도 지속적으로 늘어나는 추세다. 한국소비자원에 접수된 주요 소비자피해구제 청구유형을 보면 계약 관련 피해나 A/S 관련 피해, 부당행위 또는 부당약관 관련 피해가 전체 전자상거래 관련 소비자피해의 대부분인 96%를 차지한다.

시간이 흐를수록 전자상거래란 이름의 신대륙의 크기가 기하급수적으로 커지고 있기 때문에 그에 비례해 건전한 거래질서를 확립하고 소비자의 신뢰를 구축하기 위한 제도적인 필요성 역시 점증하고 있다. 현재의 사이버 유통은 비유하자면, 프론티어 정신이 필요한 미지의 신대륙과 같다. 그러나 시장경제가 제대로 작동하게 하는 사회적 인프라로써 공정거래질서를 확립하는데 전자상거래라고 해서 예외가 될 수는 없다고 본다.

예외가 될 수 없다

공직생활을 하는 동안 나름대로 관심을 갖고 깊이 고민한 부분 중 하나가 바로 유통분야의 혁신이다. 하지만 고백하건대, 노력했던 만큼 성과가 적었던 분야 또한 유통분야의 혁신이었다. 그러나 전자상거래 확산과 함께 새로운 가능성을 보게 됐다. 오랜 세월 동안 고착화되어온 오프라인유통의 불합리를 개선하는 것은 어찌 보면 지난한 일이지만 이제 막 개화기에 접어든 온라인유통은 상대적으로 쉬울 수 있기 때문이다.

나는 전자상거래 시장이 건전하게 육성될 수만 있다면 그 자체로 바람직한 일은 물론이거니와, 이 시장과 경쟁관계인 오프라인유통시장의 비효율적 부분에 대한 개선을 촉발함으로써 우리나라 유통시장 전체의 발전을 가져올 것이라고 확신하고 있다. 특히, 구조적으로 유통비용이 저렴한 온라인유통과의 경쟁에서 살아남기 위해서는 오프라인유통은 스스로 생산성을 개선하려는 노력을 하지 않을 수 없다고 본다.

　그래서 공정거래위원장으로 재직 중 B2C 전자상거래의 단계별 신뢰성이 확보되도록 하는데 최선을 다했다. 즉, 구매 전(前) 단계에서는 허위나 과장광고가 없도록 하고, 구매단계에서는 대금 지급이 이루어지면 상품이 배송될 수 있도록 했다. 구매 후(後)에는 반품, 환불 그리고 A/S가 제대로 이루어지게 함으로써 누구나 다 신뢰할 수 있는 시장을 만드는 데 심혈을 기울였다. 도중에 공정거래위원장직을 그만두면서 애초에 목표한 제도적 보완책들을 마무리하지 못했다는 아쉬움이 있지만 그래도 계획한 것 중 상당 부분은 이루었기에 보람도 느낀다.

　공정거래위원장으로 부임하면서 우선, 당시 2년 동안이나 국회 통과가 지체된 '전자상거래 등에서의 소비자보호에 관한 법률'(약칭 '전상법')의 개정을 위해 노력했다. 전자상거래에 대한 합리적 규제를 통해 소비자들의 신뢰를 제고하기 위해서였다. 2002년 처음 제정된 전상법은 비대면거래라는 전자상거래의 취약성을 보완하기 위해 2005년과 2007년, 두차례의 부분적인 법개정을 통해 '구매안전서비스'를 도입하는 등 소비자보호 측면에서 일정한 성과가 있었다.

　그러나 전상법은 '방문판매 등에 관한 법률'에서 규율하던 통신판매 부분을 분리해 전자상거래와 함께 규율하고자 한 태생적 한계가 있었다. 이로 인해 전자상거래, 통신판매, 통신판매중개 등 용어부터 다소 혼란스러웠고 법체계도 논리적이지 못한 문제점이 있었다. 그 밖에도 입법초기에 전자상거래 환경과 시장의 거래실정을 충분히 반영하지 못해 사업자에게 과도한 업무부담을 초래했다. 이에 따라 디지털재화의 급속한 거래증가 등 빠르게 변하는 전자상거래시장의 변화에 능동적으로 대응하지 못하고 있다는 비판이 제기됐다.

이와 같은 전상법의 문제점을 보완하기 위해 공정위는 2008년 5월부터 '법령선진화 작업반(T/F)' 활동을 통해 전상법 개정안 마련 작업을 진행하여, 2009년 12월 31일 국회에 전상법 개정안을 제출했다. 개정안은 소비자의 편의도모와 피해예방 및 구제를 원활히 하는 내용을 담았다. 즉, 오픈마켓 시장 확대에 따라 통신판매중개자(오픈마켓 사업자)의 중개책임을 보다 강화하고 회원탈퇴 및 청약철회, 각종 증명서 등의 발급을 온라인을 통해 편리하게 할 수 있도록 온라인 완결서비스를 도입하는 방안 등이다. 또한 영업정지 및 과징금부과 요건을 확대해 법위반 사업자에 대한 제재조치의 실효성을 제고하는 내용도 포함했다.

정부가 제출한 개정법률안이 국회에서 논의되는 동안 당시 전자상거래시장에서는 소비자피해가 잇달았다. 예를 들면 소규모 인터넷쇼핑몰에서 사기피해가 속출했고 휴대폰 소액결제 등에서 결제관련 소비자피해도 크게 이슈화됐다. 이에 따라 소규모 인터넷쇼핑몰의 사기성 거래에 대한 소비자피해를 예방하는 한편, 이를 구제하기 위한 목적에서 호스팅서비스 제공자에게 분쟁해결 협력의무를 부과하며, 결제관련 소비자피해를 예방하기 위해 전자적으로 대금을 지급할 경우 결제내역 고지를 의무화하는 내용의 의원발의 개정안이 함께 논의됐다.

2011년 4월부터 개정 법률안에 대한 국회심의가 본격적으로 이루어졌다. 법안이 제출된 지 2년만인 2011년 12월 29일, 마침내 정부 제출안과 의원발의 개정안이 합쳐져 국회를 통과했고, 2012년 8월 18일부터 시행에 들어갔다. 법 개정을 통해 과거 많은 지적을 받은 통신판매중개자의 책임문제를 개선했다. 또한 온라인 완결서비스 도입을 통해 전자상거래 과정에서 소비자의 불편을 초래한 부분도 일부 개선함으로써 진상법 제정 10년만에 큰 변화를 가져왔다.

그러나 개정된 전상법에도 불구하고, '방문판매 등에 관한 법률'로부터 파생된 태생적 한계와 전자상거래시장 변화에 탄력적으로 대응할 수 있는 체제가 미흡하다는 점은 여전히 개선해야 할 과제다.

우선, 통신판매, 전자상거래, 통신판매중개 등의 법적 개념을 재정립하고 전상법의 규율대상을 명확하게 정의해야 한다. 전자상거래에 관여하는 형태가 복잡해짐에 따라 통신판매중개의 유형을 세분화해서 유형별 책임을 보다 자세하게 규정하고, 법의 명칭에서 '전자상거래'라는 표현을 쓰면서도 내용은 '통신판매'를 중심으로 이루어져 있는 부정합문제를 해소할 필요가 있다.

둘째, 소셜커머스 쿠폰, 온라인게임 아이템 등 다양한 디지털재화 거래가 증가하고 있는데 이에 맞추어 청약철회를 포함한 소비자보호제도를 개선하는 방안을 마련해야 한다. 2000년대 초반 전상법이 제정될 당시에는 재화중심의 거래가 보편적이었기 때문에 디지털재화 등에 대한 면밀한 고려가 없었다. 이 때문에 디지털재화가 과연 청약철회의 대상이 될 수 있는지 여부가 아직도 논란거리로 남아 있어 거래안정성을 해치고 있다.

셋째, 모바일기기의 보급과 같이 새로운 거래수단들이 속속 등장함에 따라 이들에 대한 합리적인 규제방안을 마련할 필요가 있다. 현행 전상법은 PC, 전화, 신문 등의 매체를 전제로 규율체계가 마련되어 있다. 하지만 최근 스마트폰, 태블릿PC, 스마트TV 등 새로운 매체가 전자상거래 수단으로 등장했다. 따라서 이들 새로운 매체를 기반으로 이루어지는 거래에서 표시의무나 고지의무 등이 합리적으로 구현되도록 하는 방안이 필요한 시점이다.

넷째, 선불식 전자결제수단 발행자의 소비자피해 보상보험 가입의무에 대한 제도개선이 시급하다. 보증보험시장이 독점화되어 있어 현실적으로 보험가입이 어렵고, 공제조합 설립절차 등의 근거가 마련되어 있지 않아서 공제조합을 설립하고 싶어도 할 수 없는 문제점에 대한 해결이 절실한 상황이다.

다섯째, 국경을 넘나드는 전자상거래(Cross-Border Trade)가 증가하면서 외국사업자와 거래하는 국내소비자를 보호할 수 있는 장치들을 마련할 필요가 있다. 또한 국내소비자를 대상으로 외국에서 영업하는 사업자를 규제할 수 있는 방안도 강구돼야 한다. 특히, 국경을 초월하는 형태로 앱의 거래가 일상화되고 보편화되면서 국내소비자 보호에 큰 문제점이 발생하고 있다는 점을 감안해야 한다. 동시에 이를 해결하기 위한 경쟁정책당국 간 국제적 협력과 공조도 절실히 요구된다.

마지막으로, 행정벌(과태료, 과징금, 영업정지 등)과 형벌 등을 위법행위 수준에 맞도록 보다 합리적으로 조정하고 체계적으로 정비해야 한다. 전상법이 '방문판매 등에 관한 법률'에서 파생되어 법위반 사업자에 대한 처벌수준이 과도하게 높고 형벌부과가 가능한 경우도 있다. 이 때문에 처벌수준을 합리적으로 조정하고 소비자피해가 발생할 경우 이를 조기에 차단할 수 있는 임시중지명령 등과 같은 제도 도입이 필요하다고 본다.

이러한 문제점들을 보완하기 위해 공정위 차원에서 법 개정을 위한 연구용역 작업을 2012년 말 완료했다. 이를 토대로 가급적 조속히 전상법 개정이 추진되기를 바란다. 참고로 전자상거래 유형별로 소비자들의 피해를 최소화하기 위해 도입한 조치들을 이 책의 뒤에 참고자료 6으로 정리해 놓았다.

프랜차이즈
구하기

산이 높으면 골도 깊다

한마디로 문화현상이라고 불러도 좋을 만큼 우리는 지금 프랜차이즈 시대에 살고 있다. 사실 경제의 서비스화(shift to service economy)가 진전될수록 그에 발맞춰 프랜차이즈산업이 발전하는 것은 어느 정도 자연스러운 현상이다. 특히 한국의 경우, 720만 명 정도로 추산되는 베이비부머 세대(1955~1963년생)의 은퇴와 높은 청년실업률로 인해 쉽고 안전한 창업수단으로 프랜차이즈가 큰 주목을 받고 있다. 관련 통계를 보면, 우리나라 프랜차이즈 시장은 2011년 기준 매출액 100조 원, 종사자 120만 명에 육박하는 엄청난 규모로 성장했다. 공정위에 등록된 가맹점 수만 2008년 약 10만 개에서 2011년 17만 개로 불과 3년 만에 70% 성장했다. 우리나라 외식업체의 30%가 프랜차이즈 형태로 운영된다는 통계도 있다. 그만큼 프랜차이즈산업은 이제 우리 경제를 떠받치는 중요한 축으로 성장했다. 현실이 어느 정도인지 커피전문점을 예로 들어 좀 더 구체적으로 알아보자.

커피만큼 현재 전 세계인의 사랑을 받고 있는 기호식품이 있을까 싶다. 관련 기업이 최근에 내놓은 시장분석 보고서에 따르면, 우리나라 사람들이 2011년 한 해 동안 마신 커피의 양만 총 233억 잔에 이른다고 한다. 이는 국민 한 명당 연간 554잔의 커피를 마시는 셈이니 하루 평균 1.5잔을 마시는 것과 같다. 그 결과 연간 한국의 커피시장규모는 3.7조 원으로 추산된다. 2000년 이전만 해도 커피시장의 대부분은 1회용 커피믹스였다. 하시만 스타벅스라는 미국의 커피전문점이 국내시장에 진출한 이후 프랜차이즈 형태의 커피전문점이 시장의 트렌드를 주도하며 막대한 영향력을 행사하고 있다. 그에 따라 커피전문점 매장 수도 가히 폭발적이라고 할 만큼 증가했다. 2006년 1,254개에 불과하던 커피전문점이 2011년에는 그 열 배인 1만 2,381개로 늘어났다. 이들 대부분이 프랜차이즈 형태로 운영된다.

프랜차이즈 업종별 비중 (단위 : 개, 2011년 기준)

구 분	외식업	도·소매업	서비스업	계
가맹본부 수	1,309(64.1%)	281(13.8%)	452(22.1%)	2,042(100%)
가맹점 수	6만 8,068(39.8%)	6만 2,766(36.7%)	4만 92(23.5%)	17만 926(100%)

출처 : 공정위 가맹정보등록시스템

프랜차이즈를 업종별로 나누어 살펴보면, 우리나라는 아직까지 외식업이 차지하는 비중이 매우 높다. 이에 비해 창의적 아이디어 기반의 고부가가치 서비스 업종은 취약한 상황이다. 프랜차이즈 산업이 앞서 발달한 미국에선 외식업은 물론 약국, 교육, 세무컨설팅 같은 지식 또는 혁신형 서비스업까지 프랜차이즈화가 진행되고 있다. 이런 점에서 볼 때 우리나라 역시 앞으로 고부가가치 산업분야에서 프랜차이즈화가 활성화될 것으로 전망된다.

개별기업 차원에서 보면, 프랜차이즈는 선진화되고 투명한 경영기법을 도입함으로써 경쟁력을 높이는 기능을 수행한다. 뿐만 아니라 지역상권에 기반하고 있기 때문에 지역경제 활성화에도 이바지한다. 국가경제적으로 보더라도 프랜차이즈는 전통적으로 경기침체기에 상대적으로 활성화되는 경향이 있다. 이런 점에서 프랜차이즈는 경기안정화에 기여하고, 고용불안정을 흡수하는 범퍼 역할을 하기도 한다. 이 외에도 중소업체들은 프랜차이즈화를 통해 대형제조업체나 유통업체에 대한 교섭력을 강화할 수 있다. 따라서 프랜차이즈는 중소기업 보호에도 상당히 긍정적인 역할을 한다고 볼 수 있다.

이런 차원에서 프랜차이즈산업은 앞으로 지속적으로 확대·발전되어야 한다. 소비자들의 절대적 신뢰 속에서 성장한 글로벌 프랜차이즈의 위력은 우리가 익히 알고 있는 바와 같다. 예를 들면 맥도널드, 던킨 도너츠, 스타벅스 등은 이제 더 이상 브랜드가 아니다. 세계 어디를 가나 찾고 즐길 수 있는 하나의 문화가 됐으며, 소비자들을 이념이나 종교, 피부색에 관계없이 하나로 묶는 구심점 역할을 하고 있다.

우리나라는 제조업분야에서 세계를 선도하는 브랜드를 만든 나라다. 그런 도전정신과 창의력이라면 머지않아 프랜차이즈 분야에서도 한국형 글로벌브랜드가 탄생할 수 있다고 믿는다. 하지만 산이 높으면 골도 깊은 것이 세상의 이치다. 우리나라 프랜차이즈산업은 지난 십여 년간 비약적으로 성장해왔지만, 한국을 넘어 세계시장으로 나아가려면 앞으로 넘어야 할 산이 많다. 아래에서는 우리나라 프랜차이즈 산업의 문제점을 짚어본 후 앞으로 무엇을 어떻게 고쳐나가야 할지 살펴보기로 한다. 이름 하여 '프랜차이즈 구하기'다.

완원으로 가는 길

프랜차이즈는 기본적으로 가맹본부가 브랜드나 경영노하우를 지속적으로 제공하는 대가로 가맹점이 로열티 또는 가맹비를 지급하는 계약 형태다. 이를 좀 더 구체적으로 보면, 가맹본부 입장에서 프랜차이즈는 직영형태와 비교해 판매망 구축에 들어가는 대규모 투자비용을 절감할 수 있을 뿐만 아니라, 투자위험을 가맹점과 공유·분산할 수 있다는 장점이 있다. 매장을 마련하고 판매원을 고용하는 비용을 가맹점이 부담하기 때문이다. 물론 어려움도 있다. 예를 들어 가맹점이 브랜드가치를 떨어뜨리는 '기회주의적 행동'을 하는지 감시해야 하고, 경영환경 변화에 따라 매장이나 상품구성 등을 바꿀 경우 가맹점의 동의를 얻어야 하는 점 등이다.

반면에, 가맹점 입장에서는 일반창업과 달리 가맹본부의 브랜드와 노하우를 이용할 수 있기 때문에 창업이 용이하다는 이점이 있다. 하지만 해당브랜드에만 적합한 간판, 인테리어, 설비 등이 요구되고 가맹점을 그만둘 경우 이런 설비가 더 이상 자산으로써 가치가 없다는 위험이 있다. 또한 거래선 변경이 어렵기 때문에 가맹본부의 불공정행위에 노출될 가능성이 크다는 단점도 있다.

이러한 특성들을 감안할 때 가맹본부와 가맹점은 공생발전을 통해 프랜차이즈의 장점을 극대화해야 하는 불가분의 관계에 있다. 가맹본부의 브랜드가치가 높아야 가맹점의 매출이 늘고, 거꾸로 가맹점의 매출이 늘어야 가맹본부도 로열티수입이 증가할 수 있기 때문이다. 따라서 윈-윈(win-win)하겠다는 자세가 밑바탕에 없다면 프랜차이즈는 언제든지 무너질 수 있는 사상누각(砂上樓閣)과도 같다. 그런 의미에서 본다면, 프랜차이즈는 이 책을 관통하고 있는 핵심적인 가치, 즉 신뢰에 기초한 공존과 공생이

2012년 4월 26일 '대한민국 100대 프랜차이즈 CEO포럼'의 초청강연을 마친 후 기념 촬영.

라는 키워드에 가장 잘 어울리는 대표적 분야라고도 할 수 있다.

그러나 현실은 좀 다르다. 프랜차이즈에도 기회주의적 행동을 통해 상대방에 피해를 주면서 자신만의 이익을 극대화할 여지가 있기 때문이다. 예를 들면, 가맹본부가 가맹금만을 노리고 가맹점을 모집할 경우 가맹점은 정보부족으로 이를 인식하기 어려워 피해를 당하는 사례가 발생할 수 있다. 반대로, 가맹점이 비용절감을 위해 품질이 떨어지는 재료를 쓴다면 가맹점의 수익은 증가할 수 있으나 소비자들의 인식이 나빠져 결과적으로 브랜드가치가 하락할 수 있다. 결국 사인 간의 계약에만 맡겨 놓으면 공정한 거래를 담보하기가 쉽지 않고 건전한 발전에도 한계가 있을 수밖에 없어 정부가 일정 부분 개입해 규제해야 하는 불가피한 측면이 있다. 특히 초기 창업비용이 수억 원에 이르는 현실을 감안할 때 서민생활 보호 차원에서라도 프랜차이즈의 건전한 발전은 매우 중요한 괴제디.

프랜차이즈 거래에서 흔히 나타날 수 있는 문제가 무엇인지 간략히 살펴보자. 첫째, 정보의 비대칭성으로 인해 발생하는 문제다. 즉, 프랜차이즈의 경우 가맹본부는 가맹희망자에 비해 훨씬 많은 정보를 갖고 있다. 따라서 가맹본부에 의한 자칫 사기성 가맹점 모집행위가 발생할 수 있고 허위 또는 과장된 정보를 광고하거나 제공하는 문제를 야기할 수 있다. 바로 이런 이유로 인해, 가맹사업법은 정보공개서의 공정위 사전등록과, 가맹금예치 제도 등을 시행하고 있다. 아울러 허위·과장 광고나 정보제공을 엄격하게 금지하고 있다.

둘째, 가맹점 입장에서 계약해지 시 불이익이 매우 크다는 점이다. 일단 계약을 하면, 브랜드 관련 인테리어 설비 등 관계특유적 투자(relationship specific investment)로 인해 가맹점은 사실상 거래선변경이 불가능하다. 따라서 가맹점은 가맹본부의 불합리한 계약갱신을 거절하거나 가맹본부가 일방적으로 계약을 해지할 경우 막대한 손해를 감수할 수밖에 없다. 그래서 가맹사업법은 계약해지 요건을 엄격히 하고 일정기간 동안 가맹점의 계약갱신 요구권을 보장하는 것이다.

셋째, 가맹본부가 우월적 지위를 이용해 다양한 유형의 불공정 행위를 할 가능성이 있다. 이를 방지하기 위해 가맹사업법은 브랜드 품질유지와 무관한 상품을 구입하도록 강제하거나 계약내용에 위반하여 영업지역을 침해하는 것 등을 금지행위로 규정하고 있다.

그간 프랜차이즈 시장은 사기성 프랜차이즈로 인한 문제가 많이 감소하는 등 업계의 자정노력이 상당한 효과를 거두었다. 하지만 최근의 잇따른 글로벌 경제위기 속에서 명예퇴직이 증가하고 취업난이 가중되면서 생계 차원에서의 가맹점 개설이 크게 증가함에 따라 여러 형태의 피해사례가 빈번해지고 있다. 최근에는 특히 가맹점에 대한 영업지역 침해와 매장 리뉴얼 그리고 확장 강요문제가 크게 부각됐다.

이러한 갈등은 근본적으로 가맹본부와 가맹점의 성과목표가 서로 다르기 때문에 나타나는 현상이다. 다시 말해, 가맹점은 '자신'의 이윤극대화를 원하는 반면 가맹본부는 로열티나 원·부재료 판매수익이 가맹점 전체의 매출과 비례하기 때문에 '가맹점 전체'의 매출극대화를 추구한다. 인근에 가맹점이 추가 출점한 경우 기존가맹점 입장에서는 매출이 감소하고 이윤도 줄어들 수 있다. 그러나 가맹본부 입장에서는 출점에 따른 매장임차료를 신규로 출점한 가맹점이 부담하기 때문에 추가출점이 매출과 이윤증가로 연결된다. 실제로 공정위가 2011년 5월 외식업 분야 650개 가맹점을 대상으로 애로사항을 조사한 결과 영업지역 침해문제(16%)가 특정제품에 대한 구입 강제(30%)에 이어 두 번째로 높게 나타났다.

매장 이전·확장이나 리뉴얼 문제도 마찬가지다. 가맹본부는 리뉴얼 비용을 자신이 부담하지 않기 때문에 가맹점의 매출증가를 위해 매장에 대한 리뉴얼을 요구하는 경우가 많다. 이에 반해, 매장 리뉴얼비용을 부담해야 하는 가맹점들은 리뉴얼비용을 상쇄할 정도의 매출확대가 예상되지 않는다면 당연히 이를 원하지 않는다. 하지만 계약을 유지하기 위해 어쩔 수 없이 가맹본부가 요구하는 대로 정기적으로 매장을 단장해야 하고 그로 인해 막대한 비용을 지출해야 하는 사례가 빈번히 발생한다.

물론, 가맹점주들이 생각하는 프랜차이즈의 장점도 많다. 본사의 지원을 받아 손쉽게 창업할 수 있고 브랜드파워에 기초해 영업을 하기 때문에 별도의 마케팅노력이 필요하지 않다. 하지만 이같은 장점을 무색하게 만들 정도의 어려움이 지속되고 누적된다면 가맹본부를 포함한 프랜차이즈산업 전체에 바람직하지 않은 결과를 가져올 것이다. 사실 가맹점주들의 어려움과 관련해 그동안 언론에서는 지속적인 문제제기와 함께 해결방안을 제시해왔다. 대부분 가맹본부의 도를 넘는 횡포를 고발하고 가맹점주들의 어려운 처지를 대변하면서 프랜차이즈 본사의 과도한 이익챙기기 시정과 가맹점주들과의 상생발전을 촉구했다. 공정거래위원장으로 일할 때 가장 큰 관심을 기울인 부분도 바로 이런 측면이었다.

이 문제의 해결책으로 지금처럼 일방적으로 가맹점들이 비용을 부담하는 방안 대신, 가맹본부가 리뉴얼비용 등을 일부분담하는 방식이 필요하다고 생각했다. 또한 인센티브 구조를 변경하거나 리뉴얼 요구, 중복출점이 빈번한 가맹본부 명단을 공개하는 등 시장평판을 통해 가맹본부의 인식을 바꾸고자 했다. 동시에 중복출점 문제가 심각한 업종은 사회적 합의를 통해 적절한 거리제한 기준을 마련함으로써 중복출점을 자제하도록 유도하고 그 정도가 과도한 분야에 대해서는 현장점검과 함께 시정조치도 병행해 나갔다. 가맹본부는 가맹점의 성장을 기반으로 하는 만큼 이러한 조치들이 가맹본부를 억누르거나 발전을 가로막는 것이 아니라 서로 상생하기 위한 차원의 불가피한 대안으로 보았고, 이를 통해 상호 윈-윈이 가능하다는 기대를 했기 때문이다.

당시 공정위가 마련해 발표한 프랜차이즈 분야의 모범거래기준도 바로 이러한 문제인식에서 출발했다. 이를 위해 관련 업계와 긴밀한 대화를 통해 바람직한 거래기준을 도출하려 했고, 가능하면 이를 자율적 규범형태로 준수하도록 하는 방식으로 접근하고

자 했다. 또한 나 자신이 솔선수범해 프랜차이즈업계와의 접촉면
을 넓혀 나가는 노력을 기울였다. 예를 들면, 2012년 2월 24일 파
리크라상(파리바게뜨), CJ푸드빌(뚜레쥬르), 비알코리아, 롯데리아,
농협목우촌, 제너시스, 교촌에프앤비, 페리카나, 한국피자헛, 미스
터피자, 놀부, 본아이에프 등 총 12개 외식업종 가맹본부 CEO와
간담회를 개최해 가맹분야에서의 자율적인 공정거래 환경조성에
대한 공감대를 넓혔다. 이를 바탕으로 제과·제빵 분야부터 시작
해 하나둘씩 모범거래기준을 마련해 나갔다. 한편, 그 해 4월 26
일에는 대한민국 100대 프랜차이즈 CEO 포럼에 참석해서 공개
특강을 통해 당시 공정위의 입장과 함께 추진 중인 정책들을 설
명하고 프랜차이즈업계의 협조를 당부하기도 했다.

　관심 있는 독자들을 위해 당시 마련한 프랜차이즈 업종별(제
과·제빵, 치킨·피자, 커피전문점, 편의점) 모범거래기준을 이 책 마지
막 부분에 참고자료 7로 첨부한다.

Part 5

시장경제의
토대를 탄탄하게

소비자와 시장경쟁

소비자
스마트가 대세다

소비자주권시대의 소비자들

2010년 9월 미국 애플사의 AS담당 임원이 우리나라 국회 국정감사장에 참석했다. 그는 아이폰의 판매약관을 한국의 소비자분쟁 해결기준에 따라 수정할 수 있느냐는 국회의원들의 질의에 그렇게 할 수 없다고 잘라 말했다. 자사의 AS규정은 전 세계 어디나 공통이어서 절대로 고칠 수 없다는 것이었다.

그로부터 약 1년 후인 2011년 8월 9일 공정거래위원회를 방문한 그는 2시간에 걸친 협의 끝에 아이폰의 판매약관을 한국의 소비자분쟁 해결기준에 따라 수정하겠다고 약속했다. 1년 사이에 애플사의 입장이 180도 바뀐 것이다. 공정위는 그간 아이폰 AS규정을 놓고 애플과 밀고 당기는 씨름을 벌였다. 그러나 애플의 입장을 바꾸게 한 결정적인 주체는 사실 우리나라의 소비자들이었다. 고장난 아이폰을 리퍼폰으로만 교환해주는데 화가난 소비자들이 SNS와 언론, 국회 등을 통해서 끊임없이 문제를 제기했고 결국 애플이 소비자들의 요구를 수용한 것이다.

이 사례는 지금과 같은 소비자주권시대에 소비자의 요구를 외면하는 기업들은 글로벌경쟁에서 살아남기 어렵다는 사실을 상징적으로 보여준다. 특히, 최근에는 트위터와 같은 소셜 네트워크 서비스의 발달로 소비자들이 주어진 상품을 단순히 소비하는 입장에서 벗어나 이제는 상품개발과 유통으로부터 최종 소비과정에 이르기까지 기업 전반에 영향을 미치며 시장의 변화를 주도하고 있는 상황이다.

대한민국은 기본적으로 시장경제 시스템을 채택하고 있다. 이에 대해서는 어떤 경제학자가 집필했느냐와 무관하게 모든 경제학 교과서가 대동소이한 정의를 내리고 있다. 즉, 수요자와 공급자가 시장의 가격신호에 따라 제각기 편익과 이윤을 극대화하기 위해 행동하면 이른바 보이지 않는 손이 작동함으로써 자원이 효율적으로 배분되도록 만드는 제도라는 것이다. 시장경제 시스템은 바로 이런 과정을 거쳐서 끊임없이 혁신을 유발하고 그 결과로서 지속적인 경제성장과 소비자후생의 극대화를 가능하게 한다. 따라서 소비자는 시장경제의 질서를 떠받치고 있는 한 축으로서 중요한 역할을 수행하고 있으며, 소비자의 후생증진은 현대자본주의 시장경제가 지향하고 있는 최우선 가치 중의 하나라고 말할 수 있다.

그런 의미에서 소비자후생의 증가로 이어지지 않는 경제발전은 공허하다. 경제가 어느 정도 규모로 성장할 때까지는 기초산업 육성이 무엇보다도 시급한 과제이기 때문에 소비자문제에 대한 관심은 국가정책에 있어서 우선순위가 뒤로 미루어질 가능성이 크다. 이는 일정부분 불가피한 측면이 있을 수 있다. 그러나 오늘날 세계시장에서 글로벌 경쟁이 심화되면서 소비자선택의 중요성이 그 어느 때보다 높아지고 있으며 소비자들의 권익을 보호하는 것은 기업의 경쟁력 강화를 넘어 국가경쟁력 제고를 견인하는 요소 중 하나로 평가되고 있기까지 하다. 예를 들면, 하버드 경영대학원의 마이클 포터 교수는 "똑똑한 소비자(sophisticated consumer)는 산업화시대의 천연자원이나 값싼 노동력만큼 중요한 자원으로 오늘날 국가경쟁력에 핵심적인 영향을 미친다"고까지 말하고 있다.

근대경제학의 시조라고 인정받고 있는 애덤 스미스(A. Smith)는 그가 쓴 불멸의 고전《국부론》에서 "소비는 모든 생산의 유일한 목표이며 목적이다. 그리고 생산자의 이익은 그것이 소비자의 이익을 촉진하는데 필요한 범위 내에서만 고려되어야 한다"고 언급함으로써 시장경제체제 내에서 소비자후생이 얼마나 중요한 문제인지 설파하고 있다. 여기서 한 걸음 더 나아가 영국의 경제

학자 허트(W.H.Hutt)는 '소비자주권(consumer sovereignty)'[36]
이라는 용어를 사용함으로써 소비자가 상품생산에 있어서도 결
정권을 가져야 한다고까지 주장했다. 소비자가 수동적인 보호대
상이 아니라 스스로의 권익을 자각하고 능동적으로 참여함으로
써 소위 화폐투표(dollar voting)가 이루어지게 되면 기업의 생존
과 경쟁력은 결국 소비자의 선택에 의해 결정될 것이라고 본 것
이다.

그렇지만 오늘날에 와서는 신기술개발에 따른 복잡 다양한 상
품·서비스의 출현, 홍수처럼 넘쳐나는 각종 광고정보, 독과점 기
업의 시장지배 등 일상적인 소비자 위해요인이 증가하면서 이 같
은 소비자 주권이 크게 위협받고 있다. 소비자보호가 더욱 필요한
이유다. 물론 소비자 역시 정당한 대우를 받고 자신의 주권을 행
사하려면 스스로 더 현명하고 깐깐한 소비자가 되어야 한다. 소
비자운동(consumer movement 또는 consumerism)이 처음 태동
했던 미국에서는 일찍이 1900년대 초부터 소비자문제에 대해 관
심을 갖기 시작했다. 초기에는 식품이나 의약품 안전, 반(反)경쟁
행위의 금지 등에 국한되어 있었으나 차츰 광고의 규제, 안전기준
설정 그리고 소비자피해의 보상과 교정 등으로까지 확대되면서
강력한 소비자 행동주의로 발전해 왔다.

애플사 사례에서 보듯이 앞으로 우리나라에서도 소비자의 목소

리와 행동은 더욱 커질 것이라고 확신한다. 그렇다고 해서 이러한 변화가 반드시 기업에 불리한 것만은 아니다. 오히려 기업은 소비자와 대립하는 관계가 아니라 윈-윈하는 관계를 만들 수도 있기 때문이다. 고객과 직접 대면하지 않는 온라인판매 서비스 방식으로 PC업계에 돌풍을 일으켰던 미국의 델 컴퓨터는 2000년대 중반 일본의 한 회의장에서 자사의 노트북이 폭발하면서 소비자 신뢰가 바닥으로 떨어지는 위기를 맞았다. 그러나 델은 이 상황을 소비자와의 소통으로 극복했다. 소비자불만 접수 프로세스를 개선해 원스톱 서비스를 제공하고, 아이디어 스톰(idea storm) 사이트를 열어 고객들의 비판과 아이디어를 신제품에 반영한 것이다.

시장경제의 또 다른 한 축인 정부도 소비자스마트 시대에 발 맞춰 소비자 중심적인 정책패러다임으로 방향을 전환할 필요가 있다. 애플에 스마트폰 시장을 선점당한 삼성이 몇 년도 지나지 않아 애플과 대등하게 경쟁하고 있는 것은 삼성의 기술력이 직접적인 원인이 됐겠지만, 삼성이 그런 힘을 갖게 하는 데는 IT 강국인 우리나라 소비자들이 있었기 때문이라고 생각한다. 자신들의 의사를 자유롭고 효과적으로 펼칠 수 있는 똑똑한 소비자, 고객의 목소리에 귀 기울이고 이를 자신의 경쟁력을 강화하는 데 이용하는 현명한 기업, 그리고 스마트한 소비자들이 합리적인 선택을 할 수 있도록 하는 정부, 이들이 이렇게 공생하는 것이 21세기 소비자주권의 시대를 이끌어가는 지혜가 아닐까 생각한다.

물가에 대한 단상(斷想)

언론을 포함해서 많은 사람들이 나를 '물가 전문가'라고 부른다. 솔직히 말하자면 나는 이 말의 정확한 의미를 잘 모르겠다. 아마도 인플레이션 문제를 잘 다룰 수 있는 정책전문가라는 의미가 아닐까 싶다. 잘 알다시피 인플레이션은 거시경제정책 차원에서 다른 여러 정책목표와 함께 종합적으로 접근되어야 한다는 점에서 막연히 물가전문가라고 말하기보다는 '물가를 포함한 거시경제정책 전문가'라고 부르는 편이 더 정확하다고 생각한다. 그럼에도 불구하고 사람들은 여전히 나를 물가전문가라고 부르는데 주저함이 없는데, 이는 내가 재정경제부에서 생활물가과장과 물가정책과장을 역임하면서 물가문제에 대한 미시적(생활물가)이고도 거시적(물가정책)인 접근을 모두 경험해 보았기 때문에 그러는 것이 아닌가 미루어 짐작할 뿐이다. 사실 지난 34년 동안의 공직생활을 돌아보았을 때 물가와 관련된 업무를 수행한 것은 앞서 언급한 두 과의 과장 등을 포함해 4년여의 기간이 전부다. 그 외에는 예산과 규제개혁, 재정, 소비자 보호, 통상, 개발협력, 거시경제정책 입안 및 조정 등의 분야에서 수십 년 넘게 일해 왔다. 그리고 기획재정부 1차관으로, 수출입은행의 행장으로, 공정거래위원장으로 5년 가까운 시간을 봉직했다. 사정이 이러한데도 전체 공직생활의 10분의 1 남짓 되는 기간 동안 담당했던 업무가 내 공직생

 갈림길에 선 한국경제, 현재에 묻고 미래에 답하다

활을 대표하는 트레이드마크가 되어버린 셈이니 이쯤 되면 이를 담담하게 운명이라고 받아들여야 할 것 같다.

그런데 곰곰이 생각해 보면, 물가업무를 담당했을 때만큼 소중한 정책적 경험을 쌓고 보람을 느낀 시간도 없었으니 지금은 '물가 전문가'라는 타이틀을 감사한 마음으로 받아들이고 싶다. 경제성장, 완전고용, 대외균형 모두 다 중요한 거시경제정책 목표들이지만 물가가 불안하면 이 모든 정책목표들의 의미가 반감된다는 점에서, 그리고 현재와 같은 저성장 국면에서 물가마저 불안하면 국민들이 체감하는 경제사정이 더 어려워진다는 점에서 물가 또는 인플레이션 문제는 우리 국민들에게는 진짜로 피부에 와닿는 경제현상이라고 생각한다.

이와 관련해서 생활물가과장 시절 겪었던 에피소드 하나를 소개하고자 한다. 생활물가과는 말 그대로 국민들의 일반생활과 밀접한 관계를 가지고 있는 생활물가를 구성하는 품목들, 예를 들면 농축수산물과 교통·통신요금을 포함한 각종 공공요금, 전월세 등의 가격동향이나 수급동향을 상시적으로 점검하여 불안요인이 있을 경우 담당부처와 긴밀히 공조함으로써 장단기 안정대책을 만들어 내는 업무를 담당하는 부서였다. 맡고 있는 품목만해도 100여 가지에 이르렀는데 주요 품목별로 담당사무관이 다 따로 있었다.

어느 날 농축수산물을 담당하고 있는 한 사무관이 내게 말을 건 넸다. 상당히 우울한 표정이었다. 이유인즉, 며칠 전 아내와 이야기를 나누는 도중에 농산물들 가운데 이런 품목들의 가격은 어떻고 또 저런 품목들의 가격은 어떻고 하면서 최근의 가격동향들을 알려주었더니 이를 가만히 듣고 있던 아내가 대뜸 남자가 돼가지고 이러쿵저러쿵 농산물가격 이야기만 한다고 핀잔을 주더란다. 그러면서 진짜로 재정경제부에서 일하고 있는 것이 맞느냐고 물어 보았단다. 그 사무관은 아내에게 이런 말이나 듣자고 재정경제부를 지원한 것은 아닌데라면서 우울한 표정을 짓고 있었다. 그리고는 심각하게 다른 국으로 자리를 옮기거나 그게 어렵다면 아예 부처를 옮겼으면 좋겠다는 뜻을 피력했다.

한편으로는 그 사무관의 심정이 이해가 가면서도 또 한편으로는 마음이 착잡했다. 자신이 하고 있는 일의 중요성이나 보람을 제대로 인식하지 못하고 있다는 생각 때문이었다. 그 사무관의 시각과 생각을 바로잡아 줘야겠다고 마음먹었다. 그리고 그 사무관에게 이런 질문을 던졌다.

"경제부총리가 지금 당장 시중에 나가서 국민들을 만나면 어떤 질문을 받을 것 같은가?" 아무런 대답이 없기에 다음 질문을 던졌다. "국민들이 부총리에게 고용이나 환율이 어떻고 또는 금리나 국제금융시장 동향이 어떻고 하면서 하소연을 할 것 같은가, 아니면 요새 배추나 고등어가격이 많이 올라서 장보기가 겁나요

라거나 소득은 그대로인데 교통비나 통신비가 너무 올라서 살림 살이가 팍팍해요라고 할 것 같은가?" 한참 동안 골똘히 생각하더니 그 사무관은 아무래도 후자일 것 같다고 답했다. 나는 무릎을 치면서 "자네가 지금 하고 있는 일은 국민들이 보기에 다른 그 어떤 업무보다도 소중하고 절박한 문제이니 긍지와 보람을 느끼며 일하라"고 격려했다. 그리고 비록 한 페이지에 불과한 배추 가격·수급동향 보고서라고 하더라도 부총리의 입장에서는 다른 어떤 보고서만큼이나 귀한 정보를 담고 있으니, 배추를 심고 수확하는 농부와 이를 유통하는 중개인, 그리고 최종적으로는 이를 사서 먹는 소비자의 입장을 모두 다 감안하여 정성을 다해서 작성하도록 당부했다.

담당 사무관은 잘 알겠다는 답변과 함께 이후부터는 묵묵히 자신의 역할을 다했다. 그로부터 몇 년의 시간이 흐른 후 그 사무관을 다시 만나게 됐는데 그는 당시의 상황을 회상하면서 감사하다는 인사를 하는 것이었다. 나의 말을 듣고 자신이 하고 있는 업무에 대한 태도가 바뀌게 됐다는 것이다. 맡고 있던 품목들 하나하나에서 생산자의 소중한 땀방울과 함께 수확이나 가격에 대한 근심을 보게 됐고 중간 유통단계에서의 불합리나 문제점을 이해하게 됐으며 주부와 소비자들의 마음을 느끼게 됐다는 것이다. 단순히 지금의 가격동향이 어떻다는 것을 뛰어 넘어 그 안에 내재되어 있는 모든 이해관계인들의 입장과 마음을 보고 읽을 수 있게 됐으니 그는 이제 진실로 국민을 위한 경제정책이란 무엇인지 알게 됐고 진정한 정책결정자로서의 자질과 안목을 갖추게 된 셈이었다.

내가 이해하고 있는 물가업무란 바로 이와 같은 것이었다. 가격이란 시장 내에서 수요와 공급이 만나 균형을 이뤘을 때 만들어진 결과이니 물가를 제대로 이해하려면 소비와 생산 측면 모두를 다 이해해야만 가능한 일이었다. 더군다나 경제가 교과서에서 배운 이론대로만 움직이지 않는 것이 일반적인데, 그 이유는 바로 여러 경제주체들의 마음이 복잡하게 얽히고설키는 지난한 과정을 거쳐 경제현상이 이루어지기 때문이다. 이러한 시장의 힘과 원리를 알고 있기에 경제현상에 대해 늘 균형 잡힌 시각과 접근을 강조해왔고 그래서 시장이 경쟁의 원리에 따라 제대로 작동할 수 있도록 해주는 일이야말로 바로 물가를 안정시키는 정책적 노력의 처음이자 끝이라고 믿었던 것이다.

2011년 1월 13일, 대통령주재로 물가안정을 위한 국민경제대책회의가 열렸다. 2010년 10월 이후 소비자물가가 4%대 이상으로 높은 수준을 보임에 따라 정부 차원에서 물가안정에 대한 강력한 의지를 보여주고 그 대책을 논의하기 위한 회의였다. 나는 공정위 차원에서도 서민생필품을 중심으로 담합 등 불공정행위에 대한 예방노력을 강화하겠으며 물가안정을 위해 할 수 있는 역할을 다 하겠다고 보고했다. 이후 공정위는 서민생필품을 중심으로 실제 담합행위들을 적발했고, 일부 독과점업체들의 불공정행위에 대해서는 적극적으로 제재하는 등 시장질서를 교란하는 행위들에 대한 치유 및 예방활동을 통해 물가불안심리가 경제 전반에 확산되지 못하도록 노력했다.

이러한 공정위의 물가안정을 위한 노력에 대해 당시 일부언론에서는 공정거래위원회가 '물가안정위원회'로 변신을 했다느니, 경쟁촉진이라는 본래의 임무를 포기했다느니, 대통령의 재채기에 장관이 독감이 걸렸다느니, 공정위가 '외도'를 하고 있다느니, 기업을 때려잡는 식으로 물가를 누르고 있다느니 하는 등의 표현으로 폄훼했다. 그렇지만 나는 국민들의 입장에 서서 법이 보장하고 시장이 수긍할 수 있는 방법들을 통해 물가불안심리를 다잡고 서민생활의 어려움을 해소하고자 묵묵히 최선을 다하는 것으로 입장을 대신했다. 지금도 나는 당시 공정위의 물가안정을 위한 적극적인 역할에 대해 국민들이 제대로 평가해 주었다고 믿는다. 그렇게 함으로써 서민들의 살림살이가 조금이나마 펴질 수 있었다면 숱한 오해와 비난에도 불구하고 그것으로 큰 보람이 있었다고 생각한다.

기왕 물가이야기가 나온 김에 한 가지 에피소드를 더 소개하고자 한다. 대통령 주재로 앞서 언급한 대책회의가 열리던 2011년 1월 13일 당일 오전 9시경에 공정위소속 조사요원들이 원적관리에 대한 담합 혐의, 즉 정유사들이 서로 짜고 전국의 주유소 확보 경쟁을 제한하기로 담합한 혐의를 조사하기 위해 4대 정유사 본사에 도착했다. 마침 회의에서 대통령은 주요 생필품의 가격동향에 대한 관계부처들의 각별한 모니터링을 당부하면서, "국제 원유가격이나 휘발유가격 움직임에 비해서 국내 휘발유가격이 너무 오르고 있어서 걱정"이라는 취지의 언급을 했다. 회의가 있던 날로부터 시작해 이후 며칠 동안 많은 언론이 '대통령 한마디에 행동에 옮긴 공정위', '물가관리부처로 자처' 등의 비판적인 기사나 사설들을 실었다.

그렇지만 이는 공정위 조사활동과 관련한 내부절차를 잘 모르는 데서 나오는 비판이었다. 우선 공정위의 현장조사가 있으려면 최소한 조사 며칠 전까지는 무엇을 어떻게 점검할지에 대한 치밀한 계획을 준비하고 확정해야만 한다. 더군다나 대통령이 주재했던 1월 13일 회의는 오전 10시가 넘어서야 끝났고 우리 직원들이 현장조사를 시작한 시점은 대통령의 언급이 있었던 시간보다도 빠른 오전 9시였다. 좀 더 부연 설명을 하자면, 그해 1월 3일 공정거래위원장으로 부임한 직후부터 공정위는 서민생활과 밀접한 관련이 있는 주요생필품들에 대한 현장점검 계획을 세웠다. 그렇지만 조사인력의 한계를 감안하여 점검할 품목군을 크게 A군과 B군, 두개의 그룹으로 나누고 A군에 속한 품목의 업체들은 10~12일 사이에 그리고 B군 품목의 업체들은 13~14일 및 17일에 각각

점검키로 했다. 그런데 휘발유는 공교롭게도 B군 품목으로 분류되어 있다 보니 1월 13일에 현장점검을 나가게 된 것이었다. 그야말로 까마귀 날자 배 떨어지는 격(烏飛梨落)이었다. 이처럼 시간상 알리바이가 분명했음에도 불구하고 일부언론은 막무가내식의 보도와 사설을 쏟아내며 비판했다. 명백히 사실(팩트)에 기반하지 않은 보도여서 마음이 씁쓸했다.

나는 당시 기회가 될 때마다 언론인터뷰나 간담회 등을 자청해 한 가지 사실을 강조했는데 다시 한 번 분명히 짚고 넘어가고자 한다. 공정위가 물가문제를 직접적으로 다루는 기관이 아니라는 점은 분명하지만, 본연의 업무인 경쟁촉진을 통해 가격하락을 유도하고 결과적으로는 일정부분 물가안정에 기여하는 역할을 수행하고 있다. 경쟁당국의 일차적 목표는 경쟁촉진에 있지만 '경쟁' 그 자체가 최종적인 목적은 아니며, 경쟁의 결과로 경영혁신이 이루어지게 되면 품질향상, 서비스개선, 가격안정이 실현되어 기업이 발전하고 소비자후생이 증대되는 것이 최종 목적이라고 할 수 있다.

이 때문에 일부의 지적과 같이 공정위가 본연의 업무에서 벗어나 가격을 단속하자는 것이 아니라, 본연의 업무를 하되 서민생활과 직결되는 생필품에 대해서는 더욱 더 중점적으로 짚어보자는 것이었다. 더군다나 2011년을 앞두고 이루어졌던 다수의 여론조사 결과, 국민의 과반 이상이 물가불안문제를 정부가 해결해야 할 가장 중요한 경제현안으로 꼽고 있었다는 점을 감안한다면 물가안정을 위한 공정위의 역할은 국민들로부터도 지지를 받았다고 믿는다. 아래에 이런 취지의 내용이 잘 담겨 있는 언론인터뷰 기사를 일부 옮겨 놓는다.

김동수 공정위원장에게 듣는다

"과거처럼 가격이 통제되거나 관리될 때나 풍선효과가 나타나는 것입니다. 지금은 그런 시장도 아니고, 과거처럼 풍선효과로 인해 나중에 가격이 급등하는 일은 없을 겁니다."

지난 27일 공정거래위원장 집무실에서 취임 후 첫 단독 인터뷰를 하면서 김동수 위원장은 정부의 물가 잡기로 인한 시장의 부작용을 묻는 질문에 이같이 답했다. 불합리한 가격인상 행위 단속은 동조 내지 편승 인상을 막아 시장에 긍정적인 효과를 가져 온다는 것이다.

김 위원장은 취임하자마자 물가안정과 대·중소기업 동반 성장이라는 두 마리 토끼를 머릿속에 넣었다. 원칙으로 '따뜻한 균형추'를 제시했다. 문제가 생긴 후 제재하는 '차가운 시장 파수꾼'이 아니라 선제적 대응으로 사전에 문제를 방지하겠다는 것이다.

물가안정 조치에 비판이 많다. 오해가 있다. 공정거래법에 규정돼 있는 공정위 기능은 소비자 보호와 국민경제 균형발전이다. 이 두 가지와 물가안정은 뗄 수 없다. 시대마다 강조점을 두는 정책이 조금씩 다를 수 있다. 지금은 물가안정 쪽이 중요하다. 그런 목적에서 공정위가 할 수 있는 범위 안에서 불공정 행위를 보겠다는 것이지 그 이상이 아니다.

그래도 공정위가 '물가위원회'라고 불려서야 되겠는가? 지난해 말 국민의식 조사에서 물가안정에 대한 요구는 43%나 됐다. 관여할 일이 아니라면 모르겠지만 공정위도 물가안정에 관여하는 기관이다. 공정위가 이 문제에 우선순위를 두고 업무 추진을 하는 것은 당연하다. 그렇지 않았다면 공정위는 다른 쪽을 봤을 것이다. 과거에도 공정위는 시대적 상황에 따라 조금씩 강조점이 달랐다. 1980년대 초에는 불공정거래행위를, 1990년대에는 대기업 문제에 대한 개선을 국민이 요구했다. 2000년대 이후에는 카르텔과 시장 지배적 지위 남용이 문제가 됐다.

물가를 지금 누르면 나중에 오르는 것(풍선효과) 아닌가? 1970~1980년대에는 독과점업체가 가격을 결정할 때 주무부처 장관에게 사전 신고를 하고 기관에서 조정할 수도 있었다. 그럴 때에는 가격이 통제되거나 규제돼 그 다음에 풍선효과가 나타난다. 하지만 지금은 그런 시장도 아니고, 공정위도 그럴 생각도 없다. 인상 요인이 있으면 당연히 오르는 것이지만 그게 동조 내지 편승 인상 등 전반적 물가 오름세로 이어지면 곤란하다. 공정위는 이런 불합리한 요인을 보는 것이다.

현장 조사 후 효과가 좀 있었나? 최근 가격이 인상됐거나 인상 가능성이 있는 품목 중심으로 현장조사를 나가 상당수 가격담합 혐의를 포착했고, 일부는 가격 인하도 있었다. 동조 인상, 편승 인상 분위기는 차단했다고 생각한다.

최근 기름값이 묘하다는데, 그 대책들이 더 묘한 것 아닌가? 기름은 이제 모든 국민에게 필수품이다. 인상에 대해 걱정을 해야 한다. 그런 면에서 기름값 흐름과 내용을 관심 있게 보고 있다. 가격구조나 인상 원인이나 앞으로 방향 등을 좀 더 봐야 될 것 같다. 담합 가능성은 현재 상태로서는 얘기할 수 없다.

담합이 아니면 문제가 없는 것 아닌가. 그런데도 장부를 다 가져다 보나? 가격 결정이 담합도 아니고 지위 남용 행위로 인한 것도 아니라면, 또 국제 유가와 환율로 볼 때 정상적이라고 판단되면 공정위로서는 더 이상 관여할 게 없다. 이를 확인하는 방법은 여러 가지가 있을 수 있다. (원가)장부를 들여다보는 것도 한 요소로써 봐야 한다. 사실 정유사 조사에는 오해가 있다. 지난 10일부터 17일간 주요 생필품 조사에 정유가 포함돼 있었다. 정유사 조사를 시작한 날 이명박 대통령의 기름값 발언이 겹쳤을 뿐이다. 현장조사를 갑자기 나갈 수 있겠느냐.

시장 감시자와 시장 균형자가 근본적으로 어떻게 다른가? 공정위 하면 조사하고 파헤치고 뭔가 차가운 파수꾼 이미지로 생각한다. 칼은 칼집에 있을 때 보기 좋다. 선제적으로 국민이 원하는 것이 무엇인

 갈림길에 선 한국경제, 현재에 묻고 미래에 답하다

내가 공정거래위원장을 맡을 당시에는 이미 원자재가격 상승 등으로 물가가 불안한 움직임을 보였다. 이런 상황에서 가격인상 심리가 경제 전반으로 확산됐고 이로 인해 과다 동조인상이나 편승인상 그리고 담합 등 불공정행위 발생가능성이 높았다. 예를 들면 밀가루가격이 올라서 칼국수가격이 오르는 것은 이해가 되지만 그것과 아무 관련이 없는 곰탕가격이 같이 따라 오른다거나, 우유가격이 오르는데 커피값까지 덩달아 뛰는 것은 전형적인 편승인상이다. 실제로 공정위의 조사결과 이와 같은 사례가 수차례 확인되기도 했다. 공정위의 감시강화와 신속한 조치 덕분에 이러한 부당한 가격인상을 억제하고 쏠림현상이 확산되는 분위기를 어느 정도 선제적으로 차단하는 효과를 거둘 수 있었다. 이 책을 집필하고 있는 2013년 1분기의 소비자물가상승률은 1%대 중반이다. 2011년과 2012년에 4% 내외 수준을 넘나들던 물가가 상당히 안정됐다. 공정위의 노력도 어느 정도 기여한 것이 아닌가 자평해 보고 싶다.

그렇지만 다시 한 번 강조하거니와 내가 공정위의 수장으로 있는 동안 분명하게 지킨 원칙이 한 가지 있다. 바로 정부가 개별제품이나 서비스 가격 결정 그리고 변경에 직접 개입해서는 안 된다는 것이다. 다만, 가격을 인상해야 할 요인이 발생해서 관련 업체들이 가격을 올려야 하는 경우에도 경쟁의 원리를 무시하고 다른 사업자들과 짜고 올린다거나(담합행위), 무리하게 올림으로써(불공정행위) 소비자들에게 피해를 줘서는 안 된다는 것이다. 지금까지도 이러한 원칙에 따라 공정거래위원장으로서 업무를 수행했다는 점을 분명히 밝혀두고자 한다. 공정위가 정부의 한 부처로서 기능하는 한, 물가문제가 국가적인 걱정거리로 대두되고 있다면 마땅히 그 업무범위 내에서 물가안정에 기여할 수 있는 방안을 함께 고민해야 한다. 이는 정부기관으로서 당연히 해야 할 기본적인 책무라고 믿고 있다.

사실 거시경제 차원에서 놓고 본다면, 물가 문제에 대한 일차적인 책임은 통화당국인 한국은행의 몫이라고 생각한다. 그렇기 때문에 금리를 통한 통화정책 결정과정에 대해 법에 의해 그 독립성을 부여받고 있는 것 아니겠는가? 그렇지만 중앙은행만을 믿고 정부가 물가 문제에 대해 나몰라라 한다는 것은 있을 수 없는 일이다. 시장에서는 미시적인 차원에서 품목별 교란요인이 빈번하게 일어나고 있기 때문이다. 또한 유통 측면에서의 불합리한 요인에 의해 시장가격이 왜곡되는 현상도 적지 않다. 이처럼 통화정책만으로는 해결할 수 없는 물가의 사각지대가 있기 때문에 이를 해소함으로써 물가를 안정시키기 위한 정부 차원의 노력은 앞으로도 계속되어야 할 것이다.

소비자는 따뜻한 균형추의 한 축이다

2011년 1월 3일 공정거래위원장으로 부임하던 날, 나는 취임사를 통해 '소비자와 생산자 간의 따뜻한 균형추' 역할을 강조했다. 이는 오늘날 시장경제체제에서 소비자가 차지하고 있는 위상과 중요성을 감안해 앞으로 공정위가 나가야 할 기본적인 정책방향을 제시하기 위함이었다.

세계 많은 나라들이 3월 15일을 '소비자권리의 날'로 기념한다. 1962년 이날 존 F. 케네디 전 미국대통령이 소비자의 4대 권리[37]를 선언한 것이 계기가 됐다. 우리나라는 12월 3일을 '소비자의 날'로 삼고 있다. 1979년 이날 '소비자보호법(현재의 소비자기본법)' 제정안이 국회를 통과한 것을 기념하고자 한 것이다. 사실상 이때부터 우리나라에도 소비자보호정책이 본격적으로 도입되기 시작했다. 종래의 성장위주 그리고 생산자중심의 경제정책 기조에서 벗어나 1980년대부터는 소비자보호 시책에 대한 관심이 높아지게 됐다. 우리나라 소비자기본법은 소비자의 8대 권리를 규

2012년 3월 15일 '세계소비자의 날' 행사 참석.

정하고 있는데 여기에는 안전할 권리, 알 권리, 선택할 권리, 의견
을 반영할 권리 등 소위 '소비자의 4대 권리'에 더하여 피해를 보
상받을 권리, 교육을 받을 권리, 단체를 조직하고 활동할 권리, 안
전하고 쾌적한 소비생활환경 속에서 소비할 권리 등을 포함한다.

2000년대 이후 우리 사회는 국제화, 개방화, 정보화 등 여러 측
면에서 급격히 변화하고 있다. 특히 경제구조가 기업중심에서 소
비자중심으로 변화하면서 소비자가 시장에 미치는 영향도 과거
에 비해 더욱 커졌다. 소비생활 역시 디지털화되고 글로벌한 환경
으로 빠르게 변화하고 있다. 이러한 사회환경 변화에 따라 소비자
의 개념도 과거 '보호대상으로서의 소비자'로부터 벗어나 환경,

   갈림길에 선 한국경제, 현재에 묻고 미래에 답하다

에너지 등 사회 전체의 이익까지 고려하는 '책임 있는 소비자'로 바뀌어 가고 있는 추세다.

소비자정책 역시 과거에는 사업자에 비해 다분히 열등한 지위에 있는 소비자를 정부가 후견인의 입장에서 보호해 주는 것을 정책의 주된 내용으로 이해했다. 그 결과 소비자보호를 명목으로 사업자에 대해 과도한 규제를 하게 되고 그로 인해 폐해가 발생하기도 했다. 따라서 국민경제의 건전한 발전과 성숙한 시장경제를 꽃 피우기 위해서 소비자의 후생 증가와 이로 인한 기업의 비용증가 사이에 조화로운 균형을 도모해야 한다. 소비자후생을 지나치게 강조하다 보면 기업활동이 위축될 수 있고 반면 기업의 비용 측면을 지나치게 강조하다 보면 소비자권리가 약화될 수 있기 때문이다.

그렇기 때문에 앞으로 소비자를 보호하는 방법은 과거와 같은 법적인 강제나 정책적 지원보다는 경쟁 친화적인 방식으로 바뀔 필요가 있다. 즉, 경쟁정책을 통해 소비자의 요구에 부응하는 상품을 시장에 공급하도록 하고 소비자정책을 통해 상품에 대한 정보를 소비자에게 제공함으로써 양질의 상품을 소비자가 취사선택하게 하는 것과 같이 기업 간 경쟁을 통해 소비자후생이 증대되도록 해야 한다.

이러한 점을 감안하여 2008년 2월 이명박정부가 출범하면서 소비자정책 추진체계가 공정거래위원회로 일원화되었다. 종전에는 소비자 관련 법령의 제·개정, 소비자정책위원회의 운영, 장단기 계획수립 및 평가 등 거시적이고 종합적인 기능은 재정경제부가 수행하고, 소비자교육과 정보제공 등 소비자정책의 주요 집행기능과 한국소비자원에 관한 관할권은 공정거래위원회가 담당하는 등 이원적 추진체계를 가지고 있었다. 소비자정책 추진체계가 공정위로 일원화됨으로써 보다 효과적인 소비자정책 추진이 가능하게 되고, 경쟁정책과의 연계성도 제고할 수 있게 됐다. 이러한 경쟁정책과 소비자정책의 상호 보완적 추진은 우리의 시장경쟁질서를 선진화하는 중요한 원동력으로 작용해 궁극적으로 기업과 소비자 모두에게 이익을 가져다 줄 것이다.

공정거래위원장으로 취임하면서 '소비자와 생산자 간의 따뜻한 균형추' 역할을 강조한 연유도 바로 이 때문이었다. 특히 2012년 한 해는 스스로를 '미스터 컨슈머(Mr. Consumer)'로 자임하면서 소비자들의 역량을 강화하기 위한 다양한 정책개발에 심혈을 기울였다.

소비자가 똑똑해지도록 무장시켜라

데이브 캐롤(Dave Carrol)이라는 캐나다 가수가 있다. 그는 2008년 유나이티드항공을 이용해 여행을 했다. 이때 짐꾼들이 그의 수화물을 함부로 옮기는 바람에 3,500달러짜리 기타가 부서졌다. 그는 이에 대해 항공사에 강하게 항의했으나 항공사는 이를 무시했다. 항공사의 무책임한 태도에 분노를 느낀 그는 이와 관련된 뮤직비디오 동영상을 제작해 유튜브에 올렸다. 이 영상은 SNS를 통해 급속히 전파되면서 업로드 10일만에 300만 명이 넘게 조회했다. 그 결과 유나이티드 항공사의 주가는 10%나 급락했고, 주주들에게 1억 8,000만 달러라는 엄청난 손해를 입혔다. 다급해진 회사는 그에게 부서진 기타를 전액 보상해주었다. 뿐만 아니라 항공사는 음악학교에 기부금을 내는 등 자사 이미지 제고를 위해 노력해야 했다. 반면 데이브는 이 사건을 통해 유명가수로 성공했다.

이와 유사한 사례는 한국에도 있었다. 한복디자이너 이혜순 씨의 신라호텔 한복사건이 바로 그것이다. 2011년 4월 한복디자이너였던 이혜순 씨는 한복을 입었다는 이유로 신라호텔 레스토랑에 입장을 거부당했다. 그녀는 이를 자신의 트위터에 올렸고, 이는 SNS를 타고 순식간에 전파되면서 호텔에 대한 부정적인 여론이 확산됐다. 그러자 호텔 측은 공식 사과문을 발표했고, 최고경영자가 당사자를 직접 만나 사과까지 해야 했다.

위 사례가 보여주는 것처럼, 지금의 소비자들은 인터넷과 스마트폰 그리고 SNS와 같은 첨단 디지털기기들로 무장하고 있어 그

영향력이 갈수록 커지고 있다. 특히 소셜미디어의 확산이 소비자들의 집단적인 힘을 더욱 강하게 해주고 있다. 가령 오늘날의 소비자들은 점심 먹을 장소도 트위터에 문의하고, TV를 보는 시간보다 인터넷에 접속해 있는 시간이 많으며, 실제 친구들보다 페이스북 친구가 더 많은 것이 현실이다. 어디 이뿐인가? 소비하고자 하는 물품의 상당부분을 온라인에서 구매하고, 좋아하는 기업과의 소통이나 기업에 대한 불만접수 역시 온라인을 통해서만 커뮤니케이션하고 있다. 무엇보다도 SNS와 같은 소셜 미디어의 광범위하고도 빠른 정보 전파력은 앞서 본 소비자들의 경향과 맞물려 시장에서 거대기업에 대항할 수 있는 강력한 무기가 되고 있다. SNS를 통해 소비자 영향력이 강화되고 있음을 보여주는 사례는 위에 언급한 것 외에도 국내외적으로 많이 존재한다.

오늘날의 소비자주권시대에 소비자는 언제 어디서나 올바른 정보를 제공받을 권리가 있다. 소비자가 그 권리를 올바로 행사하기 위해서는 소비자의 구매선택에 필요한 유용하고 믿을 수 있는 정보의 제공이 무엇보다 중요하기 때문이다.

그러나 현실을 보면 기업과 소비자 사이에 놓여 있는 정보의 비대칭성으로 인해 개별소비자들은 자신들의 의사결정에 필요한 정보를 충분히 제공받지 못하고 있다. 사실상 상품정보를 독점하고 있는 기업들은 자기에게 유리한 정보만 공개하고 상품결함 등 불리한 정보는 숨기거나 축소하는 방법으로 왜곡된 정보를 소비자에게 제공하려는 유인을 가지고 있다. 하지만 이러한 왜곡된 정보는 소비자의 구매결정에 영향을 미치면서 소비자피해를 유발할 뿐만 아니라, 기업들 사이의 공정한 경쟁도 저해시켜 시장메커니즘의 정상적인 작동마저 어렵게 한다.

따라서 정부는 사업자의 부당한 표시·광고 행위를 규제함으로써 소비자에게 왜곡된 정보가 제공되지 않도록 해야 하고 중요 정보 고시제도를 통해 사업자가 표시·광고를 하는 경우에도 소비자 선택에 필요한 핵심적인 정보들은 반드시 이에 포함하도록 의무화하는 등 적극적인 소비자정보제공 시책을 추진할 필요가 있다.

물론 그동안 공정위를 포함해 여러 정부기관과 공공단체들은 다양한 채널을 통해 소비자에게 필요한 정보를 제공하려고 노력해 왔다. 그렇지만 각 기관별로 정보가 산재되어 있고 기관들 간의 연계체계도 미흡하여 정보공유가 잘 이루어지지 못하고 있었던 것이 사실이다. 이 때문에 소비자는 원하는 정보를 제공하는 기관 자체의 파악도 곤란할 뿐만 아니라, 여러 정보들이 혼합 제공되어 필요한 정보를 손쉽게 선별해 내기가 쉽지 않았다. 아울러 여러 기관의 홈페이지에 일일이 접속해 확인해야 하기 때문에 필요한 정보를 탐색하는데 많은 시간과 노력, 비용이 소요됐다.

그래서 나는 오래 전부터 소비자정보를 제공하는 시스템의 기본틀을 근본적으로 개선함으로써 소비자의 불편과 사회적인 비용을 줄일 필요가 있다고 믿고 있었다. 재정경제부에서 소비자정책과장으로 일하던 시절부터, 여러 기관에 분산되어 있는 각종 소비자정보를 체계적으로 수집·가공한 후 이를 소비사에게 원스톱으로 제공할 수 있는 통합 정보제공시스템을 구축하는 것이 좋겠다는 생각을 갖고 있었다.

다행히도 공정거래위원장으로 부임하게 되면서, 오래 전부터 품어온 이 같은 구상을 현실화시킬 수 있는 기회를 가지게 됐다. 우선 각 기관별로 분산·제공하는 각종 소비자정보를 원스톱으로 한 번에 검색·이용할 수 있는 '소비자종합정보망'을 2011년부터 2012년까지 2년간에 걸쳐 구축하기로 방침을 세웠다. 이렇게 함으로써 가격과 품질비교, 리콜, 피해구제 상담 등 소비활동과 관련된 일련의 정보를 한 곳에서 제공할 수 있도록 계획했다. 이를 위해 기존에 있던 '소비자 홈페이지'는 종합정보망에 통합하여 운영하도록 했고, 효율적인 정보 연계 구축을 위해 소비자기본법을 개정하여 종합정보망 운영의 근거와 관계기관들의 정보제공 협력의무를 명시하기로 했다. 또한 종합정보망의 시스템 운영을 한국소비자원에 위탁해 운영하는 방안도 함께 추진했다.

2011년 1차 구축사업을 통해 우선 국토교통부, 식약처 등 22개 기관의 40개 사이트와 연계하여 자동차, 식·의약품, 공산품 등 분

 갈림길에 선 한국경제, 현재에 묻고 미래에 답하다

야별 안전·리콜정보, 소비자들의 주의를 요하는 제품·서비스 등의 각종 위해정보, 소비자피해가 우려되는 분야의 피해주의보 등 소비자피해 예방을 위한 정보, 기타 상담 및 피해구제 정보, 유가와 아파트 실거래가 등 각종 가격정보 등이 제공될 수 있도록 했다. 여러 공공기관의 사이트를 단순히 나열하는 식으로 종합해 놓은 것이 아니라, 소비자들에게 실질적으로 도움이 될 수 있는 정보들만 선별해 하나의 사이트에서 제공하는 것은 물론, 관련 정보들을 업종별·품목별로 분류하고 검색기능도 활성화함으로써 누구든지 원하는 정보를 쉽게 이용할 수 있도록 했다. 이렇게 구축된 소비자 종합정보망은 2011년 12월 대국민 공모를 통해 '스마트컨슈머'라는 이름으로 브랜드 네이밍을 하고 2012년 1월 11일부터 본격적으로 대국민 서비스를 개시했다.

더 나아가 2012년도에는 2차 구축사업을 진행하여 한국판 컨슈머리포트라고 할 수 있는 '비교공감'의 데이터베이스화 작업을 진행했다. 미국의 〈컨슈머리포트(Consumer Reports)〉와 호주의 〈초이스(Choice)〉 등 선진국 수준의 비교정보 사이트를 만들기 위해서였다. 여기에다 개별부처의 모든 리콜정보를 한데 모아 통합 제공함으로써 국내 최초의 범정부 통합 리콜사이트도 구축했다. 보다 구체적으로, 리콜정보 항목에서는 자동차(국토교통부), 공산품(산업통상부), 식품(식약처), 먹는 물(환경부) 등 모든 품

스마트컨슈머(홈페이지 화면)

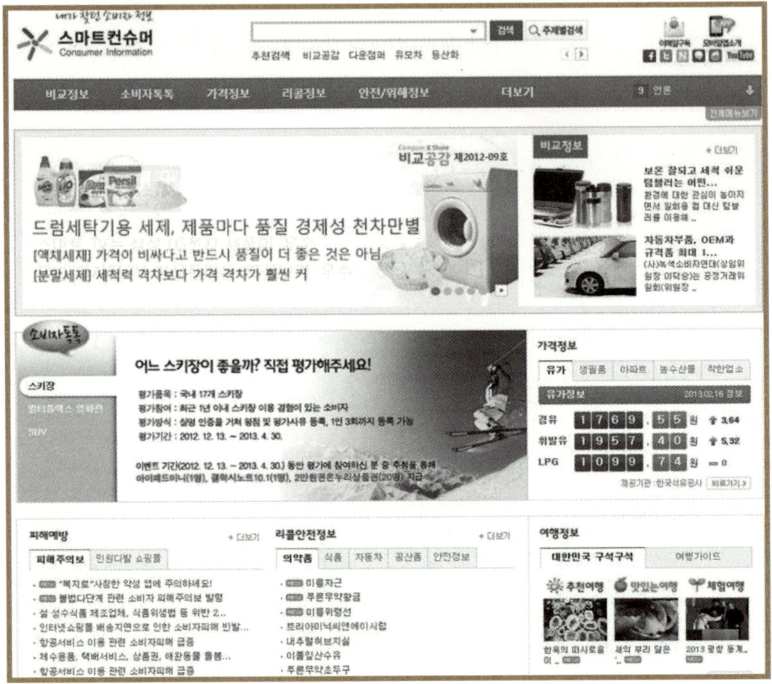

목에 대한 리콜정보가 통합제공된다.

이렇게 해서 만들어진 스마트컨슈머는 기존의 소비자정보 제공 사이트와는 상당한 차별성을 가지게 됐다. 우선 기존에 민간에서 운영하고 있는 각종 포털·검색 사이트들 대부분이 상업성 또는 광고성 정보가 많은데 소비자들은 상업적 정보와 비상업적 정보를 구분하기가 어려웠다. 특히 최근에는 블로그 마케팅 열풍으로 인해 인터넷에 게시된 다른 소비자들의 이용후기조차 신뢰하기 어려운 상황이 됐다.

　이에 반해 스마트컨슈머는 공공기관들이 함께 연계해서 신뢰할 수 있는 소비자정보를 제공한다. 또한 '비교공감'을 통해서 제공되는 상품비교 정보는 한국소비자원과 소비자단체가 공인된 시험연구기관을 활용해 객관적인 시험·검사를 거쳐 생산한 자료이기 때문에 기업들의 홍보성 정보와는 본질적으로 다르다. 소비자평가 정보의 경우에도 정보검증위원회를 구성해 게시된 글들을 매일매일 모니터링하기 때문에 상업성이나 홍보성 글은 거의 대부분 사전 차단된다.

　스마트컨슈머 정책을 통해서 기대한 효과는 첫째, 소비자들이 원하는 정보를 원스톱으로 검색·이용함으로써 정보의 접근성이 용이해지고 정보 검색시간이 단축되는 것이다. 그렇게 함으로써 보다 유용한 정보를 쉽고 편리하게 제공받아 이를 구매선택 시에 활용함으로써 합리적인 소비생활은 물론이고 기업과 시장의 감시자로서의 역할도 강화할 수 있을 것이라고 기대했다. 둘째, 정부가 보다 효율적으로 소비자정책을 추진할 수 있게 될 것이라고 생각했다. 스마트컨슈머 같은 하나의 종합정보망을 운영하게 되면 상호 모순되거나 중복적인 정보 등을 쉽게 파악할 수 있어서 신뢰도 높은 정보제공이 가능하게 되고 소비자문제에도 보다 신속하게 대응할 수 있게 될 것이다. 게다가 소비자와 정부 사이에 쌍방향 의사소통이 가능해져서 소비자정책에 소비자의 의견반영이 보다 신속하고 원활하게 이루어질 수 있게 될 것으로 보았다. 마지막으로, 상품을 생산하는 기업들 역시 소비자의 요구사항들을 손쉽게 파악할 수 있기 때문에 소비자의 수요에 맞는 제품 개선이 가능하고 이를 통해 기업경쟁력이 제고될 것으로 기대했다. 결국 스마트컨슈머는 말뜻 그대로 소비자들을 똑똑하게 무장시키기 위한 정부차원의 정책적 노력이었던 셈이다.

미스터 컨슈머! 한국판 컨슈머리포트의 성공을 예감

상품의 품질이나 가격을 비교하거나 분석한 정보는 소비자들로 하여금 합리적인 선택을 하게 한다. 또 궁극적으로는 기업들로 하여금 합리적인 가격을 제시하거나 품질을 높이도록 하는 압력으로 작용한다. 하지만 이러한 정보를 생산하는 일은 상당한 비용을 수반하거니와 신뢰성을 확보하는 것도 쉽지 않다. 경제학적 용어를 빌리자면 일종의 공공재적 성격을 띠고 있는 셈이다. 이런 이유로 소비자후생 증대라는 공공의 이익을 위해 공신력 있는 기관에서 구매선택의 기준이 되는 주요한 요소들, 즉 가격과 품질에 대한 종합적인 비교정보를 생산·제공하는 것이 필요하다.

외국의 경우를 보더라도 많은 선진국들이 비교정보 잡지를 통해서 다양한 상품에 대한 비교정보를 소비자들에게 제공하고 있다. 다만, 미국이나 영국처럼 민간단체에서 운영하는 경우가 있고 프랑스처럼 국가기관에서 운영하는 경우가 있다. 이처럼 나라마다 그 정보생산의 주체가 조금씩 다르다.

해외 비교정보제공 잡지 현황

잡지명	발행처	설립	월간 비교품목	구독수
〈Consumer Reports〉	미국 소비자연맹 (민간)	1936년(월간)	11개	· 잡지 410만 부 · 온라인 320만 명
〈Which?〉	영국 소비자협회 (민간)	1957년(월간)	9개	· 잡지 57만 부 · 온라인 65만 명
〈Test〉	독일 슈티프퉁 바렌테스트 (Stiftung Warentest)(정부산하)	1964년(월간)	12개	· 잡지 51만 부 · 온라인 77만 명
〈60million de con-sommateurs〉	프랑스 국립소비연구원 (정부산하)	1966년(월간)	6개	· 잡지 13만 부
〈消費者〉	일본 소비자협회 (민간)	1963년(월간)	2개	· 잡지 5만 부

그렇지만 비교정보 잡지의 대표적인 사례를 들라고 한다면 아마도 가장 유명한 것이 미국의 〈컨슈머리포트(Consumer Reports)〉일 것이다. 〈컨슈머리포트〉는 미국 소비자연맹이 1936년에 처음 발간했으니 무려 77년의 역사를 가지고 있다. 그동안 130여 개 품목에 5,000여 가지의 상품 평가 정보를 제공해 왔다. 이를 위해 미국 소비자연맹은 650여 명에 이르는 직원과 7,000여 평 규모의 테스트 센터를 운영하고 있다. 현재 〈컨슈머리포트〉는 월

간 매거진 구독자가 410만 명에 이르고 있으며 온라인 유료가입자 수만도 320만 명에 이른다. 이에 따라 연간 구독료 수입만 2억 2,100만 달러에 이르고 객관적이고 독립적인 상품평가를 위해 광고수입은 전혀 없다고 알려져 있다.

그래서일까? 〈컨슈머리포트〉에 대한 미국인들의 신뢰는 상상을 초월한다. 그 단적인 예가 바로 지난 2010년 7월 〈컨슈머리포트〉에서 애플사의 아이폰(iPhone)4의 안테나수신 불안문제를 제기한 것이다. 통화 중에 아이폰4의 왼쪽 하단부분을 건드리면 신호가 약해지거나 심지어 통화가 끊기는 경우까지 발생했다. 그해 6월 아이폰4가 출시된 직후부터 소비자들로부터 유사한 문제 제기가 있었지만 애플사는 이를 모든 스마트폰에서 발생하는 문제라고 치부한 채 별다른 해결책을 제시하지 않았다. 이런 상황에서 〈컨슈머리포트〉가 문제를 제기하자 곧바로 최고 경영자인 스티브 잡스가 직접 나서서 해결책을 발표했다. 아이폰4를 구매했거나 구매하는 소비자들에게 케이스(bumper)를 무상으로 제공하고 이미 케이스를 구매한 고객들에게는 보상 조치하기로 한 것이다.

이뿐만이 아니다. 2010년 4월 〈컨슈머리포트〉에서 렉서스(GX 460 SUV)에 대한 안전성 문제를 제기해 곧바로 렉서스의 자발적인 리콜을 이끌어낸 사례도 있다. 토요타 자동차는 〈컨슈머리포트〉가 발표된 바로 당일 해당모델의 판매를 일시 중단시키고 〈컨슈머리포트〉가 지적한 문제를 해결하겠다고 공식발표했다. 이후 토요타 자동차는 자체실험을 통해서 결함을 확인하고 문제가 됐던 9,400여 대의 시스템 업그레이드를 위해 자발적인 리콜계획을 발표했다. 위 두 가지 사례는 〈컨슈머리포트〉가 소비자와 기업 모두에게 큰 영향을 미치고 있음을 잘 보여준다.

공정거래위원장으로 일하는 동안 소비자 종합정보망(스마트 컨슈머)을 구축하면서 이러한 비교정보의 생산·지원체계까지 함께 강구하게 된 이유도 바로 여기에 있었다. 그래서 소비자단체와 한국소비자원과 협력해서 매월 2~3개 품목을 대상으로 비교 정보를 생산하기로 하고, 이렇게 생산된 정보를 스마트 컨슈머 사이트 내에 '비교공감'(당초에는 'K-컨슈머리포트'라고 명명)이라는 카테고리에 데이터베이스화해 소비자들이 손쉽게 해당정보를 검색할 수 있도록 한 것이다.

한국형 온라인 컨슈머리포트인 '비교공감'은 국내 최초로 상품 비교 정보를 통합해서 제공하는 온라인 비교 정보 잡지라고 할 수 있다. 다양한 기관에서 생산한 모든 비교 정보를 개요, 시험방법, 시험결과, 제품별 비교, 구매가이드 등과 같은 일정한 포맷으로 제공한다. 외국에서는 오프라인 잡지도 함께 발간하는 것이 보통인데 우리는 예산부담이나 정보의 적시성 등을 감안하여 오프라인을 배제하고 온라인 형태로만 발간했다. 참고로 미국의 경우에는 매월 10건 이상의 비교 정보가 생산되고 있다고 한다. 이제 한국판 컨슈머리포트 구축으로 우리나라도 우리의 여건에 맞춰 상품에 대한 비교 정보 생산이 활성화될 수 있는 계기가 마련됐다고 생각한다.

'비교공감'은 2012년 3월, 제1호 등산화를 시작으로 변액연금보험, 어린이 음료, 무선 전기주전자, 젖병, 자외선 차단제, 테이크아웃커피, 건전지, 세제, 식기세척기, 유모차, LCD TV 등에 대한

비교공감(홈페이지 화면)

　갈림길에 선 한국경제, 현재에 묻고 미래에 답하다

비교 정보를 시리즈로 제공했다. 그리고 제품별 비교 정보 이외에도 구매 가이드라인, 사용상 주의사항과 같이 소비자가 실생활에서 필요로 하는 정보를 구체적으로 제시했다.

한국형 컨슈머리포트를 통한 비교 정보 제공은 시작부터 큰 반향을 불러일으키며 높은 사회적 관심을 받았다. 가령 첫 번째 비교대상 품목이었던 등산화를 보면, 발표 당일 스마트컨슈머가 포털사이트 실시간 검색어 1위에 오르고 접속자 수가 3만 명에 달했다. 한마디로 뜨거운 관심이었다. 한 언론보도에 따르면 등산화에 대한 비교 정보 제공 이후 해당 추천제품의 매출액이 약 2.4배가 증가됐다고 한다. 두 번째 작품인 변액연금보험의 경우에는 사업비나 수익률과 같이 소비자에게 필요한 정보가 보다 쉽게 제공될 수 있도록 공시제도 개선을 가져 오기도 했다. 어린이 음료의 경우도 양육에 특별히 관심이 많은 부모들이 자녀가 마실 음료를 선택하는데 큰 영향을 미친 것으로 평가됐다. 특히 일 년 중에서 수요가 가장 많은 어린이날 직전에 구매 시 유의사항이나 양치방법 등과 같은 정보를 종합한 분석결과를 제공한 것이 타이밍 측면에서도 적절했다는 평가를 받았다. 가격정보 제공으로 기업들의 자발적인 가격인하를 유도하는 효과가 나타나기도 했다. 예를 들면, 수입유모차에 대한 가격정보 제공 이후 국내 수입가격이 외국보다 비싸다는 인식이 확산되자 수입업체가 소비자가격을 스스로 인하한 것이 대표적이다.

이와 관련된 당시의 언론 보도 중에서 비교공감을 조지 애컬로프 교수의 복숭아·레몬이론과 비교한 흥미로우면서도 의미심장했던 논평이 지금도 기억에 남아 있다. 그 기사내용을 간단히 인용한다.

"레몬에서 복숭아를 가려내는 공정위의 시도가 박수를 받는 이유는 시장경제의 효율성을 높이면서 국민의 가려운 곳을 긁어줬기 때문이다. 민간 스스로 컨슈머리포트를 만들지 못한 것은 아쉽지만 뒤늦게 정부라도 나서서 정보를 제공하기 시작한 건 반길 일이다. 다만 공정위가 역량에 한계가 있는 소비자 단체에 지나치게 의존하는 분석방식의 위험성은 경계해야 한다. 소비자 정보의 힘을 뒷받침하는 신뢰는 단 한 번의 실수로도 쉽게 무너질 수 있다."

〈동아일보〉 2012년 4월 26일

올바른 평가이고 지적이다. 그러한 측면에서 나도 문제점 없이 순기능이 더욱더 제고될 수 있도록 모든 노력을 경주했다. 우선 '비교공감'이 미국의 〈컨슈머리포트〉와 같이 소비자와 사업자들의 신뢰를 얻고 시장에 올바른 정보를 제공하는 매체로 자리 잡을 수 있도록 하기 위해서 비교정보 생산업무를 수행할 주체를 공모한 후에 사업수행자선정 평가단이 정보생산계획의 적절성 그리고 사업주체의 정보생산 역량 등을 종합적으로 심사하고, 우수한 응모단체를 선정하여 비교정보 생산 및 제공을 추진토록 했다. 또한 정보제공 품목도 다양화해서 2013년에는 단순소비재 이외에 내구재와 서비스 등으로까지 정보제공 품목을 확대토록하고 이를 위해 2013년도 관련 예산을 3억 6,000만 원으로 전년 대비 60% 증액했다. 정보의 내용 역시 다양화시켜 에너지 효율등급, 환경표지, 사회적 기업 등 각종 인증마크를 부착하고 있는 제품의 경우에는 정보제공 내용에 그 사실을 포함하도록 했다.

시작이 반이라는 옛말이 있다. 2012년 한 해를 스스로 '미스터 컨슈머'라고 부를 정도로 소비자 권익을 보호하는 문제에 앞장서 왔다. 출발이 좋았으니 앞으로도 이 사업이 기대했던 결실을 맺게 되기를 소망한다.

생활협동조합 전성시대

요즘은 가히 생활협동조합(생협) 전성시대라고 부를 만하다. 2010년 소비자생활협동조합법(생협법)이 개정되면서 그 수가 폭발적으로 늘어나고 있기 때문이다. 역사적으로 보았을 때 우리나라에서 생협은 1920년대 일본으로부터 경제적 자립을 도모하자는 취지에서 처음 시작됐다고 한다. 그렇지만 그 법률적인 토대가 마련된 것은 내가 재정경제부 소비자정책과장으로 일하던 1999

생활협동조합 인가 및 가입현황   (단위 : 억 원)

연도	2005년	2007년	2008년	2009년	2010년	2011년	2012년 (6월 말)
인가생협 수	95개	125개	185개	223개	288개	405개 (의료 237개/ 물류 168개)	472개 (의료 287개/ 물류 185개)
조합원 수	33만 6,559명	40만 950명	47만 3,504명	46만 4,138명	63만 4,501명	75만 명	79만 명
총공급액	2,696	3,330	5,193	5,269	6,497	5,846	5,864
총출자금				629	679	745	769

출처 : 공정거래위원회

년에 이르러서였다. 당시 담당과장으로서 생협법 제정의 실무작업을 주도했기 때문에 최근의 상황이 남다르게 다가온다. 최근 자료를 보니 2012년 6월 말 기준으로 전국에 걸쳐 472개의 생협이 활동하고 있고 총조합원 수는 약 79만 명, 총공급액은 5,800여 억 원에 이르고 있다. 그렇지만 유럽이나 일본의 현황과 비교하면 아직도 가야 할 길이 멀어 보인다.

유엔은 2012년을 '세계 협동조합의 해'로 지정하고 세계 각국이 협동조합의 활성화를 위해 노력해 줄 것을 독려했는데, 이는 협동조합이 인류의 발전에 끼치는 공익성을 인정한 결과라고 할 수 있다. 협동조합의 기원을 보면 산업혁명 이후 급속히 전개된 자본주의에 대한 하나의 대안으로 사회적 약자들끼리 하나로 뭉침으로써, 거대자본으로부터 생존권을 지키려는 노력의 일환으로 유럽으로부터 시작됐다. 그 결과 유럽은 다양한 형태의 협동조합이 일찍부터 발달해 왔다.

예를 들면, 이탈리아의 도시 볼로냐는 협동조합의 천국으로 불린다. 이곳 주민들은 협동조합 '라치코냐'에 안심하고 육아를 맡기고 집은 주택협동조합을 통해 마련하며 생필품은 '코프아 드리아티카'라고 불리는 소비자협동조합을 통해서 값싸게 구입한다. 스위스의 경우에도 생협이 소매유통 분야의 시장점유율 1위를 차지하고 있다. 스페인은 생협의 활동범위가 소매유통에만 머무르지 않고 생산과 교육, 연구, 심지어는 스포츠 분야에 이르기까지 실로 넓고 다양하다. 명문 축구클럽 'FC바르셀로나'도 20만 명의 조합원이 주인으로 있는 지역 소비자협동조합이 운영하는 축구팀이라는 것은 익히 알려져 있다. 이웃나라 일본의 경우도 전체 세대 가운데 절반 정도가 생협에 가입되어 있다고 한다.

이렇게 많은 나라에서 다양한 형태의 협동조합이 발전해 온 이유는 여러 가지가 있을 수 있겠지만 가장 큰 이유는, 이익과 효율성만을 중시하고 1주 1표로 의사가 결정되는 일반 주식회사와 달리 협동조합은 모든 조합원이 1인 1표의 원칙에 따라 모두가 동등하게 대우받고 민주적인 방식에 따라 의사가 결정되기 때문일 것이다. 그러니 경제적 양극화가 심화될수록 협동조합에 대한 관심과 수요가 늘어날 것이라는 전망은 당연하다. 우리나라에서도 2012년 말 협동조합기본법이 시행에 들어갔다는 점에서 앞으로는 비단 생협만이 아니라 여러 분야에서 다양한 형태의 협동조합이 등장하게 될 것이라고 생각한다.

　사실 1999년에 제정된 생협법은 비영리법인으로서의 생협에 대한 설립근거를 마련하긴 했지만 생협연합회 및 전국연합회의 설립을 예상하지는 않았기 때문에 생협의 사업범위를 제한적으로 열거하고 있었다. 따라서 법 제정 이후에 변화된 소비자의 생활환경과 욕구를 담아내기에 부족했고 생협의 미래지향적인 발전과 활성화를 촉진하기 위한 제도적 근거로서는 한계가 있었다. 이런 이유로, 2010년에 공정거래위원회는 생협법을 개정해서 생협이 전반적인 소비생활에 필요한 물자를 취급할 수 있도록 했다. 뿐만 아니라 연합회는 물론, 전국연합회의 공제사업까지 허용함으로써 생협의 사업범위를 대폭 확대했다. 이 외에도 국가 또는 공공단체의 생협에 대한 지원근거를 명백히 하고 의료생협의 이익배당 금지와 잔여재산 분배 금지를 규정하여 비영리성을 강화했다.

　생협이 앞으로 크게 세 가지 측면에서 많은 역할을 하게 될 것으로 기대한다. 첫째는 가격안정이다. 생협은 소비자와 생산자 간 직거래를 통해 중간 유통마진을 없애기 때문에 제품가격 안정에 기여할 수 있다. 가령, 2010년 배추파동이 일어났을 때 시중 배추가격은 1만 5,000원까지 폭등했지만 생협만큼은 기존 공급가격인 1,000~2,000원대를 유지할 수 있었다. 각종 제품가격을 비교해 보더라도 생협이 대형유통점에 비해서 평균 30% 정도 저렴하다. 둘째는 소비자와 생산자의 공생발전이다. 생협은 생산자와 장기 직거래 구매계약을 체결함으로써 생산단계에서부터 양자가 대등한 파트너관계로서 협동하게 된다. 소비자는 생산자에게 안전하고 질 좋은 제품의 생산을 요청하고 믿을 수 있는 제품을 공급받는다. 반면에, 생산자는 적정한 가격으로 제품을 공급할 수 있는 안정적인 판로를 확보함으로써 지속적인 제품개발과 품질 개선이 가능하게 된다. 또한 생협은 언제, 어디서, 누가, 어떻게 만들었는지에 대한 정보가 유통단계의 모든 과정에서 확인이 가능하도록 해 물품에 대한 신뢰성이 높아진다. 셋째는 생협은 환경오염 방지와 같이 사회적 가치를 고려하는 책임 있는 소비운동을 선도하고 있다는 점에서 갈수록 중요성이 점증하고 있는 녹색소비 측면에서도 큰 역할을 담당하게 될 것이라고 생각한다.

이처럼 생협은 많은 유용성을 가졌지만 크게 활성화되지 않은 것이 현실이다. 생협의 가치와 효용성에 대한 일반 소비자들의 인식이 아직은 낮고 이 때문에 생협의 설립주체가 고소득·고학력 소비자 계층에 국한되어 있기 때문이다. 또한 생협이 영리를 추구할 수 없음에도 불구하고 일부에서는 영리추구 목적으로 생협을 악용하는 탈법적인 상황도 발생할 우려가 있다. 예를 들면, 2011년 의료생협의 설립이 증가하면서 이 중 일부가 조합원들의 이익보다는 개인의 영리추구 목적을 위해 운영되고 있다는 민원제기가 크게 늘어났다. 조사결과 실제로도 일부 의료생협은 생협법상 허용되지 않거나 금지되어 있는 상조사업 영위나 조합원에 대한 이익배당을 한 것으로 나타났다.

앞으로 생협이 보다 활성화되기 위해서는 좀 더 적극적인 정책적 지원이 필요하다고 생각한다. 우선 재정·세제 측면에서, 중소 규모의 생협들이 공동으로 이용할 수 있는 공동물류센터 구축이나 생협이 판매하는 제품의 가격안정을 위한 가격안정기금 조성 등을 검토해 볼 필요가 있다. 그리고 지역 내 생산자와 생협 간에 직거래를 활성화시키기 위해 지자체 차원에서도 자체적으로 재정지원을 강구하는 것이 좋을 것이다. 아울러 농협 등 다른 협동조합과의 형평성을 고려하여 취득세나 등록세 등을 감면하는 방안도 검토할 수 있겠다. 둘째, 생협의 경영마인드 제고를 위한 정책적인 지원이 필요하다. 대형 유통업체나 백화점 등과 경쟁하면서 생협이 계속적으로 성장해 나가기 위해서는 경영마인드 제고가 필요하며 이를 위해 생협에 대한 경영자문 서비스나 경영정보 제공 서비스 등을 지원해 주는 것이 요구된다. 셋째, 생협의 유용성에 대해 일반 소비자들이 보다 많이 알 수 있도록 교육시키고 이를 통해 생협의 인지도를 제고할 필요가 있다고 본다.

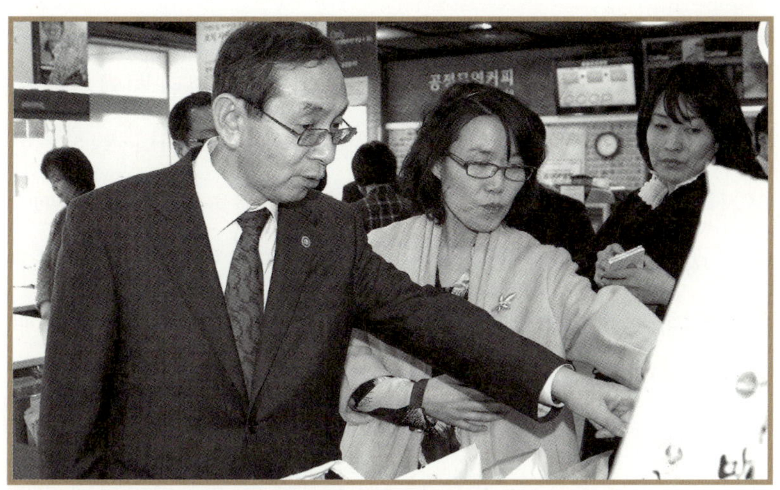

2012년 3월 7일 현장경영의 일환으로 iCOOP생협 매장을 방문.

　개인적으로도 나는 생협에 대해 특별한 관심이 있었기 때문에 공정거래위원장 시절인 2012년 3월에 분당에 위치한 아이쿱(iCOOP)생협 매장을 방문하고 1일 조합원으로 가입해 물품을 구매하는 등 생협 이용을 체험해 본 적이 있다. 동시에 그곳에서 '생협 전국대표자 회의'를 주재하면서 현장의 관계자들을 격려하고 생협 활성화 방안에 대해서도 논의한 적이 있다. 당시에 한살림을 비롯해서 아이쿱, 여성민우회, 두레, 한국대학생협, 한국의료생협 등 6개 생협연합회의 회장 등 14명의 임직원이 참석했던 걸로 기억한다.

　생협은 소비자가 보다 적극적이고 능동적인 경제주체로서 활동할 수 있게 해주는 사업조직이다. 생협이 활성화된다면 그만큼 소비자의 지위와 역할이 강화될 뿐만 아니라 생협관련 사업기술 및 인력수요 증가로 일자리가 창출되는 효과도 기대된다. 협동조합 선진국인 EU의 경우, 협동조합을 통한 직접고용 인원이 약 470만 명에 이르고 협동조합 부문이 EU 전체 GDP의 약 4%를 차지하고 있다고 하는데, 이는 생협을 포함한 협동조합이 경제에 미치는 파급효과가 얼마나 큰지 잘 대변해주고 있다. 경제주체들 간 상생과 협력이 시대정신이 되어 가고 있는 현재에 협동과 공존이라는 가치에 뿌리를 두고 있는 생협은 시장경제의 토대를 단단하게 뒷받침해 줄 수 있는 건전한 모델이라고 생각한다. 그런 의미에서 생협이 공정한 경쟁을 통해 성장할 수 있도록 지속적으로 법과 제도를 정비해 나가고 정책적인 뒷받침을 해주는 것은 정부가 해야 할 기본적인 책무라고 믿어 의심치 않는다.

소비자피해 구제는 신속하게

다른 나라에서는 보기 힘든, 우리만이 가지고 있는 힘을 한 가지만 꼽으라고 한다면 우리 소비자들을 들고 싶다. P&G, 로레알(L'Oreal), 마이크로소프트(Microsoft), 이베이(eBay), 지멘스(Siemens) 등과 같이 이름만 대면 누구나 다 알 수 있는 세계 유

　갈림길에 선 한국경제, 현재에 묻고 미래에 답하다

수의 다국적기업들이 최신제품을 출시할 때 종종 우리나라를 '시험대(test bed)'로 활용한다고 한다. 그것은 그만큼 우리 소비자들의 기호가 수준 높고 까다롭다는 점에서 한국시장에서의 성공이 곧 세계시장에서의 성공을 보증해 주기 때문일 것이다. 이는 우리 기업들에게도 시사하는 바가 크다. 우리 기업들도 국제 경쟁력을 갖춘 신제품 출시에 그만큼 유리한 환경을 가졌다는 점을 인식하고 우리 소비자들의 취향을 적극적으로 활용할 필요가 있다.

공정거래위원장으로 일하던 시절에 추진하고자 했던 소비자정책 방향도 바로 여기에 초점이 맞춰져 있었다. 이처럼 수준 높은 소비자의 권한과 역할이 제대로 수행되어 소비자후생이 제고되고, 궁극적으로는 시장경제의 발전에도 기여할 수 있도록 소비자정책을 추진하고자 했던 것이다. 크게 두 가지 축에서 접근했는데, 하나는 앞서 보았던 것처럼 소비자가 올바른 선택을 할 수 있도록 소비자 종합정보체계를 구축하는 것이었고, 다른 하나는 피해가 발생하면 신속히 그리고 적정한 보상이 이루어지도록 하는 것이었다.

소비자피해 보상의 원활화를 위해서 나는 집단소송제도의 전단계로 소비자단체 등에 피해 소비자들을 모아 집단적인 소송을 제기할 수 있도록 여건을 마련하는 데 주력했다. 이로써 조만간 공정거래법 개정을 통해 집단소송제도 도입이 가능하게 될 것이라고 생각한다. 사실, 공정거래법상의 대표적 법 위반행위인 부당한 공동행위의 경우에는 피해규모가 매우 큼에도 불구하고 손해배상소송이 활성화되어 있지 않을 뿐더러, 제기된 소송을 대부분 소비자단체가 주도하고 있는 것이 현실이다. 담합으로 인한 사회적 비용은 크지만 피해자 1인당 피해액이 많지 않아서 소송비용 등을 감안했을 때 그동안 개인적인 소제기의 유인은 거의 없었다. 또한 과징금이나 형사제재 등 공적 집행만으로는 법 위반을 억지하는 데 한계가 있다는 점에서 민사적 구제가 활성화되어 거액의 배상액 부담까지 고려되어야 법 위반에 따른 기대이익보다 기대비용이 커질 수가 있다. 그렇기 때문에 '피해자의 실질적 구제' 및 '법 위반 억지'라는 목표를 동시에 효과적으로 달성하기 위해서는 민사적 구제수단이 확충되어야 하고 그 방안의 하나로 최근 들어 가장 많이 논의되고 있는 것이 바로 집단소송제도다.

집단소송제도는 미국과 영국에서 상대적으로 활발히 운용되고 있고 이 외에도 캐나다, 덴마크, 노르웨이, 스웨덴, 핀란드, 이탈리아 등이 집단소송제도를 운용하고 있다. 비근한 예로는 2012년 말 미국과 캐나다 소비자들이 현대·기아차의 연비과장과 관련해서 피해배상을 요구하는 집단소송을 제기한 것을 들 수 있다. 우리나라의 경우에는 증권분야에서 '증권관련 집단소송법'이 유일하게 입법화된 사례이지만, 최근에 소비자피해 구제의 실효성 확보를 위한 제도적 수단으로 활발히 논의되고 있다. 그리고 2012

년 8월과 9월에 이미 의원입법 형태로 공정거래법을 개정하여 집단소송제도를 도입하자는 법안이 국회에 제출되어 있다. 이렇게 집단소송제도 도입에 대한 분위기가 무르익고 있지만, 그 추진 과정에서 집단소송의 대상이 되는 위반행위의 범주나 예상되는 문제점 등을 충분히 고려해야 한다고 본다.

이 외에도 2011년 말에는 공정거래법을 개정하여 동의의결제도를 도입했다. 피해를 입힌 사업자가 스스로 소비자피해 구제방안을 마련하여 제시할 경우 그 타당성이 인정되면 이를 허용함으로써 신속하고 적정한 보상이 이루어질 수 있도록 하는 제도다. 이 제도는 1915년에 미국에서 최초로 도입됐고, 현재 EU(2004년), 독일(2005년), 프랑스(2004년), 일본(1959년) 등 대륙법계 국가들도 이미 채택했다. 각국의 동의의결제도는 대상행위나 절차에서 차이가 있지만 경쟁당국이 위법성을 확정하지 않고 사업자와 시정방안을 협의한 후 그 이행방안을 마련하여 시행함으로써 사건 처리를 종결한다는 점은 동일하다. 그리고 동의의결 사실이 민사나 형사소송에서 불리한 증거로 이용되지는 않는다.

앞으로 동의의결제도가 적극적으로 활용되면 소비자피해에 대해 보다 실질적이고도 적극적인 시장회복조치가 가능하게 될 것으로 기대한다. 기업 입장에서 보더라도 사건의 신속한 해결을 통해서 시간과 비용이 절감되고 기업 이미지가 실추되는 것을 방지할 수 있게 될 것이다. 향후 동의의결제도가 소비자피해가 큰 분야를 중심으로 적극 활용됨으로써 효과적인 소비자피해 구제수단으로 자리매김하길 기대한다.

한편, 공정거래법상 사인의 금지청구제도 논의도 현재 활발하게 진행되고 있기 때문에 2013년 중에는 도입될 것으로 본다. 용어가 다소 생소하지만, 간단하게 말하자면 공정거래법 위반행위로 피해를 입은 사람이 직접 법원에 해당행위를 금지해 줄 것을 청구하는 제도다. 외국의 경우를 보면 미국과 독일 등 11개 OECD 회원국들이 대상이 되는 행위에 별도 제한을 두지 않고 시장지배력 남용행위, 카르텔, 불공정거래, 합병, 재판매가격 유지행위 등 경쟁법 위반행위 전반에 걸쳐 금지청구 대상에 포함시키고 있다.

이에 비해 일본과 프랑스는 대상 행위를 사업자단체행위를 포함한 불공정거래행위에 한정하고 있다. 앞으로 이 제도가 도입되면 법집행 주체가 다원화되어 법위반 억지력이 제고되고 피해구제수단이 확충되는 효과가 기대되는 반면에, 경쟁사의 사업활동을 방해하기 위한 목적에서 남소의 우려도 있을 수 있다. 따라서 도입범위나 청구권자, 청구대상 등 세부적인 도입방안을 마련해 나갈 때 부작용을 최소화할 수 있도록 면밀한 설계가 필요하다고 본다.

  갈림길에 선 한국경제, 현재에 묻고 미래에 답하다

　새로 들어선 박근혜정부는 소비자권익보호를 위해 소비자보호기금을 설립한다는 공약을 발표했다. 소비자정책을 원활하게 추진하기 위해서는 안정적인 재원확보가 필수적이다. 소비자의 역량을 강화하고 피해를 예방하기 위해서는, 직접적으로 피해를 구제해주는 것으로부터 시작해서 피해를 입은 소비자들의 소송지원, 소비자에 대한 정보제공 그리고 소비자단체지원에 이르기까지 실로 다양한 사업이 필요하다. 이러한 점에서 기금설립의 필요성은 크다고 하겠다. 다만 소비자기금을 소비자피해 구제에 사용할 경우 기업이 배상해야 할 손해를 국가가 보상해주는 결과가 되기 때문에 기업의 도덕적해이를 초래할 우려가 있다. 또, 담합과 같이 다수의 피해자가 존재하는 경우 흩어져 있는 피해자들을 모두 찾아내어 보상해 주는 데는 한계가 있다. 따라서 예상되는 이러한 문제점들을 종합적으로 신중히 검토해서 도입·활용 방안을 검토해야 한다고 본다.

시장경제의 두 가지 키워드 자유와 경쟁

시장경제, 그 승리의 역사

제2차 세계대전이 끝난 후 수십년 동안 유지되어 왔던 세계질서는 바로 냉전체제였다. 인류가 고안해 낸 두 가지 상반된 이념체제, 즉 정치적 민주주의에 기반을 둔 시장경제체제와 공산주의에 토대를 둔 사회주의체제가 팽팽한 긴장감을 유지하며 투쟁하고 대립하던 시기였다. 그렇지만 역사가 증명하고 있듯이 끝없이 갈 것만 같았던 냉전체제는 소련연방이 붕괴하고 공산주의 국가들이 무너지면서 자유민주진영이 추구한 시장경제체제의 승리로 막을 내렸다. 이로써 시장경제체제가 비록 완벽하거나 완전하지는 않지만 그래도 현재까지 인류가 창안해낸 가장 우수하고도 효율적인 경제시스템이라는 사실에 이견을 제기하기가 어려워지게 됐다.

자유로운 경쟁에 기초해 시장경제가 잘 정착되어 있어야 경제발전이 촉진된다는 것은 수없이 많은 역사적 경험을 통해서 증명되고 있다. 이론적이고 실증적인 측면에서 경제성장의 요인을 분석한 연구결과들을 보면, 지속적인 경제성장은 경쟁촉진과 기술혁신에 의해서 가능하다는 점이 분명해지고 있다. 하버드대학의 마이클 포터(M. Porter) 교수는 "효과적인 반독점정책은 한 나라의 경제발전 정도 여부와 관계없이 국내총생산량을 증가시킨다"고 주장했다. 노벨경제학상 수상자인 조셉 스티글리츠(Joseph Stiglitz) 교수 역시 "경쟁정책은 부유한 국가의 사치품이 아니라 민주적 시장경제를 만들고 싶어 하는 국가들의 필수품이다"라고 밝힌 바 있다. 이뿐만 아니다. 맥켄지(McKenzie) 세계연구소는 "잘사는 국가와 못사는 국가를 구분 짓는 기준은 생산성이고 생산성을 결정짓는 가장 중요한 요소는 경쟁이다"라고 밝히고 있다. 이처럼 오늘날에는 경제발전에 있어서 경쟁의 중요성이 전 세계적으로 강조되고 있으며 경쟁규범의 확산 또한 빠르게 진행되고 있다.

해방 이후 우리나라는 기본적으로 자본주의적 시장경제체제를 채택함으로써 오늘과 같은 경제적 성공을 가져올 수 있었다고 생각한다. 이는 우리와 정반대로 사회주의 경제체제를 채택했던 북한과의 발전상을 단순비교해 봐도 확인이 가능한 역사적 사실이다. 그렇지만 자만은 금물이다. 솔직히 말해서 우리의 시장경제는 역사가 일천하다. 압축적인 성장과정을 통해 산업화를 빠른 속도로 달성하긴 했지만, 엄밀히 말해 우리나라에서 시장경제원리가 본격적으로 자리를 잡아가기 시작한 것은 1980년대 이후라고 할 수 있기 때문이다.

시장경제가 제대로 작동하기 위해서는 시장과 함께 시장이 효율적으로 작동할 수 있도록 하는 기본질서가 필요하다. 그러나 우리나라는 일제강점기와 6.25전쟁을 거치면서 거의 폐허가 되다시피한 상태에서 제대로 된 시장이 형성되기 어려웠다. 또 성장 지상주의가 만연했던 개발연대에는 단기간 내에 압축적인 성장을 추구하느라 일정부분 정부가 시장의 기능을 대신하여 직접적으로 자원을 배분했다. 이러다 보니 시장의 진입이나 가격결정 그리고 판로개척과 같은 기업의 기본적인 활동에서조차도 기업의 자유로운 선택을 제한하는 규제들이 도입됐다. 또 필요하면 정부가 기업들의 활동을 사실상 간섭하기 위한 창구로써 사업자단체를 설립하고 각종 정부규제를 전달했다. 하지만 점차 우리 국가경제의 규모가 커지게 되면서 시장에 대한 정부의 강력한 개입은 한계를 노정할 수밖에 없었다. 따라서 결국 시장기능을 통한 경제운영방식으로 방향을 전환할 수밖에 없었고 이는 바로 공정거래제도의 도입과 그 궤를 같이한다.

　갈림길에 선 한국경제, 현재에 묻고 미래에 답하다

공정거래제도는 자유로운 시장기능의 작동을 방해하는 요인들을 제거하고 이로 인한 피해를 구제하는 데 목적을 두고 있다. 좁게는 독과점에 대한 규제, 카르텔 규제, 불공정거래행위에 대한 규제 등을 말하며 좀 더 넓게 보자면, 소비자정책, 경쟁제고, 규제개혁 등 경제 주체들에게 균등한 경쟁의 기회를 부여하는 것과 동시에 경쟁을 촉진하고 그 성과를 확산시키는 인프라 구축까지도 이에 포함된다. 공정거래제도는 이제 시장경제시스템을 보다 효과적으로 작동시키기 위한 기본적인 경제질서법으로서 세계 대부분의 국가가 채택하고 있는 보편적인 룰로 정착되어 가고 있다. 따라서 시장경제체제를 채택하고 있는 많은 국가들이 이 제도를 도입하고 있으며 국제기구나 국제협약·조약에서도 경쟁법적인 조항이 필수적으로 포함되고 있는 추세다.

우리가 지향하고 있는 시장경제질서는 두 가지 키워드, 즉 자유와 경쟁이 방해받지 않고 보장되어야만 비로소 국가 전체의 자원이 최적으로 배분되며 이를 통해 경제적 효율성이 달성된다. 그렇지만 이론과는 달리, 현실경제에서는 여러 가지 복합적인 요인들로 인해 자유로운 경쟁이 제약받고 있다. 시장경제의 건전한 발전을 위해 각종 경쟁저해 요인을 제거하는 공정거래정책의 중요성이 더욱 커지고 있는 이유가 바로 여기에 있다.

반경쟁행위는 공공의 적이다

공정거래위원장으로 재임하면서, 카르텔이나 시장지배적 지위 남용과 같이 시장의 정상적인 작동과 활동을 저해하는 반경쟁적 행위에 대해서는 특히 엄격한 잣대로 이를 제재하고 근절시키기 위해 많은 노력을 기울였다고 자부한다.

무엇보다도 카르텔에 대해서는 엄중한 처벌이 필요하다고 생각한다. 기업들이 시장에서 자유롭고 공정한 경쟁을 통해 가격과 생산량을 결정할 때 가장 효율적으로 자원배분이 가능해진다는 시장경제의 기본원칙에서 보았을 때, 카르텔은 공급자 또는 수요자가 공모함으로써 시장원리의 작동을 근원적으로 봉쇄하기 때문이다. 이는 자원배분의 비효율을 초래하는 것은 물론, 기업들에게 불법적인 독점이윤을 창출해 줌으로써 그만큼 소비자들에게는 막대한 피해가 돌아가게 된다. 카르텔에 참여하는 기업들에게도 원가절감 노력이나 경영합리화의 동기가 약해짐으로써 시장경쟁력이 상실되고 이는 결과적으로 국가경제에도 부정적 영향을 미치게 된다.

되돌아보면 공정거래위원장으로 재임하던 기간은 물가상승 압력이 상당히 가중되던 때였다. 글로벌 금융위기의 여파로 경기침체가 지속되고 있는 가운데 기상이변으로 채소류를 포함한 농산물 가격이 높은 수준을 유지하고 유가와 곡물 등 국제원자재 가격도 빠르게 상승했다. 이로 인해 다른 누구보다도 서민·중산층이 많은 어려움과 고통을 겪고 있었다. 따라서 정부로서도 이 문제에 대해 각별한 관심을 가져야만 하는 상황이었다. 나는 물가 불안이 지속적으로 확산되고 있는 상황에서 위법한 방식으로 또는 편승하여 가격을 인상하는 행위에 대해서는 서민생활 안정 차원에서 적극적인 법집행이 필요하다고 판단했다. 이에 따라 서민생활과 밀접한 관련이 있는 가공식품이나 전자제품 등 생필품을 중심으로 시장경제질서가 교란되지 않도록 최선의 정책적 노력을 기울였다.

이와 같은 전방위적 노력의 결과 과거 어느 때 못지않게 기업들의 불법적인 담합행위 등을 적발하여 시정조치했다. 두유, 치즈,

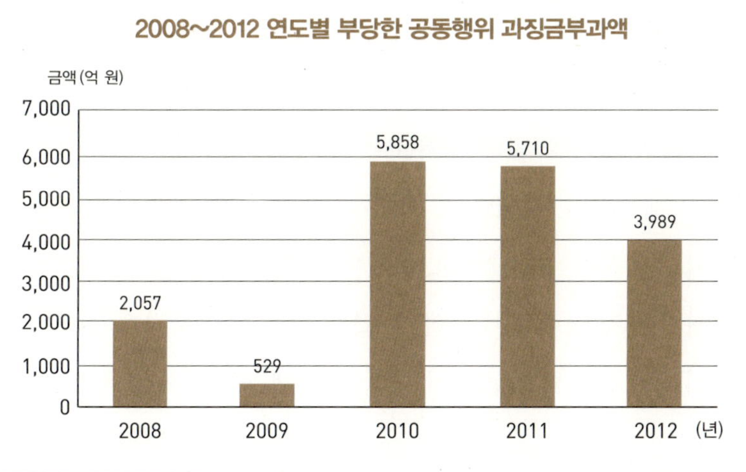

컵커피 등 식음료 품목들을 비롯하여 정유사의 주유소 원적관리, 생명보험, ATM기기, 벽지, 노래방기기, 제약, LCD 등 다양한 상품과 서비스 분야가 이에 포함된다. 아래는 그 중에서도 특히 기억에 남을 만한 대표적인 몇 가지 사례들이다.

(1) 정유업계 주유소 원적관리 담합

정유업계에 오랫동안 유지되어온 주유소 원적관리 관행의 배후에는 일종의 불가침협정과 같은 부당한 공동행위가 있었던 것으로 확인됐다. 따라서 위법행위를 한 정유사들에 거액의 과징금을 부과했다. 조사결과에 따르면, 국내 4대 정유사들은 2000년 3월부터 거래 주유소에 대한 원적사의 기득권을 인정하고 타사의 원적주유소 확보경쟁을 제한하는 한편, 다른 정유사가 원적사의 동의 없이 주유소를 유치하는 경우에는 원적사에게도 이에 상응하는 주유소 유치가 가능하도록하는 내용의 원적관리 원칙에 합의했던 것이다.

이러한 담합으로 인해 주유소들은 거래하는 정유사를 이전하는 것이 제한됐다. 실제로 이 때문에 정유사들의 기존주유소 상표변경이 미미했다. 이는 지난 10년 이상 폴 점유율이 큰 변동 없이 유지되어온 것을 통해서도 알 수 있다. 주유소 확보경쟁의 제한은 석유제품의 주유소 공급가격 인하를 막게 됨으로써 결국 소비자가격도 내려가지 않는 결과를 가져오고 있었다. 이들의 담합행위에 대해 2011년 5월 시정명령과 함께 총 4,326억 원의 과징금을 부과했다. 동시에 관련 정유사들을 검찰에 고발했다.

공정위의 이러한 조치는 정유사와 주유소 간에 고착되어온 수직계열화 구조를 처음으로 깼다는 데 큰 의미가 있다. 이를 통해 주유소 확보경쟁이 가능하게 되면서 정유사의 주유소에 대한 공급가격 인하를 유도하여 최종 소비자가격이 하락하는 효과를 기대할 수 있다. 중소자영주유소 사업자의 경우에는 값싼 기름을 공급하는 정유사를 선택할 수 있게 되어 주유소의 협상력과 경쟁여건이 개선되는 효과도 있을 것이다.

(2) 생명보험사의 이율 담합

국내의 16개 생명보험사업자들은 2001년부터 개인보험상품의 예정이율과 공시이율을 상호합의하에 공동으로 결정하고 있었다. 이들은 주기적 또는 반복적으로 이루어지는 이율결정의 특성에 기인하여 별도의 조직적·집합적 형태의 대면합의 방식뿐만 아니라 상호 간에 전화연락 등을 통한 비공식적이고도 개별적인 정보교환방식을 병행하고 있었다. 이들 사업자들은 이러한 담합을 통해 경쟁상태에서의 이율보다 낮은 수준으로 이율을 결정함으로써 고객이탈을 방지하고 안정적인 손익을 확보하고 있었다. 공정위는 2011년 10월 이들 16개 생명보험사에 담합금지 및 정보교환금지의 시정명령을 부과하고 총 3,653억 원의 과징금을 부과했다.

생명보험시장에서 오랫동안 관행적으로 이루어져 왔던 개인보험상품(종신보험, 연금보험, 교육보험 등)의 예정이율 및 공시이율 담합을 시정함으로써 보험시장 내 실질적인 가격경쟁이 촉발될 수 있는 계기를 마련했다고 본다.

(3) 복제약 출시지연 담합

의약품 시장에서 신약 특허권자는 특허에 따르는 독점판매권 보장기간 동안에는 높은 수익을 향유할 수 있지만, 복제약이 시장에 출시되면 약가가 인하되고 시장점유율이 하락하게 된다. 따라서 신약제약사는 특허를 활용해 의약품의 독점기간을 연장하려는 유인을 갖게 되고 이른바 '역지불합의'[38] 같은 다양한 특허전략을 구사하게 된다.

GSK가 개발한 신약 조프란(온단세트론)은 대표적인 항구토제로 복제약출시 전 신약이므로 2000년 당시 한국 내에서 100%의 시장점유율을 가지고 있었고, 특허만료일은 2005년 1월이었다. 동아제약은 1998년 9월 조프란 대비 90% 가격으로 온다론을 출시한 데 이어, 1999년 5월에는 조프란 대비 76% 수준으로 가격을 인하하는 등 판매활동을 강화했다. 치열한 경쟁상황을 예견한 GSK는 동아제약에 특허침해 경고장을 발송했고 이후 동아제약은 1999년 5월 자신의 특허가 정당하다는 권리범위확인 심판을 청구했다. 이에 GSK는 1999년 10월 특허침해소송을 제기하는 등 양사 간에 특허분쟁이 발생했다.

이를 해소하기 위한 목적으로, 동아제약이 기출시한 온다론을 철수하고 향후 항구토제 및 항바이러스 시장에서 GSK와 경쟁하지 않는 대신에 GSK는 동아제약에게 신약판매권을 부여하며 이례적 수준의 인센티브를 제공하기로 하는 등의 내용에 양사가 합의했다. 이러한 합의사항을 담은 판매권계약을 지속적으로 갱신하면서 2011년 10월 현재까지 담합을 계속 유지해 오고 있었다.

양사 간 담합을 통해 항구토제 시장에서 저렴한 복제약(온다론)이 퇴출되고 경쟁의약품이 진입하지 못하는 경쟁제한 효과가 발생하게 되면서 소비자는 저렴한 복제약 대신 고가의 신약을 구입할 수밖에 없게 되었고 결국 시장의 평균 약가가 상승하는 결과가 초래됐다. 경제적인 분석을 해보니, GSK가 올린 부당매출은 약 160억 원에 달하는 것으로 나타났다. 결과적으로는 담합을 통해 신약사와 복제약사가 소비자에게 돌아가야 할 이익을 나눠먹은 셈이다. 공정위는 2011년 10월 양사에 시정명령을 부과하고 총 51억 7,300만 원(GSK 30억 4,900만 원, 동아제약 21억 2,400만 원)의 과징금을 부과했다. 이러한 조치는 신약 특허권자인 다국적 제약사가 국내 복제약사에게 경제적 이익을 제공함으로써 복제약 출시를 차단한 행위에 대하여 공정거래법을 적용한 한국판 '역지불합의'에 대한 첫 번째 제재 사례가 됐다.

(4) 시장지배적 지위남용행위 – 제스프리

제스프리는 1999년 뉴질랜드 정부가 제정한 '키위산업 구조조정법'에 따라 뉴질랜드에서 생산한 키위를 우리나라를 포함해 다른 나라에 수출할 수 있는 권리를 독점하고 있다. 2010년 국내 키위시장 규모는 생산 및 수입금액 기준으로 1,274억 원(관세 미포함)으로 추산되고 소매시장은 대략 2,500억 원대로 추정되는데, 이 중 제스프리가 724억 원으로 56.9%에 이르는 시장점유율을 차지하고 있다. 그 외에는 국내산 461억 원(36.2%), 칠레산 86억 원(6.7%), 미국산 2억 원(0.2%) 순으로 나타나고 있다. 보통 뉴질랜드나 칠레 같은 남반구 국가에서 생산되는 키위와 국내산 키위는 유통되는 기간이 서로 엇갈려, 남반구 국가 키위는 통상 5월부터 다음해 1월까지 판매되고 국내산 키위는 대체로 12월부터 다음해 5월까지 판매됐다. 이러한 계절적 특성으로 인해 뉴질랜드산 제스프리 키위는 주로 칠레산 키위와 경쟁관계에 놓여 있었다.

그런데 2004년 4월에 발효된 한·칠레 FTA에 따라 칠레산 키위는 2014년부터 무관세로 수입될 예정이었다. 2011년 당시 칠레산 키위에는 12.4% 관세율이 적용되고 있었던 반면, 뉴질랜드산 키위에는 45%의 높은 관세율이 적용되고 있었다. 이 때문에 제스프리는 칠레산 키위에 대한 관세율이 지속적으로 인하되면서 수입단가가 낮아짐에 따라 가격경쟁이 격화될 것을 우려하고 있었다.

2009년부터 제스프리와 유사하게 고유한 브랜드를 가지고 생산과 유통 모든 단계에서 품질관리가 이루어지는 칠레산 브랜드 키위, 일명 '엔자키위'가 국내 1위의 유통업체인 이마트를 통해 국내에 최초로 판매되면서 키위시장의 가격과 품질 경쟁을 확산시킬 수 있는 중요한 계기가 됐다. 제스프리는 이러한 칠레산 브랜드 키위를 이마트에서 차단함으로써 시장지배력을 유지할 필요가 있었다.

이에 제스프리는 2010년 3월 이마트 및 이마트의 유통 관련 계열사인 신세계푸드와 뉴질랜드산 키위판매 관련 직거래 협의를 진행하면서, 뉴질랜드산 키위를 공급받는 기간 동안에는 칠레산 키위를 판매하지 않는다는 내용을 직거래의 조건으로 부과했다. 또한, 제스프리는 2011년 1월부터 롯데마트와도 동일한 사항을 조건으로 직거래계약을 체결했다. 제스프리의 가격인상을 견제해 왔던 칠레산 키위가 대형마트에서 사라지게 되면서 제스프리 키위가격은 올라갔고, 반면 대형마트 유통경로에서 칠레산 키위의 시장점유율은 7.5%에서 5.9%로 하락하게 된 것이다.

공정위는 2011년 11월 제스프리에 대해 시정명령을 내리고 4억 2,000만 원의 과징금을 부과했다. 세계 최대 키위수출업체가 저렴한 칠레산 키위를 선택할 수 있는 국내 소비자의 권리를 박탈한 행위에 대해 엄중 조치하고 한·칠레 FTA의 가격인하 효과를 가로막는 시장지배적 사업자들의 불공정행위에 대해서도 제동을 건 것이다.

경쟁질서유지와 소비자보호에는 국경이 없다

과거 독점규제법은 속지주의 원칙에 의거 적용됐다. 다시 말해, 국내에서 활동하는 사업자만을 법적용의 대상으로 다루었다. 그러나 경제활동의 국경이 없어지고 있는 오늘날에 와서는 비록 외국에서 이루어지고 있는 경제활동이라고 하더라도 자국시장에 영향을 주는 일이 일상화되고 있다. 이런 측면에서 국내시장과 소비자를 보호할 필요성은 더욱 커지고 있다.

오늘날 많은 국가들이 자국의 법령을 근거로 국적을 달리하는 기업간에 이루어지는 이른바 국제카르텔에 대해서 그 행위가 국외에서 행해진다하더라도 제재하고 있다. 경제의 글로벌화가 심화되면서 외국에서 발생하는 카르텔이라 할지라도 그로 인한 폐해는 카르텔 대상이 되고 있는 상품과 서비스를 수입하는 국가의 시장에도 그대로 미치게 되기 때문이다. 특히 우리나라처럼 대외무역의존도가 90%가 넘고 주요 원자재를 대부분 수입에 의존하고 있는 국가의 경우에는 국제카르텔로 인한 피해가 더욱 클 수 있다. 이와 같이 외국에서 발생한 카르텔이라 하더라도 자국시장에 반경쟁적 영향을 미칠 경우에는 경쟁관련 법을 국외로까지 확대적용하여 카르텔 가담자들을 제재하는 것을 '경쟁법의 역외적용(extraterritorial application)'이라고 한다.

이러한 경쟁법의 역외적용은 미국과 EU 등 선진국을 중심으로 일찍부터 발전되어 왔다. 최근에는 개도국들도 적극적으로 이에 동참하여 전 세계적으로 60여 개 국가가 자국경쟁법에 역외적용 조항을 두고 있다. 특히, 미국은 국제카르텔 규제의 선봉에 서 있다. 미국 경쟁당국이 카르텔에 대해 1,000만 달러 이상 벌금을 부과한 72개 기업 중에서 68개가 국제카르텔에 가담한 기업들이다. 특히 출입국관리, 형사사법공조, 인터폴과 같은 전방위적 수단을 활용해서 카르텔가담 기업의 외국인 임직원에 대해서도 철저하게 조사하는 제도적 장치를 갖추고 있다.

EU 역시 2005년 단 1건에 불과하던 국제카르텔 제재 건수가 2007년에는 5건으로 크게 늘어났다. 앞으로도 국제카르텔에 대한 법집행은 더욱 강화될 것으로 보인다. 경쟁담당 집행위원이 카르텔 억지를 위해 더 많은 과징금을 부과할 것이라고 EU의회에서 직접 천명하기도 했다. 실제로 2012년 12월에는 TV 및 컴퓨터 모니터용 브라운관(CRT)을 생산하고 있는 7개 업체의 카르텔 행위에 대해 사상 최대금액인 14억 7,000만 유로의 과징금을 부과했다.

일본의 최근 국제카르텔 규제 움직임도 주목할 만하다. 2008년 마린호스 국제카르텔에 대해 3,000만 달러의 과징금을 부과한 것을 시작으로 2009년 10월에는 한국과 대만 등 외국기업이 포함된 TV용 브라운관 국제카르텔 사건을 제재한 바 있다.

공정위의 국제카르텔 사건 처리 실적(2013년 1월 현재)

사건명	조치시기 (년)	피심인		과징금
		국가	사업자	
흑연전극봉	2002	3개국 (미국, 독일, 일본)	6개 사업자	57억 원
비타민	2003	5개국 (스위스, 독일, 프랑스, 일본, 네덜란드)	6개 사업자	34억 원
복사용지	2008	4개국 (인도네시아, 싱가포르, 태국, 중국)	4개 사업자	38억 원
마린호스	2009	4개국 (일본, 영국, 프랑스, 이탈리아)	6개 사업자	14억 원
항공화물운임	2010	16개국 (일본, 태국, 인도, 홍콩, 말레이시아, 싱가포르, 영국, 프랑스, 네덜란드, 룩셈부르크, 독일, 스위스, 덴마크, 호주, 미국, 한국)	21개 사업자	1,243억 원
CDT (컴퓨터 컬러모니터용 브라운관)	2011	4개국 (한국, 대만, 말레이시아, 중국)	5개 사업자	262억 원
TFT-LCD (초박막액정표시장치)	2011	2개국 (한국, 대만)	10개 사업자	1,973억 원
CRT Glass (브라운관 유리)	2011	2개국 (한국, 일본)	4개 사업자	545억 원
계	-	20개국	62개 사업자	4,166억 원

공정위도 이와 같은 세계적인 규제 움직임에 발맞추어 경쟁법의 역외적용을 적극적으로 확대하고 있다. 우선 2004년 12월 공정거래법을 개정하여 국제적인 반경쟁적 행위에 대해서 국내법으로 규제할 수 있는 법적인 근거를 명시했다. 그리고 흑연전극봉 국제카르텔(2002년 4월)을 시작으로 비타민 국제카르텔(2003

년 4월), 복사용지 국제카르텔(2008년 12월), 마린호스 국제카르텔(2009년 5월), 항공화물 국제카르텔(2010년) 등 굵직한 국제카르텔 사건들을 제재한 바 있다.

공정거래위원장 재임 중에도 국제카르텔 사건을 적발하여 제재함으로써 시장과 소비자를 보호하려는 노력을 지속했다. 이 가운데서도 특히 기억에 남는 것이 TFT-LCD 국제카르텔과 브라운관 유리(CRT Glass) 국제카르텔 사건이다.

TFT-LCD 국제카르텔 사건은 한국을 포함한 세계시장에서 판매되는 액정표시장치(TFT-LCD) 패널제품의 가격 및 물량을 담합한 사건이다. 대만과 한국의 10개 TFT-LCD 제조·판매사업자들이 2001년 9월부터 2006년 12월까지 중층석으로 구성된 양자 및 다자회의를 매달 1회 이상 개최하는 등의 방식으로 담합했다. 이는 전 세계 LCD 시장에서 약 80%의 시장점유율을 보유하고 있는 사업자들 간 담합행위였다.

이로 인해 LCD 가격은 물론, 모니터, 노트북, TV 등과 같은 완제품 가격도 인상되는 결과를 가져옴으로써 국내소비자의 이익이 침해됐다. 공정위는 이들 카르텔을 적발하여 2011년 10월 시정명령과 함께 총 1,900여억 원의 과징금을 부과했다. 이 사건은 미국과 EU에 이어 세계에서 세 번째로 취한 조치로, 지금까지 공정위가 다루었던 국제카르텔 사건 중 최고의 과징금이 부과된 사례다.

브라운관 유리(CRT Glass) 국제카르텔 사건은 국내 2개사, 국외 2개사 등 총 4개의 브라운관 유리업체들이 1999년 3월부터 2007년 1월까지 약 8년에 걸쳐 브라운관 유리의 가격과 거래상대방을 제한한 국제적인 담합행위를 적발한 것이다. 공정위는 2011년 12월, 이들 4개사에 대해 총 545억 원의 과징금을 부과했다. 특히 이 사건은 2009년 3월 EU 경쟁당국과 공동으로 현장조사를 실시하는 등 외국의 경쟁당국과 긴밀한 공조체제를 유지하여 사건을 효과적으로 처리한 케이스다.

앞으로 세계경제는 디지털화와 글로벌화가 더욱 가속화될 것으로 예상된다. 이에 따라 시장 역시 하나의 글로벌시장으로 통합될 것이고 그로 인해 개별국가들은 국내거래 못지않게 국제거래에 의존하는 정도가 더더욱 확대될 것이다. 각국 경제 상호 간에 주거나 받는 영향도 커지고 긴밀해질 것이다. 이러한 환경 하에서 경쟁관계는 전 세계를 대상으로 하는 초거대기업 또는 다국적 기업들이 주도하는 경우가 많아지고 이들의 행위는 개별국가의 경제에 직접적인 영향을 미치게 될 것이다. 따라서 외국사업자들이 역외 경제활동에서 유발하는 국제카르텔과 같은 반경쟁적 행위로부터 우리 국내시장과 소비자들을 지켜내는 일은 그 중요성이 더욱 커질 수밖에 없다. 앞으로 이에 대한 공정위 차원의 감시가 강화되어져야 하는 것은 물론이거니와 이를 위해 공정위의 조사역량을 제고할 수 있는 방안에 대해서도 적극적인 뒷받침이 이루어져야 할 것이다.

규제완화는 미래 우리 경제의 활력을 위한 주춧돌

자유로운 시장경쟁을 제한하거나 기업의 비즈니스 활동에 불필요한 부담을 가중시키는 각종규제를 합리적으로 개선하는 일이야말로 우리 경제의 활력을 제고하기 위해 지금 당장 실천에 옮겨야 할 가장 기본적인 과제 중 하나다. 왜냐하면 이 역시 우리 경제의 허리를 튼튼히 하는 노력의 일원이기 때문이다.

기획재정부 1차관과 공정거래위원장으로 재직하면서 중점을 두었던 일 중의 하나도 바로 시장구조를 경쟁적으로 전환하는 진입규제 개선이었다. 진입규제란 말 그대로 특정산업이나 직종에 참여하여 사업을 영위할 수 있는 자유나 권리를 제한하는 규제를 말한다. 이를테면 인가나 허가, 면허, 등록 등이다. 사실 이는 모든 정부규제의 출발점이 되는 것들이다. 2011년 기준으로 규제개혁위원회에 등록된 총 6,941건의 규제 중에서 경제적 규제는 2,695건(39%)이고 그 가운데 진입규제로 분류된 것이 1,062건에 이른다.

이처럼 규제완화에 관심이 컸던 이유는 과거 국무조정실에서 규제개혁 2심의관으로 일하면서 고비용·저효율 사회구조를 탈피하기 위해서는 정부차원의 규제개혁 노력이 얼마나 중요한지 뼈저리게 절감했기 때문이다. 그동안의 규제개혁에 대한 양적인 성과에도 불구하고 국민들의 체감도는 여전히 크게 낮은 것이 현실이다. 이것은 국민생활이나 기업활동에 많은 영향을 미치는 중요한 규제들이 아직도 개선되지 못하고 있고 환경이나 안전 등의 분야에서는 새로운 규제가 지속적으로 도입되고 있기 때문이다. 하지만 이보다 더 중요한 이유는 기득권집단의 지향과 공무원을 포함해 이해 당사자들이 상당기간 기존 관행대로 처리하려는 경향 등에 있다. 그렇기 때문에 규제개혁은 일회성이 아니라 시대적 흐름에 능동적으로 대처할 수 있는 시장친화적이고 신축적인 방향으로 지속되어야 한다.

또한 규제영향 평가기법을 개발함으로써 규제의 객관성과 신뢰도를 높이는 데에도 역점을 둘 필요가 있다. 아울러 규제개혁의 이행실태를 점검·보완해 나가는 노력을 병행해야 국민들의 규제개혁 체감도가 높아질 것으로 생각한다. 공정거래위원장으로 일하면서 이런 원칙하에 진입규제 문제에 대해 접근하고 나름대로 개선책을 마련하고자 노력했다.

진입규제는 기존기업들에게 과도한 렌트, 즉 독과점이윤을 보장해주고 혁신적인 신규기업이 잠재력을 발휘할 수 있는 기회를 원천 봉쇄한다. 따라서 시장경제의 활성화와 고용창출을 크게 저해하고, 이는 소비자후생 저하와 국가경쟁력 약화로 이어지게 된다. 한국개발연구원(KDI)의 연구결과에 따르면, 진입규제가 절반으로 줄어들게 되면 총요소생산성이 증가하여 잠재성장률이 0.5%p 증가하는 효과를 기대할 수 있다고 한다. 또한 산업연구원도 2009년에 진입규제를 10%만 줄여도 신규 일자리 7만 5,000개가 만들어질 수 있다는 연구결과를 발표한 바 있다. 이런 측면을 고려할 때 지속적인 경제성장과 선진 시장경제로의 도약을 위해서는 불합리한 진입규제를 개선하는 것이 매우 시급하다고 본다.

이런 이유로 오랫동안 정부는 불합리한 규제를 완화 또는 폐지하려고 노력해 왔다. 하지만 자유로운 시장진입을 가로막는 규제를 개선하는 정도는 상대적으로 미흡했던 것으로 평가된다. 산업연구원이 2009년 발표한 《경제활력 제고를 위한 진입규제 개혁방안》 보고서에 따르면, 우리나라 신규기업의 진입률[39]은 2002년 20.6%에서 2008년 12.2%로 감소했고 이로 인해 고용창출률[40] 역시 2002년 13.7%에서 2008년 7.6%로 크게 떨어졌다.

이와 관련, 정부는 2009년 3월 공정거래위원회가 종합적인 진입규제 개선사업을 추진하도록 결정했다. 공정위는 특정 산업을 관할하지 않는 중립적인 기관이면서도 전문적인 경제지식을 갖추고 있어 진입규제 등 경쟁제한적 규제에 대한 개선을 추진하기에 가장 적합한 정부기관이라고 여겨졌기 때문이다. 이에 따라 공정위는 사업자단체로부터의 건의, 전문가 의견수렴, 자체 시장분석 등을 통해서 개선이 필요한 진입규제들을 선별하고 연구용역과 이해관계자 간담회, 관계부처와의 이견조정 등을 통해 최종적인 개선방안을 마련했다.

진입규제 개선과정에서는 신규사업자의 유입으로 기득권을 잃게 될 것을 우려하는 이해관계자들의 반대가 강하게 나타난다. 이 때문에 주요 쟁점사항에 대해 다양한 의견을 균형 있게 수렴하고 합리적인 개선방안을 마련하는 것이 무엇보다 중요하다. 특히, 기득권집단의 반발이 심한 분야일수록 추진 과정상에 어려움은 있지만 그만큼 규제개선의 파급효과가 크게 나타나기 때문에 반대가 심한 과제에 대해서는 공청회 등을 통해 이해관계자를 적극적으로 설득하고 규제개선 필요성에 대한 사회적 공감대를 형성하는 과정이 필수적이다.

이런 과정을 거쳐 2009년 9월에 우선 1단계로 공적 독점이 존재하거나 장기간 독점이 지속되어 개선이 시급한 분야를 중심으로 26개 진입규제 개선방안이 마련됐다. 2010년 4월에는 2단계로 보건의료, 유통, 항공운송 등 서비스분야와 공적 독점 분야에서 20개의 진입규제를 개선했다. 마지막으로 2011년 3단계에서는 보건·의료, 문화·관광 등 국민생활과 밀접한 서비스 분야를 대상으로 19개 진입규제에 대한 개선방안을 마련하여 2011년 8월에 발표했다.

3단계 진입규제 개선과정에서 특히 뜨거운 사회적 관심을 받았던 사안이 일반의약품의 약국 외 판매를 허용하는 문제였다. 이전 약사법은 의사의 처방이 필요한 전문의약품과 처방이 필요 없는 일반의약품 모두에 대해 약국 이외의 장소에서 판매를 금지했다. 안정성에 대한 우려가 없는 해열진통제나 소화제, 감기약과 같은 상비의약품까지도 마트나 슈퍼 등에서의 판매를 금지함으로써 약국이 부족한 소외지역과 그러한 지역이 아니더라도 심야나 공휴일에는 일반의약품을 구입하기가 어렵게 되어 있었다.

다행히 이해관계자들과의 많은 협의와 범정부 차원의 조정과정을 거쳐 어렵게 개선안이 마련됐다. 개선안은 이른바 '안전상비의약품'에 한해 약국 이외의 장소에서도 판매할 수 있도록 허용했다. 판매장소는 24시간 연중무휴로 판매가 가능한 장소로써 판매자가 사전교육을 받고 시·군·구에 등록하도록 했다. 품목 수는 의약품의 성분, 부작용, 인지도, 구매편의성 등을 고려해 20개 품목 이내에서 복지부장관이 지정·고시하도록 했다. 마침내 2012년 11월부터는 13개 품목에 대해 슈퍼, 편의점 등에서 판매가 시작됨으로써 국민의 의약품 구입불편이 조금이나마 해소될 수 있게 됐고 더 나아가 판매경쟁이 확대됨으로써 의약품의 가격인하 효과도 기대된다.

진입규제 완화의 대표적인 사례는 이뿐만이 아니다. 최근 몇 년 동안 가히 열풍이라고 불러도 좋을 만큼 막걸리의 인기가 하늘 높은 줄 모르고 있는데 그 이면에도 진입규제 철폐라는 정책이 자리 잡고 있다. 1999년까지만 하더라도 막걸리 제조업자들, 즉 술도가의 면허는 지역단위로 제한돼 있었다. 당시 정부는 규제개혁 차원에서 이를 없애 신규면허를 내주도록 했고 판매지역도 군 단위로 제한돼 있던 것을 해제했다. 이로 인해 다양한 막걸리생산이 가능하게 되면서 지금은 그 종류가 700여 가지에 이르고 있고 판로 역시 생산지역을 넘어 넓어졌다. 그 결과 2008년 전국적으로 3,000억 원에 불과했던 막걸리 시장규모는 2012년 1조 원에 이르고 전체 주류시장의 6%를 차지하게 됐다. 이와 함께 한류 바람을 타고 막걸리수출 또한 매년 증가하고 있다.

한편, 그동안 3단계로 나눠서 추진되어온 진입규제 개선과제들이 차질 없이 진행되고 있는지도 점검했다. 2012년 6월 점검 당시, 총 65개 과제 중 약 78.4%인 51개 과제가 이미 이행이 완료된 것으로 확인됐고 나머지 과제도 계속 개선되고 있는 것으로 나타났다. 이행이 끝난 주요 개선과제를 대상으로 직접 현장점검을 실시했다. 과거 독점적이었던 영역에 중소기업들이 활발하게 진출함으로써 다양한 상품출현과 함께 가격도 인하되는 등 소비자가 체감할 수 있는 규제개선효과가 발생하고 있음이 확인됐다.

그동안의 성과를 토대로, 2011년 하반기부터는 4단계 규제개선 작업도 진행됐다. 이번에는 시장경제를 활성화하기 위해서는 불합리한 경제규제 전반을 종합적으로 개선할 필요가 있다는 생각에서 진입규제뿐만 아니라 가격규제와 영업활동규제 등을 포함해 광범위하게 추진과제를 발굴했다. 이를 토대로 연구용역, 관계부처 의견조회, 국가경쟁력강화위원회 조정회의 등을 거쳐서 지방 공공건설사업 신규 사업자 낙찰제한 완화 등 모두 20개 과제에 대한 개선방안을 마련해 2012년 9월 25일에 발표했다.

여기에는 복수사업자 간 실질적 경쟁을 촉진함으로써 소비자 부담을 완화하는 여러 내용을 포함했다. 첫째, 중소기업의 자유로운 활동과 성장을 가로막는 불필요한 규제를 개선하여 중소기업의 부담을 완화하는 내용이다. 예를 들면 지방 공공건설사업 신규사업자 낙찰제한 완화, 건강기능식품 판매업 신고요건 완화, 막걸리 판매용기제한 완화 등이다. 둘째, 다양한 경쟁제한적 규제를 폐지·개선하여 기업환경을 개선하는 내용이다. 골프장·스키장 등 회원증 확인절차 개선, 열병합 발전소의 유기성오니 사용허용, 화장품 표시·광고규제 합리화 등 불합리한 업무범위 및 영업활동 제한 등이 포함됐다. 이밖에도 인천국제공항 면세점 사업자 경쟁확대, 화장품 온라인 수입대행업에 대한 규제 합리화 등이 있다.

규제개혁과 관련, 기존의 규제를 철폐하거나 완화하는 것도 중요하지만 신설되는 규제를 차단하는 것도 그에 못지않게 중요하다. 그래서 정부부처에서 규제를 신설하거나 강화하고자 할 때에는 반드시 공정위의 경쟁영향평가를 거치도록 되어 있다. 한 가지 예를 들어보자. 보건복지부는 2009년 고시원 같은 다중 이용업소의 화재사건이 빈발하자 신규 산후조리원을 2층 이하에만 설치하도록 했다. 반면 3층 이상에 위치한 기존의 산후조리원에 대해서는 이를 면제하는 규제안을 마련했다. 공정위는 이 규제가 시장의 90% 이상을 차지하는 3층 이상의 기존 업체에 대해서는 기득권을 보장하고 신규사업자에게만 차별적으로 비용을 증대시키는 규제라고 판단했다. 그래서 대안으로 산후조리원의 소방안전 관련 시설기준을 강화하는 안을 제시했다. 이에 따라 보건복지부의 신규규제안은 철회됐다. 이는 경쟁영향평가가 어떤 기능을 하고 있는지 잘 보여주는 전형적인 사례다.

앞에서 살펴 본 것처럼 경쟁제한적인 규제들을 철폐해서 시장경쟁을 활성화하는 것은 시장경제 확립은 물론, 국민편익을 제고하고 국가경쟁력을 강화하기 위한 필수적인 과정이다. 그렇기 때문에 불합리한 경쟁제한적 규제를 보다 적극적으로 발굴·개선해나가는 노력은 계속되어야 할 것이다. 이와 관련해서 특히 서비스산업에 대한 진입장벽 및 규제철폐 노력이 무엇보다 시급하고 중요하다. 왜냐하면 이는 현재 우리 경제가 안고 있는 큰 문제 중 하나인 '고용 없는 성장'을 해소할 수 있는 지름길이 될 수 있기 때문이다. 고용증대 차원에서 가시적인 성과가 가능한 대표적 분야가 바로 서비스산업이다.

따라서 앞으로 서비스분야의 규모를 확대시키고 경쟁력을 확보하는데 경제정책의 주안점을 두어야 할 것이다. 현재의 여건과 잠재력을 고려해 볼 때, 복지와 의료, 금융과 관광, 그리고 유통과 교육분야를 전략서비스산업으로 선정해 집중육성하는 것이 바람직하다고 생각한다.

사실 서비스산업의 선진화가 미래 우리 경제의 활력을 위해 절실하다는 점은 모두가 잘 알고 있다. 하지만 이해관계가 첨예하게 대립하다 보니 부처 간 이견조차 완전히 정리되지 못한 실정이다. 입법부 역시 정치적 이해관계에 따라 서비스산업 선진화 차원에서 반드시 필요한 일부 법률의 개정을 심도 있게 다루지 못하고 있다. 과거 재정경제부에서 경제협력국장으로 일할 때, 한미 자유무역협정(FTA) 업무를 추진하며 절실하게 느꼈던 것도 바로 이런 부분이었다.

과거에는 적극적인 시장개방을 통해 우리 제조업들의 국제경쟁력을 높일 수 있었다. 마찬가지로 오늘날 서비스산업의 경쟁력 제고와 선진화를 위해서도 진입규제 철폐와 함께 시장개방이 필요하다. 그러나 이해집단들의 강력한 저항에 부딪히면서 만족할 만한 성과를 거두지 못하는 경우가 종종 있다.

서비스산업의 경우 행정부와 입법부가 보다 적극적인 의지를 가지고 진입장벽과 함께 규제 철폐를 추진해 나간다면 관련 시장이 확대되고 고용이 창출될 수 있는 여지가 더욱 커진다. 그런 점에서 대승적 차원의 정책적 결단과 합의가 중요하다.

새 시대를 열면서 제구포신(除舊布新)의 정신으로 과거와 미래를 두루 살필 때

이제 계절이 또 한 번 옷을 바꿔 입었다. 유난히 춥고 폭설도 자주 내렸던, 그래서 서민들에게는 더욱 힘들었던 겨울이 지나가고 새싹이 돋아나는 봄이 찾아왔다. 자연의 섭리가 그러하듯 우리 경제에도 이제 머지 않아 중소기업과 영세상인 그리고 시민들 모두 따뜻한 봄 햇살 만큼이나 온기를 체감할 수 있는 희망의 날이 다가오기를 소망한다.

그러나 안타깝게도 '경제의 봄'은 계절의 순환에 따라 돌아오는 '자연의 봄'과 달리 시간이 흐른다고 우리에게 저절로 찾아오지 않는다. 더군다나 안팎으로 우리 경제를 둘러싸고 있는 여건도 '경제의 봄'을 예측하기엔 그리 우호적이지 않다. 잠시 잦아들기는 했지만 유럽경제에 내재된 위기의 불씨가 여전히 살아 있고 미국, 중국, 일본 등 주요 국가들의 경제회복 속도가 앞으로도 상당기간 지연될 것이라는 전망이 국내외 전문가들의 대체적인 시각이기 때문이다. 우리 경제 내부적으로도 장기적인 성장을 견인

311

할 만한 특별한 요인들이 보이지 않는 것 또한 사실이다.

2012년 말에 기획재정부가 각계 전문가들로 구성된 '중장기 전
략위원회'와 공동으로 마련한 《대한민국 중장기 정책과제》 보고
서에 따르면, 우리나라는 세계 최저수준의 출산율(2011년 1.24명)
등으로 경제협력개발기구(OECD) 국가들 중에서 고령화 속도가
가장 빠르게 진행되고 있으며, 그 결과 2026년에는 노인 비중이
20%를 넘어서는 이른바 초고령 사회에 진입하게 된다고 한다. 이
로 인해 우리 경제의 잠재성장률은 2011~2020년 기간 동안 연평
균 3.8%에서 2031~2040년에는 1.9%로 하락할 것이라고 한국개
발연구원(KDI)은 예측하고 있다.

어디 그뿐인가? 대기업과 중소기업 간 양극화 현상도 심화되고
있다. 글로벌 시장의 확대로 중견기업을 포함한 대기업의 총수출
액은 2006년 2,209억 달러에서 2011년 4,529억 달러로 갈수록 확
대되고 있는데 반해, 중소기업은 판로개척의 어려움과 마케팅 능
력부족 등으로 2011년 총수출액이 2006년 수준에 그대로 머물러
있다. 그 결과, 총수출액에서 중소기업이 차지하는 비중도 2006
년 31.9%에서 2011년 18.3%로 급격하게 감소했다.[41] 사정이 이
러하다 보니 설사 우리 경제에 봄날이 도래한다고 하더라도 지금
과 같은 부실한 허리를 가진 경제·산업구조를 가지고서는 그 봄
이 얼마나 지속될 수 있을지 걱정이 앞선다.

그렇지만 마냥 걱정만 하고 있을 수는 없고, 또 그럴 필요도 없다. 앞서 보았듯이 한국경제는 1970년대 두 차례의 오일쇼크와 1997년의 외환위기, 그리고 2008년의 글로벌 금융위기 등 숱한 시련을 국제사회의 모범 사례로 인정될 만큼 훌륭하게 극복해 온 DNA를 가지고 있다. 최근 통계청이 분석·발간한 자료를 보면, 우리가 가지고 있는 이러한 우수한 DNA가 무엇인지 잘 나타나고 있다. 그 중 몇 가지 예를 보면, 지난 수년간 콘텐츠산업의 해외 수출액이 연평균 20%씩 성장하는 등 문화콘텐츠로 세계를 사로잡는 DNA가 있고, 특허 등록 건수가 2010년 한 해만 해도 6만 9,000건에 이르는 등 글로벌 우수브랜드를 이끄는 DNA가 있으며, 해외 봉사활동 참가자 수도 지난 10년간 10배가 느는 등 세계에 나눔을 실천하는 DNA가 있다는 것이다.

경희대학의 임마누엘 페스트라이쉬 교수는 2012년 발간된 그의 저서에서, 오늘날의 국제정세 속에서 한국이 처한 위치가 마치 춘추전국 시대의 주(周)나라와 비슷하다는 평가를 내린 바 있다. 비록 군사적·경제적 측면에서는 절대적으로 큰 국가가 아니었지만 그 당시 주변국가 간 질서를 유지하고 경제·문화관계에서 조화와 안정을 이끄는 데 핵심적인 역할을 했던 주나라에 비유해 우리가 나가야 할 길을 제시한 것이다. 그의 분석에 참으로 공감이 간다. 비근한 예로, 2010년 한국은 G-20 정상회의 의장국으로서, 그리고 2012년에는 50여 개국 정상이 참가한 핵안보 정상회의 개최국으로서 국제사회의 책임 있는 일원이라는 깊은 인상을 남긴 바 있다. 또한 싸이의 〈강남스타일〉로 대표되는 한류가 갈수록 그 깊이와 폭을 더해가면서 아시아는 물론이고 미국, 유럽, 남미 등 전 세계로 확산되고 있다. 그 결과로 나타난 것이 바로 외국인 관광객 수 1,000만 명 시대의 진입과 2012년 국가신용등급 상향이라고 해도 과언이 아니다.

이렇듯 우리는 위기극복과 함께 성장 친화적인 우수한 DNA를 가지고 있고 이를 바탕으로 경제와 문화, 외교적으로 매우 중요한 역할을 수행하고 있다. 이런 점에서 비록 우리를 둘러싸고 있는 대내외적 여건이 여러 가지로 어렵기는 하지만, 현재 우리나라가 국운상승의 기류를 타고 있는 것만은 확실하다고 생각한다. 앞으로 이러한 상승기류가 갑작스런 돌풍이나 높은 봉우리를 만나 꺾이지 않도록 하는 것이 이 시대를 살아가고 있는 우리 모두의 과제일 것이다.

그런 차원에서 모든 경제 주체가 제구포신(除舊布新)의 의미를 한 번쯤 되새기면서 과감하게 묵은 것을 제거하고 새로운 것을 펼쳐 나가는데 진력하기를 희망한다. 이 말은 원래 《춘추좌전》에 나오는 사자성어로, 겨울 하늘에 혜성이 나타나자 노나라의 대부 신수가 이를 제구포신의 징조로 해석했다는 데서 유래한다. 혜성은 본래 불길함의 상징으로 여겨졌지만 신수는 이를 오히려 변혁의 조짐으로 통찰한 것이다. 그렇지만 현재를 살아가고 있는 우리에게 이 말의 진정한 의미는 '낡은 것은 버리고 새것을 받아들이되, 낡은 것의 가치도 다시 생각하고 새것의 폐단도 미리 헤아릴 줄 알아야 한다'는 관점에서 보다 균형잡힌 시각으로 해석되어야 할 일이다. 바로 이런 정신에 입각해서 향후 새정부 경제정책의 핵심적인 고려사항이자 화두로 대두될 두 가지 이슈, 즉 경제민주화와 복지에 대한 나의 생각을 에필로그를 통해 정리하면서 이 책을 마무리하고자 한다.

경제민주화와 복지, 균형 잡힌 시각과 접근이 필요

2012년 대선을 전후하여 사회적으로 경제민주화가 가장 뜨거운 쟁점 중 하나로 부상했다. 우리 경제의 지속가능한 발전을 위해서는 대기업(집단)의 지금과 같은 관행과 행태를 더 이상 방치해서는 안 된다는 것이 그 핵심이었다. 앞으로, 그것도 빨리 대기업과 중소기업 간 관계가 변화되고 개선되어야 한다는 것에는 이론의 여지가 있을 수 없다. 그렇지 않고서는 앞으로 우리나라가 현대판 주나라와 같은 역할이 가능하도록 하는데 우리 경제가 기여가 아닌 제약요인으로 작용할 것이기 때문이다.

그러기 위해서는 무엇보다도 먼저 대기업 총수들의 인식과 행동이 바뀌어야 한다. 아프리카 속담에 '빨리 가려면 혼자 가고, 멀리 가려면 함께 가라'는 말이 있다. 지금 우리가 처한 경제환경 속에서 이처럼 새겨들어야 할 경구가 또 어디에 있을까 싶다. '멀리 가려면 결코 혼자서는 안 되고 함께 가야만 가능하다'라는 동반성장에 대한 깨달음이 대기업(집단)들의 경영이념으로 확고하게 자리 잡아야 한다. 관련해서 앞의 파트 3 경제민주화에서 주창했던 '공정경영'의 필요성을 다시 한 번 강조하고 싶다.

생물학적 용어를 빌리자면 우리나라 대기업(집단)들은 DNA의 집단변화를 통한 진화를 하지 않고서는 지금과 같은 경제환경 속에서 생존을 담보할 수 없다고 생각한다. 다윈의 진화론을 이야기할 때 흔히 그 대표적인 사례로 드는 영국 맨체스터지방 숲의 후추나방에 관한 진실은 경제생태계에도 그대로 적용될 수 있다. 맨체스터지방 숲에는 예전부터 후추나방이 살고 있었는데 색깔이 짙은 검은나방과 밝은 색의 흰나방 두 종류가 있었다고 한다. 그런데 산업혁명으로 인해 공장들이 들어서면서 대기가 오염되고 그로 인해 숲속의 나무들이 모두 검게 변하게 됐다. 이로 인해 숲속 후추나방 생태계에 큰 변화가 초래됐다. 즉, 산업혁명 이전에는 검은나방 수가 적었는데 오염으로 나무에 기생하던 지의류가 죽게 되면서 나무들도 모두 검게 변하니 흰나방이 눈에 쉽게 띄어 새들에게 잡아먹히고 말았기 때문이다. 그 결과로 숲속에서 흰나방은 사라지고 검은나방들만 살아남게 됐다고 한다. 결국 숲속 환경변화에 적응하지 못한 흰나방은 도태되고 만 것이다.

우리 대기업(집단)들도 이러한 자연생태계의 진화 이치를 깊이 인식, 스스로 진화의 길을 걷지 않는다면 가까운 미래에 그 존속성과 계속성을 장담할 수 없게 되는 상황으로 내몰릴 수 있다. 따라서 대기업(집단)들은 지금의 상황을 불길한 혜성의 징조가 아니라 변혁의 조짐으로 이해하고 거기에 맞춰 과감하게 새 것을 받아들이려는 자세가 필요하다. 반면, 정부는 경제민주화에 필요한 정책과 제도를 만들어 나감에 있어 옛것을 낡은 것으로만 치부하지 말고 그것이 갖는 가치를 인정하고 새것의 폐단도 미리 꿰뚫어보는 지혜를 발휘해야 할 것이다.

이렇게 노력할 때 대기업과 중소기업이 함께 번영하는, 그래서 기업과 산업의 기반이 단단해지고 그 생태계가 건강해지는 '공생발전'의 문화가 꽃피우게 될 것이라고 확신한다. 그런 의미에서 대기업(집단)들의 무분별한 문어발식 경영을 규제하기 위해 논의되고 있는 방안들은 맞춤형 해법을 마련하는 쪽으로 접근되어야 할 일이지 문제를 개선하지는 못하면서 투자와 고용창출에 해를 주는 식으로 검토되어서는 안 될 것이라고 믿는다.

앞으로 우리 사회에서 활발하게 논의될 것으로 예상되는, 그래서 과도할 경우 오히려 내부적으로 계층·세대 간 갈등을 조장할 것으로 우려되는 또 다른 분야가 바로 복지문제다. 얼마 전까지만 하더라도 우리 사회에는 분배나 복지보다는 당장은 파이를 키워야 한다는 도그마가 지배했었다. 개발연대 과정에서 이 논리는 일견 타당성이 있었고 국민들도 어느 정도 이를 수긍하고 감내해왔다. 하지만 이제는 이러한 이분법적인 시각이 더 이상 타당하지 않게 됐다. 경제적 양극화가 심화되고 있어서이기도 하거니와 우리 경제의 구조가 근본적인 변화의 길로 접어들고 있기 때문이다. 저출산·고령화로 인해 경제의 활력이 떨어지는 상황을 타개하기 위해서는 여성과 노령인구의 경제활동 참여확대가 필수적이다. 그런데 이를 뒷받침하기 위해서는 육아는 물론이고 교육과 노동, 의료, 노후(실버) 등의 분야에서 시스템적인 지원이 충분히 이루어져야 한다. 따라서 이제는 성장이냐 복지냐 같은 흑백논리적인 선택의 문제가 아니라 오히려 성장을 위해서 복지를 확대해나가야 하는 상황이 된 것이다.

이쯤에서 우리는 복지에 대한 기존의 패러다임을 180도 전환해야 할 필요성을 느낀다. 사실 우리 예산에서 가장 큰 비중을 차지하고 있는 분야는 국방이지만, 어느 누구도 이를 낭비라고는 생각하지 않는다. 외부의 적으로부터 국가의 안위를 지켜내기 위해 당연히 지불해야 하는 비용으로 받아들인다. 이를 통해 국민들은 안심하고 경제활동에 종사할 수 있고 때로는 인터넷 같이 국가안보를 위해 개발된 기술들이 민간부문에 이식되어 엄청난 부가가치를 창출하기도 한다. 마찬가지로 복지는 양극화라는 내부의 적으로부터 우리 사회를 지켜내기 위해 그리고 장기적으로 지속가능한 경제발전을 도모하기 위해 당연히 지불해야 하는 비용으로 간주할 필요가 있다. 이런 점에서 앞으로는 복지와 성장은 양립 가능할 뿐만 아니라 더 나아가 선순환할 수 있다는 발상의 전환이 요구되는 것이다. 나는 이를 좋은 의미에서의 '복지경제(welfare economy)'라고 명명하고 싶다.

이와 관련해서 2013년 2월 중국정부가 심화되고 있는 자국 내 빈부격차 문제를 해소하기 위해 2015년까지 추가적으로 8,000만 명을 빈곤에서 구제하겠다는 그랜드플랜을 발표한 것은 우리에게도 시사하는 바가 크다. 경제적 불평등문제를 그대로 방치할 경우 국가의 존립 자체를 뒤흔들지도 모르는 잠재적인 사회적 불안요인으로 보고 있기 때문이다. 여기서 잠깐 그 주요 내용을 보면, 교육과 공공주택에 대한 지출확대 그리고 공기업들의 배당금확대 등이 포함되어 있는데 이는 중산층을 키워 내수시장을 확대함으로써 수출부진으로 저하되고 있는 경제성장의 동력을 내수에서 찾아보겠다는 미래를 내다본 심모원려(深謨遠慮)의 수라고 하겠다. 이처럼 복지의 확대는 더 이상 선진국들만의 관심사가 아니라 미래의 경제활력을 염려하는 모든 국가들의 공통적인 정책의 제가 되어가고 있는 셈이다.

그렇다면 이제 논의의 초점은 과연 어느 정도까지 복지지출을 확대해야 성장과 분배라는 두 마리 토끼를 잡을 수 있느냐로 모아진다. 과유불급(過猶不及)이라는 옛말이 있듯이 너무 지나칠 경우 복지병을 초래해 오히려 경제에 부담을 줄 수 있기 때문이다. 여기서 우리는 다시 한 번 발상의 전환을 통해 과거로부터 배우려는 자세가 필요하다. 모두가 잘 알고 있는 것처럼 지난 정부는 미래의 새로운 국가비전으로 '저탄소 녹색성장'을 제시했다. 이는 기후변화(climate change)와 그에 대한 대응노력을 불길한 혜성의 징조나 불필요한 비용이 아니라 오히려 녹색산업 진흥을 통해 신성장동력화함으로써 미래 우리 경제의 먹거리를 만들어내겠다는 변혁의 조짐이자 국가발전 전략으로 새롭게 재해석한 것이다. 마찬가지로 복지지출에 대해서도 새로운 산업을 탄생시키고 일자리를 창출할 수 있는 기회로 인식하고 이를 뒷받침할 수 있는 정책적 노력을 기울이는 접근이 요구된다. 즉, 생산적복지는 복지혜택의 수혜자가 자활하도록 함으로써 독립적인 경제활동을 하도록 유도한다는 좁은 차원의 의미가 아니라 복지지출의 확대가 관련 산업과 일자리 창출로 전환되도록 함으로써 사회 전체가 이득을 볼 수 있도록 하자는 광의의 의미로 재조명되어야 한다는 것이다.

이러한 인식이 보편적으로 받아들여질 때에야 비로소 복지와 성장이 선순환될 수 있는 기틀이 마련될 수 있다. 그렇지만 늘어

나는 복지수요를 감당하려면 재원이 뒷받침되어야 하는 과제가
남아 있다. 우선은 세출의 구조조정을 통해 필요한 재원을 마련하
려는 노력이 있어야겠지만 그것만으로는 조만간 급격히 늘어날
것으로 예상되는 복지지출을 감당할 수 없다는 것이 불가피한 현
실이므로 추가적인 세원 마련 방안도 병행해서 미리 검토되어야
할 것이다. 그 방안의 하나로 새 정부가 지하경제의 양성화를 추
진하는 것은 바람직한 방향 설정이라고 생각한다.

새 정부에 바란다
5년이 아닌 50년의 무거움으로

새롭게 임기를 시작한 박근혜정부에 대해 국민의 한 사람으로
서 큰 기대감을 가지면서 조그만 바람을 이야기하고 싶다. 사실
5년의 임기는 짧다면 짧고 길다고 하면 길 수 있는 시간이다. 그
렇지만 절대적이 아닌 상대적인 관점에서 좀 더 긴 호흡으로 바
라보는 안목이 필요하다고 생각한다. 대한민국의 밝은 미래를 위
한 정책을 가지고 뚜벅뚜벅 걸어 나간다면 절대적인 임기는 5년
에 그치겠지만 국민들의 마음과 역사 속에서는 50년의 무거움으
로 다가올 것이기 때문이다.

2013년 1월 30일 우리는 지난 두 번의 실패를 내딛고 3번째 발사 만에 드디어 힘차게 우주로 날아오르는 나로호의 성공을 지켜본 바 있다. 한국도 본격적인 우주 시대로 비상하는 쾌거의 순간이었지만 그러한 성공이 그냥 한 순간에 오지는 않았다. 두 차례의 발사실패라는 아픔과 다시는 이를 되풀이 하지 않겠다는 과학자들의 헌신이 있었기에 가능한 일이었다. 그런 의미에서 과거 두 차례의 발사실패는 기실 실패가 아니라 성공으로 가기 위한 단계의 하나이자 밀알이었던 셈이다.

마찬가지로 지난 정부에서 입안되고 추진된 정책들도 더 나은 결과로 나아가기 위한 과정의 일부로 이해하려는 접근이 요구된다. 과거는 과거일 뿐이라는 자세로 모든 것을 제로베이스에서 시작하겠다고 하면 5년이 아니라 50년의 임기도 부족할지 모른다. 인류 최초로 달에 첫 발을 내디딘 닐 암스트롱은 "한 사람의 인간에게는 작은 걸음이지만 인류에게는 위대한 한 걸음이다"라고 소감을 말한 바 있다. 새 정부도 보다 나은 대한민국의 미래를 위해서 위대한 한 걸음을 내딛는다는 마음과 제구포신(除舊布新)의 겸허한 자세로 정책을 추진한다면 국민들의 마음을 얻는 일에 성공할 수 있을 것이라고 믿어 의심치 않는다.

누군가로부터 받게 되는 따뜻한 격려는 동서고금을 막론하고 함께 살아가는 이들에게 큰 힘이 된다고 한다. 그런 의미에서 미국역사에서 가장 위대한 대통령으로 추앙받고 있는 링컨 대통령의 사례는 우리에게 크나큰 교훈과 감동으로 다가오기에 충분하다. 그가 암살당했을 때 그의 양복주머니에서 다음과 같이 적힌 낡은 신문기사 한 조각이 발견됐다고 한다. "링컨은 모든 시대의 가장 위대한 정치인 중 한 사람이었다." 그저 한 줄의 글에 불과했지만 이 신문 쪼가리를 매일 주머니에 넣고 다니면서 고난이 닥쳐올 때마다 꺼내 읽으며 자신을 다스릴 줄 알았기에 남북전쟁이라는 위기를 넘어 궁극적으로는 미국역사상 가장 위대한 대통령으로 자리매김할 수 있었던 것은 아닐까? 그 연장선상에서 나도 마음속으로부터 새 정부의 성공을 바라며 따뜻한 응원과 격려를 보낸다.

한국 사회는 지난 반세기 동안 모든 분야에서 엄청난 변화와 진전이 있었다. 절대적 소득수준은 물론이고 삶의 질 또한 급격히 개선됐다. 그러나 그 과정에서 많은 부작용과 갈등이 표출되고 확대되어 온 것 또한 사실이다. 서둘러 이를 치유하고 보완하지 않으면 지금까지의 발전이 지속될 수 없다고들 말한다. 나도 이에 전적으로 동의한다. 34년간의 공직생활을 통해 미력하나마 우리 경제의 지속가능한 발전을 위해 나름대로 최선을 다했지만 만족할 만큼 성과를 내지 못했다는 아쉬움이 가슴 한 편에 남아 있는 것 또한 사실이다. 사회 모든 분야의 지도층을 비롯해서, 공직의 후배 동료들이 고민하고 해결해야 할 커다란 숙제로 남아

있는 셈이다. 이제 그들의 헌신과 결실을 기원하면서 이 책을 마
무리한다.

참고 자료

공정거래위원장 취임사

2011년 1월 3일

(중략)

저는 이 취임 자리를 빌려 위원장으로서 앞으로 여러분과 함께 머리를 맞대고 고민하면서 풀어나가야 할 과제의 일단에 대해 말씀드리고 인식을 공유하는 시간을 갖고자 합니다.

여러분들도 잘 아시는 것처럼 지금 정부가 최우선적으로 추구하고 있는 국정가치는 공정사회의 구현입니다. '공정하고 자유로운 경쟁'이라는 시장경제체제의 기본질서를 수호하기 위해 존재하고 있는 공정거래위원회는, 그래서 더욱 다른 어느 기관보다도 앞장서서 공정사회를 실현하는 데 구심점(求心點)이 되어 줄 것을 요구받고 있습니다.

저는 공정거래위원회 가족 여러분들 모두가 이 같은 시대적 소명을 다시 한 번 깨닫고 다짐하는 것이야말로 앞으로 우리가 나가야 할 좌표(座標)를 명확히 하는 것이라 굳게 믿고 있습니다. 그리고 이러한 이해의 토대 위에서 공정한 사회를 실천에 옮기기 위해 우리 위원회가 어떤 역할을 해야 할 것인지 냉철하게 자문해 보아야 할 것입니다.

우선, 지금 우리를 둘러싼 대내외적인 여건은 위원회의 역할과 관련해 기존의 패러다임을 보다 발전적으로 변화시킬 것을 요청하고 있습니다. 지난 30년이 우리 위원회에 있어 합의제 중앙행정기관으로서의 독립성을 강화하는 한편, 시장질서를 교란하는 불공정행위를 감시하고 엄단하는 차가운 파수꾼으로서의 위상을 정립해 온 시간이었다면, 이제부터는 모든 경제주체가 상호 공존하며 상생할 수 있도록 정책적으로 뒷받침하는 따뜻한 균형추로서의 역할을 추구할 때라고 생각합니다.

소비자와 생산자는 어느 한 쪽을 택하고 다른 한 쪽을 버려야 하는 제로섬의 관계가 아니라 시장경제를 지탱하는 양대 축으로서 궁극적으로 윈–윈하는 상생의 관계가 되도록 모두 보호되어야 합니다.

마찬가지로 대기업과 중소기업 간에도 일방적인 규제와 보호의 관계를 지양하고 동반성장할 수 있는 건전한 상호협력관계를 유도함으로써 우리 경제가 지속가능한 성장을 할 수 있도록 굳건한 기반을 쌓아가야 할 것입니다.

이 같은 균형감각 위에서, 저는 우리 위원회가 앞으로 시장과 끊임없이 소통하면서 불편부당하지 않게 모든 이해주체들의 목소리에 귀 기울임으로써 시장경제 내의 갈등과 불화를 조정하고 해소하는 모습을 보여 주어야 한다고 생각합니다. 그렇게 할 때 비로소 우리 위원회는 감시자나 심판자의 역할을 뛰어 넘어 공명정대(公明正大)한 시장의 균형자로서 기능하게 될 것입니다.

둘째, 공정사회 구현을 위한 핵심실천과제로써 범정부적으로 추진되고 있는 서민생활 안정을 위해 우리 위원회는 지금 그 어느 때보다도 그리고 다른 어느 정부 부처보다도 먼저 문제점을 직시하고 해결책을 모색하는 노력을 배가해야 합니다.

주지하는 바와 같이 현재 세계 경제는 제2의 대공황이라고까지 불리는 긴 위기의 터널을 빠져 나와 조금씩 정상궤도로 진입하고 있습니다. 지금까지 우리나라는 다른 어떤 경쟁국들보다도 슬기롭게 경제위기를 헤쳐나왔습니다. 그렇지만 여전히 우리 앞에는 고용불안이나 양극화 같은 여러 경제적 난제들이 가로 놓여 있습니다.

특히, 원자재가격 급등과 함께 글로벌 유동성 확대 과정에서 점차 가시화되고 있는 물가상승압력은 올 한 해 우리 경제는 물론, 서민생활을 위협하는 가장 큰 잠재적 불안요인 중의 하나로 인식되고 있습니다. 따라서 지금부터 우리 위원회는 물가를 포함한 거시경제적인 문제에 대해서도 지대한 관심을 가지고 다른 부처들과 긴밀히 협력함으로써 이에 선제적으로 대비하는 데에 앞장서야 할 것입니다.

혹자는 공정거래위원회가 물가안정을 책임지는 부처는 아니라고 할 수도 있겠으나, 그것은 나무만을 보고 숲을 보지 못하는 근시안적 논리와 다를 바가 없습니다.

재화나 서비스를 불문하고 수요와 공급에 의해 가격이 결정되는 과정에서 유통체계 내의 구조적인 문제 등으로 인해 시장가격이 왜곡되는 사례는 우리 주위에 비일비재합니다. 앞으로 미시적인 차원의 물가안정 노력은 이러한 유통구조의 개선 등을 통하여 시장경제원리가 원활히 작동되도록 하는 데에 정책의 초점이 맞춰질 것이라는 점에서, 물가 등 서민생활 안정을 위한 우리 위원회의 역할은 그 어느 때보다도 강화되고 확대되어야 한다고 저는 확신합니다.

세 번째로, 대기업과 중소기업의 균형적인 동반성장을 도모하기 위한 정책적 방안을 마련하는 데에도 우리 위원회가 가일층 노력해야 할 것이라는 점을 다시 한 번 강조하고 싶습니다. 이 자리에 서기 바로 직전까지 저는 한국수출입은행장으로서 수많은 중소기업들이 온갖 어려움 속에서도 산업의 최일선 현장에서 묵묵히 일자리 창출과 수출 증진에 부단히 애쓰는 모습을 목격했습니다. 그리고 우리나라의 산업구조 개선을 위해서는 이들 중소기업들이 비록 규모는 작지만 글로벌 경쟁력을 갖춘 내실 있는 기업으로 탈바꿈해야 한다는 판단 아래 '한국형 히든챔피언' 육성사업을 강력히 추진한 바 있습니다.

이제 저는 공정거래위원장으로서 대기업과 중소기업의 관계가 단순히 시혜적 차원의 지원과 보호가 아니라 상호 보완적 협력을 통해 구조적으로 공존과 상생이 가능한 관계로 전환될 수 있도록 혼신의 노력을 기울이겠다는 점을 분명히 밝히고자 합니다.

(중략)

연금술과 서브프라임 모기지

〈파이낸셜뉴스〉 차관포럼 기고

2008년 10월 26일

동서고금을 막론하고 황금은 예로부터 부와 권력의 상징이었다. 그래서 황금을 차지하기 위한 인간의 욕심은 끝이 없었다. 그 결과가 때로는 전쟁과 살육으로 나타나기도 했고 또 때로는 황금의 땅이라는 엘도라도의 전설을 만들어 내기도 했다. 그렇지만 가장 극단적인 예를 들라면 아마도 연금술의 탄생일 것이다.

연금술은 인공적인 방법을 이용해 비금속(卑金屬)을 황금으로 바꾸고자 했던 일종의 화학술이다. 그 유래를 따져보면 기원전 알렉산드리아로부터 시작해 이슬람 세계를 거친 후 중세 유럽에 퍼졌다고 하니 가히 화학 그 자체의 역사라고 해도 과언이 아닐 정도다. 근대 철학의 아버지라고 불리는 데카르트와 근대 역학의 체계를 완성한 과학자 뉴턴조차도 한때 연금술에 탐닉했다는 이야기가 있을 정도이니 연금술의 광풍이 어떠했을지 짐작이 가고도 남는다.

1929년 대공황 이후의 최대의 글로벌 경제위기라고까지 불리는 경제상황을 앞에 두고 한가하게 웬 연금술 타령이냐고 할지 모르겠다. 그렇지만 작금의 경제사적 사변(事變)을 지켜보면서 황금을 얻고자 하는 인간의 꿈과 탐욕은 현재도 진행형이라고 느꼈다면 지나친 억측일까. '서당 개 삼 년이면 풍월을 읊는다'는 옛말처럼 비우량 주택담보대출(서브프라임 모기지)이라는 단어는 이제 경제의 문외한들에게조차도 너무나 친숙한 용어가 됐다. 현재 전 세계 경제를 거의 패닉상태로 몰고 간 주범이 바로 서브프라임 모기지라는 비우량 주택담보대출이기 때문이다.

서브프라임 모기지란 신용도가 아주 낮은 사람들을 상대로 주택 시세와 비슷한 금액으로 융자를 해주는 대신 금리가 높은 금융상품을 말한다. 주택가격이 상승하거나 안정될 때는 별 문제가 없었지만 주택경기가 침체로 접어들고 거품이 꺼

지자 상환에 문제가 생기기 시작했고 주택대출은 부실 채권이 되고 말았다. 그렇지만 대출은행들은 이미 이럴 가능성에 대비해 서브프라임 대출을 증권화해 자산담보부증권(CDO)이라는 또 다른 형태의 채권을 발행함으로써 그 책임을 다른 사람들에게 전가시켜 놓았다.

그런데 이 과정에서 금융공학이라고 불리는 연금술이 작동했다. 많은 투자자는 월가의 연금술사들이 만들어낸 복잡하고도 현란한 상품구조에 휘둘려 서브프라임 모기지나 CDO가 진짜 황금이 됐다고 믿었다. 그러나 그건 어디까지나 신기루에 불과했고 잔치는 거기서 끝났다. 그리고 그 뒤에 남겨진 것은 그린스펀이 말한 것과 같은 1세기에 한 번 일어날까 말까한 경제 혼란이다.

이 같은 지구적 경제위기를 극복하기 위해 지금 각국 정부들은 국제적인 공조체제를 구축하며 전방위적인 노력을 다하고 있다. 위기를 겪을 때마다 오히려 시장은 발전하고 진화해 왔다는 것이 시장경제의 살아 있는 역사였다는 점을 반추해본다면 지금의 상황을 빌미로 시장경제의 이념과 원칙을 훼손하거나 후퇴시키는 일이 있어서는 결코 안 될 것이다.

이러한 인식 위에서 정부는 앞으로도 규제완화와 감세 등 기업들의 경영환경을 개선하고 공공부문을 선진화함으로써 우리 경제의 성장잠재력을 제고할 수 있는 정책들을 일관되게 추진해 나갈 것이다. 중장기적으로 이러한 노력이 성과를 거두게 되면 지금과 유사한 사태가 재발하더라도 충분한 면역력을 갖추게 될 것이라고 믿는다.

연금술은 황금을 얻고자 하는 인간의 갈망이 만들어낸 학문이고 결과적으로는 실패했지만 과학사에서는 아주 중요한 족적을 남겼다. 금을 만들기 위해 노력하는 과정에서 인류의 삶을 유익하고 풍요롭게 한 여러 가지 발명이 이루어졌기 때문이다. 연금술은 지극히 '호모 에코노미쿠스(경제적 인간)'적인 학문이라는 점에서 앞으로도 다양한 얼굴의 모습으로 계속되겠지만 분명한 것은 예나 지금이나 연금술사의 오만과 도덕적 해이만큼은 경계하고 대처해야 할 일이다.

동반성장을 위한 제도적 조치 1
- 하도급법 개선

(1) '하도급거래 공정화에 관한 법률' 개정

2011년 새해 시작과 함께 공정거래위원장으로 취임하면서 '대·중소기업 동반성장 추진대책'의 후속작업의 하나로 기존 하도급법의 미비점을 개선하고 보완하는 작업을 서둘렀다. 국회에서 법 개정안이 조속히 통과될 수 있도록 시간과 장소에 구애받지 않고 의원들에게 전력을 다하여 설명하고 이해를 구했다. 그 결과 다행스럽게도 2011년 3월 11일 하도급법 개정안이 국회 본회의를 통과하게 됐다. 이후 2011년 3월 29일 개정 법률이 공포됨에 따라 정부의 '대·중소기업 동반성장 추진대책'이 본격적인 궤도에 올라서기 위한 제도적 기반을 갖추게 됐고 9·29대책을 실행해 나가는 데 있어서도 큰 추동력이 생기게 됐다.

개정된 하도급법에서는 하도급 관련 분쟁을 효과적으로 해결하고 근절할 수 있는 방안들을 위주로 기존 규제의 틀을 크게 보완했다. 그동안 하도급 분쟁이 끊임없이 발생하고 있는 이유를 들여다보면 하도급이 서면계약서 없이 이루어지는 구두발주 관행이 있고, 일방적인 단가인하와 기술탈취를 가능하게 하는 힘의 불균형 구조가 자리 잡고 있으며, 중소기업들의 유동성이 부족하기 때문이다.

이러한 문제점들을 감안하여, 우선 거래 중단 등의 보복이 두려워 중소기업이 조정신청을 기피하는 현상을 방지하기 위하여 중소기업협동조합에게 납품단가 조정협의 신청권을 부여하고, 신속한 단가 조정을 위해 즉시조정개시제도(Fast Track)를 도입했다. 이에 따라 합의에 도달하지 못할 것이 명백히 예상되는 경우 등에는 조정기간 30일 이전이라도 분쟁조정협의회에 조정신청이 가능하게 됐다.

또한 납품대금의 감액을 원칙적으로 금지하되 감액을 하는 경우에는 원사업자가 그 정당성을 입증하도록 입증책임을 전환했고, 원사업자가 하도급 대금을 감액하는 경우에는 감액사유와 감액기준 등을 명시하여 서면으로 수급사업자에게 교부토록 했다.

그리고 하도급법 적용대상 범위를 확대하여 기존의 매출액 2배 기준을 폐지하고 매출액 등이 많으면 중소기업 간 하도급거래에 대해서도 하도급법이 적용되도록 하여 원·수급자 간 이외에 재하도급 단계에서도 하도급법의 적용이 가능하도록 했다. 이는 최근 들어 불공정거래행위가 2차, 3차 협력사에 대해서도 빈번히 일어나고 있는 현실을 반영하자는 데 그 목적이 있다.

또한, 기술자료 부당요구 및 유용행위를 방지하기 위해 원사업자가 기술자료를 요구하는 경우에는 권리귀속과 대가 등이 명시된 서면을 통해 교부토록 의무화하는 한편, 기술 유용행위에 대해서는 원사업자가 손해액의 3배까지 배상하도록 하는 징벌적 손해배상제도를 도입했다. 이는 실손해배상 원칙을 따르는 우리의 민사법체계를 근본적으로 바꾼 것으로 최근 들어 활발하게 전개되고 있는 중소기업에 대한 부당한 납품단가 인하 등으로의 확대 적용 논의에 물고를 튼 결정적 계기가 됐다고 하겠다.

(2) '하도급거래 공정화에 관한 법률시행령' 개정

법 개정과 함께 하도급법시행령 개정작업도 서둘러 빠르게 진행함으로써 개정 하도급법이 시행되는 2011년 6월 30일에 맞추어 모든 절차가 마무리되도록 했다.

시행령에서는 하도급법 개정에 따라 중소기업협동조합에 부여된 하도급 대금의 조정 신청의 요건을 구체적으로 정했는데, 계약금액에서 차지하는 비중이 10% 이상인 원재료의 가격이 하도급계약 체결일을 기준으로 15% 이상 상승한 경우와 원재료 가격 상승액이 향후 납품해야 할 하도급대금의 3% 이상인 경우 중 어느 하나에 해당할 때 신청 가능하도록 했으며, 기간 요건으로 하도급 계약 체결일로부터 90일이 경과하지 않더라도 조정신청이 가능하도록 했다. 이에 따라 수급사업자가 소속된 중소기업협동조합은 가격 요건 중 하나와 기간 요건을 충족하는 경우 수급사업자를 대신하여 원사업자에게 납품단가 조정신청을 할 수 있게 됐다.

또한, 구체적인 즉시 조정개시 요건도 마련하여 원사업자 또는 수급사업자가 협의 중단의 의사를 밝힌 경우와 원사업자 또는 수급사업자가 서로 제시한 조정금액이 2배 이상 차이가 나는 경우에는 명백하게 합의에 도달하지 못하는 것으로 간주하여 30일간의 협의기간 없이도 바로 조정신청을 할 수 있게 했다.

하도급 대금을 감액하거나 기술자료를 요구하는 경우의 서면 기재 사항으로는, 대금 감액 시에는 감액대상이 되는 목적물 등의 물량, 감액금액, 공제 등 감액방법과 그밖에 원사업자의 감액이 정당함을 입증할 수 있는 사항을 명시하도록 했으며 기술자료 요구 시에는 기술자료 제공요구 목적, 비밀유지방법, 권리귀속 관계, 대가 및 그 지급방법, 기술자료의 명칭과 범위 등을 명시하도록 했다.

앞에서 본 것과 같은 하도급법과 시행령 개정을 통해 불공정한 하도급거래를 근절하고 중소기업의 경영환경을 개선하는 데 진일보한 규제체계가 마련됐다고 생각한다.

(3) 기술자료 제공요구 및 유용행위 심사지침 제정

대기업이 중소기업의 기술자료를 부당하게 요구하거나 빼앗는 행위는 혁신적인 중소기업의 성장을 가로막는 대표적인 악성 불공정 하도급 사례라고 하겠다. 실제 하도급서면실태조사를 해보면 중소기업이 보유한 기술자료에 대한 대기업의 부당한 요구사례가 빈번한 것으로 확인됐다.

기술자료 제공요구 현황

기술자료 제공 거절	기술자료 제공 수용			
	전체 기술 제공	일부 기술 제공	쌍방합의 조건부 제공	소계
20.0%(9개)	11.1%(5개)	66.7%(30개)	2.2%(1개)	80.0%(36개)

＊대기업 협력사의 22.1%(204개 응답 업체 중 45개)가 거래 과정에서 겪는 주요 애로사항으로 보유기술에 대한 대기업의 요구를 지적
＊대다수 중소기업(약 80%)은 보유기술에 관한 정보제공을 요구받을 경우 거래(희망) 대기업에게 기술 자료를 제공하는 것으로 응답
출처 : 중소기업청(2,000개 중소기업 대상 조사, 204개 업체 응답), 2010. 8.

중소기업들은 거래단절 등과 같은 대기업의 보복 우려로 기술자료 유출에 속수무책인 상황이며 특허침해 소송 등을 통한 민사적 구제의 실효성도 낮은 상황에서

대기업의 부당한 요구를 수용할 수밖에 없는 것이 현실이다.

개정 하도급법에서는 대기업의 기술자료 제공요구와 유용행위를 하도급법의 별도 위반행위로 명시하면서 기술자료를 요구하는 경우에는 정당한 사유가 있는 경우에 한하여 서면으로 요구토록 했는데 그 후속조치로써 효율적인 법집행을 위한 가이드라인이 필요하다고 생각했다. 이를 위해 먼저 2011년 4월부터 약 3개월간 전문가 연구용역을 진행해 기술자료의 개념, 기술자료 요구 및 유용행위의 범위, 부정경쟁방지법 등 타 법령과의 관계, 관련 판례 검토 등 심층적인 분석을 진행했다. 이후 중소기업 CEO, 대기업 구매담당 임원 및 실무자, 중소기업중앙회, 전경련, 벤처기업협회 등 이해관계자들과 여러 차례의 간담회를 거쳐 최종 심사지침 제정안을 마련했다.

제정안은 정당한 사유가 있는 기술자료 제공요구의 사례로 ① 기술이전계약을 체결한 후 그 약정에 따라 비용을 지급하고 기술자료의 제공을 요구하는 경우, ② 기술자료 임치제도에 의한 교부조건이 발생하여 기술자료를 요구하는 경우, ③ 공동기술개발을 위해 성과배분조건 등이 포함된 약정을 체결하고 그에 따라 기술자료를 요구하는 경우, ④ 공동특허출원을 하거나 특허출원 지원을 하는 과정에서 비밀유지의무 등을 합의한 후 기술자료를 공유하는 경우, ⑤ 제품 하자 원인규명 등 공동의 품질관리를 위해 비밀유지의무 등을 합의한 후 기술자료를 공유하는 경우 등으로 예시했고, 반면 정당한 사유가 없는 사례로는 ① 비밀유지계약을 체결하지 않거나 서면을 교부하지 않고 기술자료를 제공하도록 요구하는 경우, ② 수급사업자의 의사에 반하여 원 재료가격, 납품단가 구성내역 원가 등이 포함된 기술자료를 제공하도록 요구하는 경우, ③ 기술지도와 품질관리를 명목으로 그 목적 범위를 벗어나 수급사업자의 기술자료를 요구하는 경우, ④ 기술자료를 제공하지 않으면 재계약을 체결하지 않을 것 같은 태도를 보여 기술자료를 요구하는 경우 등으로 예시했다.

기술자료 유용행위의 구체적 사례로는 ① 기술이전계약을 체결하고 기술을 취득한 후 일방적으로 계약을 파기하거나 계약종료 후 제3자를 통하여 제품을 상용화하는 경우, ② 수급사업자로부터 기술자료를 넘겨받아 다른 경쟁사업자에게 그

기술을 제공하여 가격경쟁을 하도록 한 후 납품가격 인하를 요구하는 경우, ③ 수급사업자와 공동으로 기술개발을 하면서 핵심기술을 탈취한 후 공동개발을 중단하고 자체적으로 제품을 생산하는 경우, ④ 원사업자가 선(先)출원하여 수급사업자의 기술에 대한 특허권 등을 선점하거나 수급사업자가 제공한 기술을 일부 수정하여 원사업자가 선(先)출원하는 경우 등으로 예시했다.

(4) 하도급법 집행 강화

하도급 법령 개정 등 제도적 개선과 함께 하도급 거래가 많고 파급효과가 큰 업종을 중심으로 핵심적인 불공정행위에 대해 조사하고 시정해 나가는 노력을 병행했다.

또한, 상습적인 법 위반행위를 근절하기 위해 위반 사업자에 대한 제재를 한층 강화했다. 공정위 홈페이지를 통해 상습적인 법 위반업체 명단을 공표하고 1년간 이를 지속적으로 게재하도록 했다. 고발 요건도 하향 조정하여 고발을 확대하고 자진 시정 업체라도 반복적으로 법을 위반하는 경우에는 제재대상에 포함시키도록 했다.

동반성장을 위한 제도적 조치 2
- 표준하도급계약서 제·개정

공정위는 1987년부터 2012년 말까지 총 30개 업종의 표준하도급계약서를 제정하고 이를 업계에 보급했다. 표준하도급계약서를 사용하게 되면 원·수급 사업자는 사전에 권리·의무관계를 명백히 함으로써 거래상의 분쟁을 예방하고, 계약서 작성에 따른 비용도 절감할 수 있다. 물론 표준하도급계약서 사용은 강제사항이 아니기 때문에 기업이 자율적으로 사용여부를 결정할 수 있다. 하지만 공정위는 표준하도급계약서가 가진 순기능을 감안하여 이를 사용하는 기업에 대해서는 하도급 벌점을 감점(2점)하는 등의 방식으로 인센티브를 제공함으로써 표준하도급계약서 사용을 권장하고 있다.

2011년도에는 소프트웨어사업, 건축설계업, 화물취급업, 건축물유지관리업, 건설업 등 총 5개 업종의 표준하도급계약서를 개정하여 하도급 법령 개정으로 도입된 대금감액금지, 감액사유 서면통지의무 및 기술자료 유용 시 손해배상 조항 등을 추가하고 해당업종의 거래현실에 보다 부합하는 내용으로 보완했다.

먼저, 소프트웨어사업 업종에서는 계약기간 중 용역조건 변경 등으로 하도급대금 조정이 필요한 경우 조정협의의무제를 신설하고, 원사업자에게 협의신청 후 10일이 경과할 때까지 협의가 개시되지 아니하거나 30일이 경과할 때까지 합의가 이루어지지 아니한 경우 하도급분쟁조정협의회에 조정 신청할 수 있도록 했고 원사업자가 경제상황 변동 등으로 발주자로부터 대금조정을 받은 경우에는 그 사실을 수급사업자에게도 통보하도록 규정했다.

건설설계 업종에서는 원사업자가 정당한 사유 없이 수급사업자의 기술자료를 요구하지 못하도록 규정하고 정당한 이유가 있는 경우에도 요구목적 등을 적은 서면을 미리 교부하도록 함으로써 수급사업자의 기술경쟁력을 보호했다.

화물취급 업종에서는 원사업자가 지정하는 물품, 장비 또는 역무의 공급을 수급사업자에게 매입토록 하거나 사용하도록 강요하지 못하게 물품구매강제 금지조항을 신설하여 수급사업자의 권리를 보호했다.

건축물유지관리 업종에서는 정당하지 않은 감액사유를 구체적으로 명시하고, 정당한 사유로 감액한 경우라 하더라도 감액사유, 감액금액 및 감액방법 등을 적은 서면을 수급사업자에게 미리 교부하도록 규정함으로써 원사업자가 일방적으로 대금감액을 못하도록 했다.

건설업종에서는 구두발주 시 수급사업자의 하도급계약 확인요청에 원사업자가 15일 이내에 부인(否認)의 의사를 회신하지 않을 경우, 수급사업자의 확인요청대로 하도급계약이 추정되는 조항을 신설함으로써 구두발주로 인한 수급사업자의 피해를 예방했다.

한편, 2012년에는 화학, 제1차 금속, 의료·정밀·광학기기, 출판·인쇄, 장비도매 등 5개 업종의 표준하도급계약서를 새로 제정하고, 기계, 음식료, 섬유, 디자인 등 4개 업종의 표준하도급계약서를 개정하여 보급했다.

제조업 분야(7개 업종)에 있어서는 원·수급사업자가 대등한 계약당사자로서 거래할 수 있도록 권리의무를 명확히 하여, 즉시 발견할 수 없는 하자의 경우 6개월간 원사업자가 하자담보책임을 부담하도록 함으로써 원·수급사업자 간 책임의 균형을 도모했고, 원사업자가 수급사업자에게 기술지도나 훈련 등을 하는 경우에는 그 비용을 원칙적으로 원사업자가 부담하도록 했다. 또한 원사업자의 기술을 기초로 한 수급사업자의 개량기술에 대해서는 원·수급사업자가 공동으로 출원하는 관행을 개선하여 수급사업자가 우선적으로 지식재산권을 취득할 수 있도록 하되 원사업자의 기여분에 대한 보상 규정을 마련하도록 했다.

제조업종별 특성도 반영했다. 제1차 금속업종의 경우에는 산업특성상 수급사업자의 업무수행 중에 산업재해가 발생하기 쉬우므로 수급사업자의 안전관리에 대한 감독의무를 명시하고, 의료·정밀·광학기기업종의 경우에는 구체적인 기술자료 임치 규정을 마련했다. 음식료업종의 경우에는 원사업자의 목적물 검사기간 및 수급사업자의 발주서 확인기간을 제조 분야 표준하도급계약서상의 통상적인 검사·확인기간(10일)보다 단축할 수 있도록 규정했다.

용역업 분야(2개 업종) 중 장비도매업종은 유통업의 특성을 반영하여 유통거래에서의 권리·의무 관계를 명확히 규정했다. 그리고 원사업자가 수급사업자에게 자신이 정한 판매가격을 준수하도록 강제하고 있는 경향을 감안하여 이는 공정거래법상 재판매가격유지행위(제29조)에 해당할 수 있으므로 이를 금지하는 규정을 마련하고 원사업자가 자신의 우월적 지위를 이용하여 광고 및 판촉행사 비용을 수급사업자에게 전가하는 경우를 금지했다.

디자인업종의 경우에는 지식·정보성과물의 기술보호가 중요하므로 관련 내용을 반영했다. 즉, 원사업자가 최종 채택하지 않은 수급사업자의 디자인 시안을 무단으로 사용하는 등의 불공정행위를 금지하는 규정과 수급사업자의 디자인 시안 등 기술자료를 원사업자가 무단으로 유용하는 행위를 금지했다. 이 밖에도 공통사항으로 부당특약금지조항과 재하도급 시 원·수급사업자의 의무를 명시하는 조항도 함께 도입했다.

공정위의 표준하도급계약서 도입 현황

업 종	보급시기	개정 시기	업 종	보급시기	개정 시기
30. 장비도매	2012. 12	제정	12. 전기공사업	1999. 12	2회 개정(2005. 10, 2008. 12)
29. 출판·인쇄	2012. 12	제정	11. 건설자재업	1998. 12	2회 개정(2007. 12, 2008. 12)
28. 의료·정밀·광학기기	2012. 12	제정	10. 엔지니어링업	1998. 12	2회 개정(2007. 12, 2008. 12)
27. 제1차금속	2012. 12	제정	9. 소프트어사업	1998. 11	2회 개정(2005. 10, 2011. 06)
26. 화학	2012. 12	제정	8. 건축설계업	1998. 10	2회 개정(2005. 10, 2011. 06)
25. 가구제조업	2009. 11	제정	7. 섬유업	1994. 6	3회 개정(2005. 10, 2008. 12, 2012. 12)
24. 경비업	2009. 11	제정	6. 기계업	1994. 5	6회 개정(1998. 10, 2002. 11, 2005. 10, 2008. 12, 2009. 11, 2012. 12)
23. 화물취급업	2008. 12	1회 개정(2011. 06)	5. 전기업	1994. 5	4회 개정(1998. 10, 2002. 11, 2006. 07, 2008. 12)
22. 건축물유지관리업	2008. 12	1회 개정(2011. 06)	4. 조선업	1994. 3	3회 개정(1998. 10, 2002. 11, 2008. 12)
21. 전시·행사업종	2007. 12	1회 개정(2010. 12)	3. 자동차업	1994. 3	4회 개정(1998. 10, 2001. 7, 2005. 10, 2008. 12)
20. 디자인업종	2007. 12	2회 개정(2010. 12, 2012. 12)	2. 전자업	1993. 4	5회 개정(1998. 10, 2001. 12, 2005. 10, 2008. 12, 2009. 11)
19. 방송업종	2006. 8	1회 개정(2010. 12)	1. 건설업	1987. 3	6회 개정(1995. 11, 1998. 10, 2006. 7, 2008. 12, 2009. 11, 2011. 12)
18. 화물운송업종	2006. 8	1회 개정(2010. 12)			
17. 광고업종	2005. 10	1회 개정(2009. 11)			
16. 자기상표부착제품업	2003. 12	2회 개정(2008. 12, 2009. 11)			
15. 조선(제조임가공)업	2003. 1	1회 개정(2008. 12)			
14. 음식료업	2000. 7	2회 개정(2008. 12, 2012. 12)			
13. 정보통신공사업	2000. 4	1회 개정(2008. 12)			

유통분야 거래 공정화 추진방향

※2013년 1월 30일 발표했으며,
자세한 내용은 공정위 홈페이지에서 찾아볼 수 있다.

(1) 불공정거래 행위의 원천이 되는 제도 개선

첫째, 복잡다단한 판매장려금 항목을 입법 취지에 맞게끔 정비하기로 했다. 본래 판매장려금은 '유통업체의 판매노력에 대한 보상으로 납품업체가 유통업체에 자발적으로 지급하는 대가'의 성격이었으나, 최근에는 납품대금 대비 일정액을 무조건 지급하는 비용부담으로 변질되어 있으며 기본, 성과, 물류 장려금 등 종류도 복잡다단하여 남용의 소지가 있다. 대규모유통업법(제15조)은 '판매촉진 목적'으로 '합리적인 범위 내'에서 받는 판매장려금만을 허용하고 있으나 합리적인 허용범위에 대한 판단 기준이 미비하여 새로 '판매장려금의 합리적인 허용범위에 대한 심사지침'을 제정함으로써 허용되는 판매장려금 항목을 제시하기로 했다. 또한 동 지침을 통해 판매장려금 액수가 대형 유통업체와 납품업체 간에 투명하고 합리적인 합의를 거쳐서 결정될 수 있는 메커니즘을 제시할 계획이다.

둘째, 인테리어비 등 각종 추가부담에 관한 분담기준을 마련하기로 했다. 현행 제도하에서는 대형 유통업체와 납품업체 간 인테리어비용 분담에 관한 기준이 미비해서 사실상 인테리어비를 납품업체가 모두 부담하고 있는 실정이다. 또한 대형 유통업체와 납품업체 간 추가비용 부담기준이 계약서에 명시되어 있지 않거나, 명시되어 있더라도 납품업체에 과도하게 부담시켜 분쟁이 빈발하고 있다. 인테리어비 및 광고비(백화점), 판촉사원 파견비용 및 물류비용(대형마트), ARS비용, 세트제작비, 모델비(TV홈쇼핑) 등의 부담에 대한 세부기준을 마련할 필요가 있다.

셋째, 판매·판촉사원 파견제도도 개선해야 한다. 현행 대규모유통업법(제12조)은 납품업자나 매장임차인에 고용된 인력 파견을 원칙적으로 금지하고 예외적으로 허용하고 있다. 그렇지만 판촉사원의 예외적 파견허용 사유가 폭넓게 규정되어 있어서 백화점과 대형마트에 판촉사원 파견이 실효성 있게 제한되지 못하고 있는 것이 현실이다. 현행 규정을 전면적으로 재검토하여 납품업체의 의사에 반해 판촉사원을 파견하는 사례를 방지하고, 법 위반 소지가 있는 파견행위 사례에 관한 가이드라인을 제정하여 불법적인 판촉사원 파견을 방지할 필요가 있다.

넷째, 특약매입거래 비중을 점진적으로 축소 유도를 해야 한다. 국내 백화점은 특약매입거래에 과도하게 의존(약 75% 수준)하고 있어서 중소 납품업체 입장에서 보자면 재고관리와 미판매 위험 부담이 크고 높은 판매수수료와 추가비용 부담에 노출되는 등 역기능이 많이 발생한다. 공정거래 및 동반성장 협약의 이행 평가 지표에 직매입 비중, 판매수수료 인하 여부 등 항목을 기본항목으로 포함시키고 배점도 상향조정함으로써 특약매입거래 비중을 줄이고 점진적으로 직매입을 확대하도록 유도하며, 현재 특약매입제도하에서 납품업체들이 부담하는 반품비용과 상품판매비용을 합리적으로 조정하는 방안을 중장기 과제로 강구하도록 했다.

(2) 불공정행태 감시 및 제재 실효성 강화

첫째, 유통 분야 불공정행위 등에 대한 사회적 감시망을 구축하기로 했다. '유통 분야 중소 납품업체 보호 옴부즈만' 제도를 도입하여 법 위반혐의 사항을 조기에 탐지하고 신속하게 대응할 수 있도록 하는 장치를 마련한다. 또한, 1~2개 납품업체들을 대상으로 한 소규모 릴레이 간담회를 지속적으로 실시하여 현장에서 벌어지는 불공정행태에 대한 제보를 수집하는 한편으로 유통 분야 전문가들로 자문위원회를 구성해 업계 애로사항이나 정책개선과제 등을 발굴하기로 했다.

둘째, 공정위의 서면실태조사 제도도 개선·보완한다. 기존에 실시 중인 정기 서면실태조사를 실효성 있게 정비하고 조사대상 납품업체 수를 대폭 확대(2012년 4,807개 → 2013년 이후 1만 개 이상)하고, 향후 정기 서면실태조사는 납품업체들을 중심으로 법 위반 경험에 관한 실태파악에 초점을 두고 실시할 것이다. 또한 정기 서면실태조사의 한계를 보완하기 위해 특별 서면실태조사도 연 1회 이상 실시함으로써 거래환경이 변함에 따라 발생하는 변칙적 행위나 새로운 유형의 불공정행위에 기민하게 대응하기로 했다.

셋째, 불공정행위의 재발을 방지하기 위해 제재의 실효성을 제고하기로 했다. 법 위반행위를 통해 일시적인 이익을 얻더라도 한 번 적발되면 모든 것이 수포로 돌아간다는 인식이 들 수 있도록 실효적인 제재를 추진한다. 독과점적 지위에 있는 유통업체(백화점, 대형마트 등)에 대해서는 한층 모니터링을 강화하여 위법행위가 발생하면 엄중히 제재하고, 행위가 악의적·조직적으로 이루어진 경우 그리고 유사한 행위를 반복적으로 한 경우에는 행위책임자(개인)에 대해 적극적으로 검찰에 고발한다. 대형 유통업체들이 법 위반행위를 하게 된 원인을 분석해서 향후 재발방지를 위한 맞춤형 시정조치를 명령할 것이다.

(3) 대형 유통업체와 중소 납품업체 간 공생발전문화 정착

첫째, 판매수수료 수준에 대해 정기적으로 조사·공개하고 이의 하향 안정화를 도모할 것이다. 2011년과 2012년에 이어 납품업체가 부담하는 판매수수료 및 각종 추가비용부담 수준을 조사·분석하여 공개하고, 공정거래협약 이행 평가지표 상 판매수수료 인하 여부를 기본항목으로 추가하고 배점도 상향 조정할 계획이다.

둘째, 유통 분야 공정거래협약의 확산 및 내실화를 기하기 위하여 시장에서 급성장하고 있는 업태(예: 인터넷쇼핑몰, SSM)에 대해서도 협약 체결을 유도하고 우수 이행업체에 대해서는 포상하고 정부지원사업에 평가결과가 반영될 수 있도록 추진한다.

셋째, 대형 유통업체 그리고 납품업체들과의 직접적인 소통채널을 구축한다. 공정위와 대형 유통업체 구매담당 임원 간, 공정위와 납품업체 업종별 대표성이 있는 사업자단체 간에 협력 네트워크를 구성함으로써 제도개선에 대한 건의사항과 의견을 수렴하고 정부시책을 설명함으로써 자발적인 동참을 유도해 나간다. 아울러 개별 납품업체의 신고 활성화와 상생·협력 분위기 확산에도 초점을 둘 것이다.

(4) 유통업체 간 경쟁촉진을 위한 시장구조 개선(규제개혁)

인터넷 쇼핑몰이나 T-커머스(commerce) 등과 같은 신업태 유통업 활성화에 장

애가 되고 있는 요인을 파악해서 필요할 경우 관련 규제를 개선하고 업태 간 경쟁을 촉진하며 일반 제조업을 주된 대상으로 하고 있는 현행 기업결합 심사기준을 유통 시장에도 맞도록 정비함으로써 유통업체 간 기업결합에 관한 심사가 보다 신중하게 이루어질 수 있도록 심사기준 개정을 추진할 계획이다.

전자상거래 유형별 피해
확대 최소화 조치

※공정위원장 재직 시 추진했던 전자상거래 소비자피해의
최소화를 위해 취한 조치들을 몇 가지 소개한 것이다.

(1) 소셜 커머스(social commerce)

소셜 커머스는 소셜 네트워크서비스를 이용해서 상품을 홍보하고 이를 공동구매할 사람을 모집하여 할인된 가격으로 물건을 구매하는 비즈니스 모델로써 2010년 국내에 처음 등장했다. 이후 젊은 층을 중심으로 소셜 커머스 이용이 폭발적으로 늘어나면서 불과 1년 만에 시장규모가 전해보다 20배나 커진 약 1조 원의 시장으로 성장했다. 이렇게 급작스럽게 시장규모가 확대되다 보니 소비자피해 사례도 여기저기서 나타났다. 공정위는 2011년 두 차례에 걸친 조사활동과 소비자피해주의보 발령 등을 통해 시장 형성 초기에 건전한 발전이 가능하도록 각별한 관심을 쏟았다. 또한 소셜 커머스가 통신판매업자인지 통신판매중개자인지 그 법적인 지위를 둘러싼 해석이 분분하기에, 전자상거래소비자보호법상 소셜 커머스의 법적 지위를 통신판매업자로 명확하게 유권해석하고, 통신판매업자로서 법 위반행위에 대해서는 적극적으로 적발하여 이를 시정했다.

소셜 커머스의 법 위반 유형은 크게 세 가지로 요약된다. 우선, 쿠폰 판매일 이후에는 청약철회가 불가능하다는 문구를 게시하여 소비자의 청약철회를 방해하는 행위, 둘째, 구매안전서비스에 가입하지 않아 소비자의 안전결제를 저해하는 행위, 셋째, 구매개수나 구매후기를 조작하거나 위조상품 판매, 할인율 과장 등의 기만적인 방법으로 소비자를 유인하고 거래하는 행위 등이다. 공정위는 이와 같은 법 위반행위에 대해서는 시정명령(공표명령 포함)과 함께 과태료를 부과했다. 소셜 커머스의 법 위반행위에 대한 이 같은 시정조치는 시장형성 초기단계에 새로운 거래 유형에 대해 선제적인 대응을 함으로써 소셜 커머스의 법적인 지위와 책임을 명확히 하고 소비자피해를 예방함으로써 시장의 건전한 발전을 도모했다는 점에서 의의가 있었다고 본다.

(2) 카페·블로그형 쇼핑몰

전자상거래사업자 중에는 포털사업자가 제공하는 카페나 블로그 서비스를 이용해서 인터넷 쇼핑몰을 구축하는 경우가 있다. 이러한 카페·블로그형 쇼핑몰은 별도의 비용이 들어가지 않고 구축이 쉽다는 장점이 있지만, 운영현황을 파악하기 어렵고 전자결제시스템 등이 제대로 갖추어지지 않기 때문에 소비자피해 발생 가능성이 높다는 문제점도 있다.

이에 따라 공정위는 카페·블로그형 쇼핑몰에 대한 모니터링을 통해 상위 40개의 카페형 쇼핑몰 그리고 파워블로거가 운영하는 7개의 공동구매 블로그에 대해서 대대적인 법 위반행위를 조사했다. 그 결과, 카페형 쇼핑몰의 경우에는 통신판매업 미신고, 신원정보 미고지, 구매안전서비스 미가입 등의 전자상거래소비자보호법상 기본적인 의무를 이행하지 않는 경우가 많았다. 블로그형 쇼핑몰의 경우에는 공동구매 알선의 대가로 알선횟수 또는 판매실적에 따른 수수료(약 2~10%)를 지급받음에도 불구하고 그 대가성 여부를 소비자에게 제대로 알리지 않은 소비자 기만행위가 적발됐다. 공정위는 이와 같은 법 위반행위에 대하여 과태료 부과 등의 제재조치를 취했다. 카페·블로그형 쇼핑몰의 법 위반행위에 대한 제재조치는 인터넷포털의 카페나 블로그를 이용한 전자상거래가 지속적으로 증가하는 상황에서 이들의 법 위반행위를 최초로 시정함으로써 법 준수 분위기를 확산시키는 기반을 마련했다는 점에서 의의가 있다고 본다.

(3) 오픈마켓 사업자

오픈마켓은 다수의 입점판매자가 다양한 가격과 다양한 품질의 상품을 판매하고 있는 시장이다. 따라서 오픈마켓 사업자는 방대한 상품 중에서 소비자가 필요로 하는 상품을 검색하고 제공하는 시스템을 갖추고 있는 것이 보통인데, 이때 베스트셀러 또는 프리미엄 상품 등으로 분류된 상품정보를 제공함으로써 소비자의 구매 선택에 영향력을 미치고 있다.

그런데 공정위의 조사결과 오픈마켓 사업자들이 판매수량이나 상품의 특성 등과는 상관없이 자사의 광고서비스를 구입한 상품을 '베스트셀러' 또는 '프리미엄 상품' 등으로 게시한 사실이 드러났다. 이러한 오픈마켓 사업자의 행위는 소비자에게 상품선택에 도움이 되는 정보를 제공하는 것처럼 표시하면서도 실제는 오픈마켓 사업자에게 이익이 되는 상품을 구매하도록 유도한 것으로서 전형적인 소비자 기만행위에 해당한다. 뿐만 아니라, 입점판매자들이 검색화면의 좋은 위치에 제품을 전시하기 위해서는 부가서비스를 구입할 수밖에 없는 구조를 만듦으로써 부담을 가중시켰다는 점도 문제로 나타났다. 공정위는 이와 같은 법 위반행위에 대하여 시정명령(공표명령 포함) 및 과태료를 부과했다. 이러한 법 위반행위에 대한 시정조치는 앞으로 오픈마켓을 이용하는 소비자들이 정확한 정보에 기초해서 원하는 상품을 구입하는데 도움이 될 것으로 기대한다.

(4) 오픈마켓 공정거래 협약

오픈마켓은 전자상거래 시장 내에서도 높은 성장세를 자랑하며 현재는 전체 전자상거래 시장의 약 40%를 차지하는 거대 시장으로 성장했다. 그러나 이러한 급속한 성장에도 불구하고 소비자피해 역시 만만치 않게 나타나기 시작했다. 가장 큰 문제점으로는 입점판매자가 위조상품을 판매하거나 연락이 두절되는 등의 피해가 빈번하게 발생했지만 오픈마켓 사업자는 법적으로 통신판매중개자로서 거래에 대한 책임을 지지 않기 때문에 소비자피해 구제가 어려운 점을 들 수 있다.

그러나 이러한 문제를 해결하기 위해 법 위반 여부를 조사하고 시정조치를 하는 것만으로는 한계가 있었다. 오픈마켓의 특성상 관련 입점 판매자와 소비자의 수가 너무 많기 때문에 이를 모두 조사해서 시정하기란 사실상 불가능할 뿐만 아니라 너무나 큰 행정 비효율을 초래하기 때문이다. 따라서 오픈마켓에서 소비자권익을 보호하기 위해서는 새로운 관리방안을 모색할 필요가 있었다. 그런 차원에서 오픈마켓 사업자와 '오픈마켓 공정거래협약'을 체결하여 오픈마켓 사업자가 자율적으로 시장관리 노력을 기울이도록 유도하는 방안을 마련했다. 협약은 크게 중소 입점판매자에게 금전적 지원과 함께 사업자교육을 확대하는 등 입점판매자를 지

원하는 내용과 소비자피해 감시시스템을 마련하고 불량 입점판매자에 대한 자율
제재를 강화하는 등 소비자권익을 보호하는 내용으로 구성했다. 이를 통해서 궁
극적으로 오픈마켓에 대한 소비자들의 신뢰를 제고하여 소비자가 믿고 거래할 수
있는 시장환경을 조성하는 것을 목표로 했다. 2011년 7월 14일에 이베이코리아가
첫 번째로 협약을 체결했고, 2012년 3월에 SK플래닛(주) 11번가가 그 뒤를 이었다.
　앞으로 오픈마켓 시장에서 이와 같은 내용의 공정거래협약이 확산되면 오픈마
켓에서 발생할 수 있는 불공정거래 행위 및 소비자피해 문제를 시스템적으로 관리
할 수 있는 상시적이고도 자율적인 감시시스템이 구축될 것이라고 기대한다. 아울
러 소비자권익의 강화로 소비자 신뢰 제고는 물론, 오픈마켓 시장의 경쟁력이 제
고되어 궁극적으로 전자상거래 시장 발전에도 기여할 수 있을 것이라고 생각한다.

(5) 디지털재화 시장

　콘텐츠산업과 함께 성장한 디지털재화 시장은 점점 전자상거래의 중요한 축으
로 자리 잡아가고 있다. 특히, 스마트폰이 보편화되면서 급성장하고 있는 앱스
토어(App store)와 이러닝(e-learning) 분야에서 시장을 점검할 필요성이 대두됐다.
　점검결과를 토대로, 우선 앱스토어 시장의 경우에는 앱이 기능상 중대한 오류로
작동하지 않는 경우 법률에 따라 구입한 날로부터 최장 3개월 동안 청약철회가 가
능하도록 했고 앱 판매자의 신원정보 고지의무를 이행하도록 조치했다. 그리고 이
러닝 시장의 경우에는 강사의 경력을 허위로 광고하거나 수강생의 구매후기를 조
작하는 등의 기만적인 행위, 청약철회 방해 행위 등을 적발하여 시정했다. 앱스토
어 시장과 이러닝 시장에 대한 이 같은 점검과 시정조치는 디지털재화 거래가 증
가함에 따라 사업자들에게 법령 준수율을 제고하도록 함으로써 소비자피해 발생
을 미연에 방지하고 또 소비자의 신뢰를 제고할 수 있는 기반을 마련했다는 점에
서 의의가 있었다고 본다.

프랜차이즈 업종별
가맹사업 모범거래기준

※ 2012년에 프랜차이즈 업종별로 도입한
가맹사업 모범거래기준을 소개한다.

(1) 제과·제빵업종

제과·제빵업종에서 가맹사업을 하고 있는 파리바게트, 뚜레쥬르의 CEO들과의 간담회 및 실무협의를 지속한 끝에 2012년 4월 9일 첫 모범거래기준을 마련하게 됐다.

모범거래기준의 적용 대상은 가맹점 수가 1,000개 이상이거나, 가맹점 수가 100개 이상이면서 매출액이 1,000억 원 이상인 외식업 가맹본부에 해당하는 파리크라상(파리바게뜨)과 CJ푸드빌(뚜레쥬르) 등 2개 회사였다. 영업지역 관련해서는, 기본적으로 기존 가맹점에서 반경 500m 이내 신규출점을 금지하는 것을 원칙으로 하되 기존 가맹점이 영업지역 내에서 폐점 후 재출점하거나 가맹점을 이전하는 경우에는 예외를 인정하기로 했다. 매장 리뉴얼에 있어서는 영업시작 후 5년 이내에는 리뉴얼을 원칙적으로 금지하되 다만, 리뉴얼 비용을 가맹본부가 전액 지원하는 경우에는 5년 내 리뉴얼도 가능한 것으로 했다. 또한, 리뉴얼 요구를 거부하는 가맹점과의 계약갱신을 거절하거나 리뉴얼 시 부당하게 가맹본부가 지정하는 특정업체와만 거래하도록 요구하는 행위를 금지하기로 했다. 이 외에도 창업 희망자 피해예방을 위해 계약체결 전에 예상매출 등 시장분석 자료를 반드시 제공하도록 했으며, 모범거래기준 내용을 정보공개서와 가맹계약서에 반영하여 성실히 이행하기로 했다.

이처럼 제과·제빵 분야의 모범거래기준을 마련함으로써 가맹본부와 가맹점 간 동반성장의 첫걸음이 마련됐고 적정 영업지역이 보장됨으로써 중소자영업자의 적정 수익 확보가 가능해지며 불필요한 리뉴얼이 최소화되어 가맹본부와 가맹점 간 리뉴얼에 따른 이익과 비용부담의 균형을 도모할 수 있게 됐다.

제과·제빵 분야의 모범거래기준이 발표되자, 많은 언론들은 사설을 통해 비록 늦은 감이 있지만 다행이라고 평가하면서 그 외 다른 가맹 분야에도 모범거래기준이 확대되어야 한다는 입장을 강하게 피력했다. 이는 이후 다른 업종으로 모범거래기준을 확산시켜 나가는 분위기를 조성하는 데 큰 도움이 됐다.

(2) 치킨·피자업종

제과·제빵업종에 이어 같은 해 7월 4일에는 치킨·피자업종의 모범거래기준도 마련했다. 치킨·피자는 대표적인 배달업종으로 전체 사업체 수는 치킨이 2만 7,000여 개, 피자가 5,000여 개에 달하는 것으로 추계됐다. 치킨·피자업체의 프랜차이즈 가입률은 각각 74.8%, 66.6%로 여타 음식업종(14.7%)에 비해 프랜차이즈화가 가장 많이 진행된 것으로 나타났다.

치킨업종의 경우, 영업지역 침해 문제가 심각하고 매장 리뉴얼 강요와 불투명한 리뉴얼 절차가 주요 문제점으로 지적되고 있었다. 즉, 상위 브랜드를 중심으로 가맹본부가 기존 가맹점 인근에 새로운 가맹점 또는 직영점을 개설함에 따라 기존 가맹점의 매출이 하락하는 등 영업지역 침해 문제가 심각했다. 특히, 계열사 관계에 있는 상위 2개 가맹본부가 모두 치킨업종 브랜드를 보유하면서 계열사 가맹점 인근에 자기 브랜드의 가맹점 출점을 확대해 영업지역 분쟁이 증가하고 있었다. 매장 리뉴얼 문제도 심각해서 상위 브랜드의 경우 브랜드 가치를 높인다는 명목으로 매장 이전이나 인테리어 교체를 요구하는 사례가 빈번하게 발생하고 있었다. 또한, 가맹점이 외부 인테리어업체를 통해 리뉴얼할 경우에는 과도한 감리비(10평 내외 공사의 경우 일반적인 감리비 수준은 평당 10~15만 원임에도 불구하고 어떤 브랜드들은 25~30만 원을 요구)를 받고 있어서 사실상 가맹본부를 통해서만 리뉴얼하도록 유도하는 경우도 비일비재했다.

피자업종의 경우에는 광고·판촉비용 부담 강요가 심각한 문제였고 매장 리뉴얼 강요도 일부 지적되고 있었다. 피자업종은 다른 업계와 비교해서 광고비 지출이 매우 커서 보통 가맹본부는 가맹점에게 매출액 대비 일정액을 광고분담금 명목으로 징수하여 광고비를 충당하는데 가맹본부는 가맹점과 동일한 방식으로 직영점 매출에도 비례하여 광고비를 부담하고 있어서 직영점이 거의 없는 일부 브랜드는 사실상 가맹점이 광고비를 대부분 부담하게 되는 결과가 초래됐다. 일부 가맹본부는 광고집행 세부내역을 가맹점에 통보하거나 확인해 주지 않고 있어서 이에 대한 가맹점들의 불만도 많았다. 피자업계는 카드제휴할인(통신사·카드사) 등 판촉행사도 매우 많은데, 이러한 판촉행사는 가맹본부 주도로 이루어지고 있음에도 불구하고 판촉비용을 대부분 가맹점이 부담하는 경우가 빈번했다. 가맹본부가 가맹점들의 사전 동의 없이 판촉행사를 결정하기 때문에 가맹점의 이익이나 사정 등을 고려하지 않고 과도한 판촉행사를 한다는 불만이 끊임없이 제기되고 있는 상황이었다. 매장 리뉴얼도 일부 가맹본부가 창업 후 5년이 경과하면 의무적으로 실시하도록 특약사항으로 규정하여 가맹점의 불만이 제기되고 있었다.

이러한 현실적 상황을 종합적으로 감안하여 모범거래 기준은 치킨업종과 피자업종으로 구분하여 마련했다. 먼저 치킨업종의 경우, 가맹점 수 1,000개 이상이거나 가맹점 수 100개 이상이면서 매출액이 1,000억 원 이상인 치킨 가맹본부(단, 동종업종의 브랜드를 보유한 계열사가 존재하는 경우 계열사를 포함하여 적용여부를 선정)를 기준으로 선정함으로써 ㈜제너시스 비비큐(비비큐), ㈜GNS BHC(BHC), 교촌F&B㈜(교촌치킨), ㈜페리카나(페리카나), ㈜농협목우촌(또래오래) 등 5개 가맹본부가 적용 대상이 됐다.

우선, 영업지역은 배달업종이라는 특성상 내점업종인 제과·제빵업종(500m)보다는 영업지역을 넓게 설정할 필요성이 있다는 점, 그리고 브랜드별 일정거리 내의 가맹점 비율 등을 종합적으로 고려하여 동일브랜드의 경우 기존 가맹점에서 반경 800m 이내 신규출점을 금지하되, 기존 가맹점이 영업지역 내에서 폐점 후에 재출점하거나 가맹점을 이전하는 경우에만 예외를 인정했다. 계열사 동종 브랜드의 경우에는 계열사 브랜드 간에 거리제한을 적용하지 않는 예외를 허용하되 이로 인해 매출손실이 발생할 때에는 이를 보상하도록 했다. 매장 리뉴얼은 내점업종인 제빵업종(리뉴얼 주기 5년)과 비교해 매장 인테리어에 따른 매출영향이 크지 않고, 실제 배달업종의 리뉴얼 주기가 긴 경향을 감안하여 영업개시 이후 7년(단, 내점판매 매출액 비율이 전체 매출액의 50% 이상인 매장은 5년) 이내에는 원칙적으로 리뉴얼을 금

지했다. 또한, 가맹점이 가맹본부 이외의 업체를 통해서 리뉴얼할 경우 통상 수준
보다 감리비를 과도하게 수취하는 등의 방법으로 사실상 가맹본부와 리뉴얼계약
을 하도록 강요하는 행위를 금지하고, 가맹점이 가맹본부와 직접 리뉴얼 계약을
할 경우에는 가맹본부가 인테리어 공사업체와 체결하는 도급계약서 및 도급금액
정보를 해당 가맹점에 제공토록 했다.

　피자업종의 경우에도 치킨업종과 마찬가지로 가맹점 수가 1,000개 이상이거나,
가맹점 수 100개 이상이면서 매출액이 1,000억 원 이상인 피자 가맹본부를 대상으
로 하게 됨에 따라 ㈜엠피케이그룹(미스터피자), 한국도미노피자㈜(도미노피자)가 모
범거래기준을 도입했다. 영업지역은 기존 가맹점에서 반경 1,500m 이내 신규출점
을 금지하는 것을 기본원칙으로 했고 기존 가맹점이 영업지역 내에서 폐점 후에
재출점하거나 가맹점을 이전하는 경우에는 예외를 인정하기로 했다. 매장 리뉴얼
과 관련해서는 리뉴얼 주기와 리뉴얼 시 비용부담 등은 치킨업종과 동일하게 했
다. 다만, 피자업종은 감리비 수취나 가맹본부가 직접 리뉴얼에 관여하는 경우가
없는 만큼 도급금액 공개의무 등은 부과하지 않았다. 피자업종의 경우 크게 문제
가 되고 있던 광고·판촉비 부담을 경감하기 위해, 가맹본부가 가맹점에 광고비를
분담시키는 경우에는 매 연도별로 총 광고비 부담액을 가맹점으로부터 사전에 동
의 받도록 하고 분기별로 광고집행의 구체적 내용을 가맹점에 통보토록 했다. 또
한, 광고내역을 통보받은 가맹점이 광고단가 등 세부적인 원가 내역을 요구하는
경우에는 가맹본부가 이를 열람할 수 있도록 했다.

(3) 커피전문점

　2012년 11월 21일에는 커피전문점업종의 모범거래기준을 마련·시행했다. 지난
2~3년간 커피전문점이 급증하면서 상위 브랜드의 경우에는 기존 가맹점 인근에
신규매장을 중복 출점함으로써 영업지역을 둘러싼 분쟁이 증가하고 있었다. 즉,
상위 5개 브랜드의 매장 수는 2009년 748개에서 2011년 2,069개로 2년간 177%
가 증가했다.

국내 주요 커피전문점 매장 수 추이

구 분	총 매장 수 (가맹점 수, 직영점 수)		
	2009년	2010년	2011년
카페베네	94 (84, 10)	395 (383, 12)	701 (676, 25)
엔제리너스	235 (182, 53)	370 (311, 59)	540 (480, 60)
할리스커피	212 (195, 17)	262 (240, 22)	321 (297, 24)
탐앤탐스	147 (117, 30)	227 (193, 34)	302 (267, 35)
투썸플레이스	60 (36, 24)	128 (99, 29)	205 (175, 30)

커피업종의 경우 가맹점의 매장 인테리어에 대해 가맹본부가 직접 관여하면서 인테리어 공사를 수익창출 수단으로 활용하는 문제가 심각했다. 가맹본부가 인테리어 협력업체를 복수로 선정하고 가맹점이 이들 중 한 곳을 선택한 후 공사업체와 직접 계약하는 것이 일반적인데, 일부 커피 가맹본부의 경우에는 가맹본부가 가맹점과 인테리어 공사계약을 직접 체결하고 니서 가맹본부가 이를 인테리어업체에 다시 도급을 줌으로써 과도한 마진을 수취하고 있었다. 만약 외부 인테리어 업체를 통해서 공사를 하게 되면 과도하게 감리비를 수취함으로써 사실상 가맹본부를 통해서 인테리어를 하도록 유도하는 경우가 많았다. 이러한 불투명한 구조로 인해 가맹점의 선택권이 박탈되고 인테리어 비용이 너무 크다는 불만이 지속적으로 제기됐다. 다만, 대부분의 커피브랜드가 가맹점을 집중 모집한 시기가 지난 2~3년 동안이어서 아직 리뉴얼 시기가 도래하지 않아서인지는 몰라도 리뉴얼 강요행위는 두드러지지 않았다. 한편, 가맹본부가 가맹점에 원두 등 원부재료를 공급하면서 조기에 대금정산을 하도록 요구하는 것에 대해 가맹점의 불만이 높았다. 가맹점의 경우 카드판매비율이 높은데 카드사로부터는 판매금액을 2~4일 이후에나 지급받기 때문에 가맹본부가 조기정산을 요구하게 되면 유동성 문제가 발생하여 어려움을 겪는 사례가 많았다.

모범거래기준은 우선 영업지역 설정과 관련해서는 기존 가맹점에서 반경 500m 이내 신규출점을 금지하는 것을 원칙으로 했다. 이는 100~300m를 기준으로 해서 영업지역을 설정하는 가맹본부의 경우 중복출점 분쟁이 많다는 점을 감안하여 이들 기준보다 넓게 설정할 필요가 있었기 때문이다. 동시에 직영점만 운영하고 있는 스타벅스의 서울지역 직영점 간 평균 이격거리(476m)와의 형평성 등도 함께 감안했다. 매장 인테리어는 가맹본부가 가맹점과 직접 인테리어 공사계약을 체결하는 경우에는 가맹본부가 인테리어 공사업체와 체결하는 도급계약서와 도급금액 정보를 해당 가맹점에 제공하도록 했고, 반면에 가맹점이 외부업체를 통해 인테리어를 할 경우에는 통상적인 경우보다 감리비를 과도하게 수취하는 등의 방식으로 사실상 가맹본부와 리뉴얼계약을 하도록 강요하는 행위를 금지함으로써 투명성을 제고했다. 매장 리뉴얼은 5년 이내에는 원칙적으로 금지하되 다만, 가맹본부가 공사비용을 모두 지원하는 경우는 5년 이내라도 가능하도록 했다. 이러한 모범거래기준의 적용 대상은 가맹점 수가 100개 이상이면서 커피사업부문 매출액이 500억 원 이상인 가맹본부로 했다. 이에 따라 ㈜카페베네, ㈜롯데리아, ㈜할리스에프엔비, ㈜탐앤탐스, ㈜씨제이푸드빌 등 5개 가맹본부가 그 대상이 됐다.

(4) 편의점

제과·제빵, 치킨·피자, 커피전문점에 이어 2012년 12월 13일에는 편의점 프랜차이즈의 모범거래기준을 마련·시행했다.

우리가 목도하고 있는 바와 같이 편의점 매장 수는 지난 2000년 이후 지속적으로 증가했고 특히, 최근 4년 동안에 큰 폭으로 성장했다. CU(비지에프리테일, 구 보광훼미리마트), 지에스리테일, 세븐일레븐, 바이더웨이, 미니스톱 등 상위 5개사의 전체 매장 수가 2008년 1만 1,802개에서 2012년 10월 말 현재 2만 3,687개로 2배 이상 증가했다. 그에 반해 최근 3년간 가맹점들의 평균 매출액은 지속적으로 하락하고 있다. 실제 같은 기간 동안 편의점 이용고객들의 1회당 구매액(객단가)은 매년 증가하고 있음에도 불구하고 가맹점 평균매출이 감소한 것은 가맹점 수가 증가하면서 매장당 방문객 수의 감소폭이 훨씬 컸기 때문으로 분석된다. 이로 인해 매출실적이 부진한 가맹점 비율도 2000년 초반에 비해 대폭 상승했다. 이처럼 가맹점 평균매출액은 매년 정체 내지 하락 추세임에도 불구하고 가맹점 수가 급증하면서 오히려 가맹본부의 매출과 영업이익은 매년 10~40%씩 큰 폭으로 성장하고 있다. 예를 들어, 1위 가맹본부인 CU의 연도별 매출액/영업이익 추이를 보면 2008년 1조 7,540억 원/407억 원에서 2009년 1조 9,991억 원/569억 원, 2010년 2조 2,123억 원/779억 원, 2011년 2조 6,027억 원/928억 원 등으로 크게 증가하고 있는 모습을 보여주고 있다.

 편의점 프랜차이즈의 주요 문제점들로 지적되고 있는 것은 중복출점, 허위ㆍ과장 정보제공, 중도해지 시 위약금 부과 등이다. 먼저 중복출점 실태를 보면 가맹본부들 간에 매장 수를 확대하는 과정에서 동일 브랜드 가맹점 인근에도 다수의 중복출점이 나타나고 있었다. 이전에는 기존 가맹점의 영업지역을 보호하는 가맹본부가 없었으며 대부분 내부기준에 의해 최소이격 거리를 50m[42)]로 두고 있었고 일부 사업자의 경우 150m 이내 출점 시에는 기존 가맹점과 협의를 하고 있었다. 공정위가 2012년 11월에 실시한 5개 브랜드 가맹점 전화설문조사 결과, 전체 응답자 중 35%(158명/451명)가 인근에 동일 브랜드 입점으로 인해 매출감소를 경험했다고 답변헸다. 실제 모 브랜드에 대해 2011년도 동일브랜드 중복출점 사례 28개를 대상으로 중복출점 전후 3개월 동안의 매출감소폭을 분석한 결과, 중복출점 거리 정도에 따라 평균 9.4~18.4%정도 매출이 감소했다. 허위ㆍ과장정보 제공도 문제였는데 가맹본부가 가맹희망자에게 월 예상매출액이나 월 평균수익금액에 대해 구두로 과장된 정보를 제공함으로써 계약을 유도하는 사례가 다수였다.

 또한, 정보공개서를 계약체결 이전이 아닌 사후에 제공하면서 제공시점을 소급 기재하는 경우도 있었다. 이로 인해서 가맹점 운영 이후 실제 발생한 매출과 수익이 애초 가맹본부가 제시한 예상치보다 현저히 낮아서 가맹계약 체결을 후회하는 경우가 많았다. 실제로 가맹점 전화설문조사에서도 예상보다 낮은 수입(52%)이 1순위 애로사항으로 꼽혔다. 중도해지 위약금과 관련해서는 매출 부진 또는 개인 사정을 들어 가맹점이 계약을 중도 해지할 경우, 가맹본부는 2가지 종류의 위약금을 부과하고 있었는데 기대수익상실분으로 가맹본부가 매월 가맹점으로부터 받는 로열티금액(예: 평균매출 총이익의 35%)의 최대 10~12개월분을 부과하고, 거기에 시설투자 위약금으로 가맹본부가 무상대여하는 매장 인테리어 시설(약 3,000만 원)

의 잔존가액(5년 기준 감가상각) 상당액과 철거비용(실비)을 별도로 부과하고 있었다. 그런데 이 중 기대수익상실분의 경우, 가맹본부의 실제 손해에 비해 과도하다는 불만이 많았다. 실제 기대수익상실분은 계약금액의 최대 17~20% 정도로 나타나 손해배상예정을 계약금액의 10% 내외로 하는 거래관행에 비추어볼 때 과도한 것으로 판단됐다. 이러한 고액의 위약금은 매출부진 가맹점이 가맹계약에서 벗어나지 못하게 하는 족쇄로 작용하고 있을 뿐만 아니라, 타 브랜드 가맹점으로 전환하고자 하는 경우에도 전환장벽(switching cost)으로 작용하여 경쟁 둔화효과를 초래하고 있는 것으로 보였다.

이러한 문제점들을 종합적으로 고려하여 모범거래기준의 구체적인 내용을 확정했다. 우선, 영업지역 설정에 있어서는 기존 가맹점으로부터 도보거리 250m 이내에 신규출점을 금지하는 것을 기본원칙으로 했다. 이는 전화설문조사와 가맹점 매출을 분석한 결과 중복출점으로 인한 매출감소피해는 주로 200m 이내에서 발생하고 있다는 점을 고려한 것이다. 그리고 도보통행거리를 기준으로 한 것은 ① 편의점은 타 업종(제빵·치킨·피자)에 비해 근접출점되기 때문에 도보이용객 기준으로 지형·지물에 따른 접근성이 중요하고, ② 편의점 출점에 중요한 영향을 미치고 있는 담배사업법상 50m 이격요건도 실제 도보통행거리를 기준으로 측정되고 있다는 점을 감안했다. 아울러 계약을 체결할 때 충분한 정보를 제공하도록 했다. 가맹희망자에게 계약체결 7일 전까지 상권분석 보고서를 서면으로 열람·설명하는 것은 물론, 계약 체결 시에 예상매출액 자료를 서면으로 교부하도록 했다. 그리고 상권분석 보고서에는 점포예정지 인근 경쟁점 현황, 월 예상매출액과 그 산출 근거를 반드시 포함하도록 했다.

이처럼 서면으로 된 자료를 제공토록 하면 예상매출액과 관련된 과장정보 제공이 줄어드는 효과가 있고 사후에 분쟁이 발생하는 경우 입증자료로도 활용 가능할 것이다. 계약을 중도에 해지하는 경우 위약금은 3개월의 예고기간을 부여하는 대신에 계약금액의 10% 이내로 금액을 제한했다. 가맹점이 3개월 전에 계약을 해지하고 싶다는 뜻을 가맹본부에 알릴 경우 가맹본부는 후속 가맹점을 모집할 수 있는 준비가 가능하다는 점에서 손해 최소화가 가능하게 될 것으로 기대했다.

상기 모범거래기준은 가맹점이 1,000개 이상인 상위 가맹본부 5개사 ㈜비지에 프리테일(구 보광훼미리마트), ㈜지에스리테일, ㈜코리아세븐, ㈜바이더웨이[43], 한국미니스톱㈜에 적용하기로 했다.

업종별 모범거래기준 주요내용 비교

		제빵 (2012년 4월)	피자 (2012년 7월)	치킨 (2012년 7월)	커피 (2012년 11월)	편의점 (2012년 12월)
영업지역		500m	1,500m	800m	500m	250m
리뉴얼	주기, 비용 지원, 기타	· 5년(내점업종) · 20~40% 지원	· 7년(배달업종) · 20~40% 지원	· 7년(배달업종) · 20~40% 지원 · 과도한 감리비 등 제한 · 도급금액 공개	· 5년(내점업종) · 20%~40% 지원 · 과도한 감리비 등 제한 · 도급금액 공개	· 리뉴얼 없음 (가맹본부가 매장 설치 후 가맹점에 무상 대여)
광고		· 관련 내용 없음 (분쟁 없음)	· 연도별 총 광고비 사전동의 : 분기별 광고내역 송부 등		· 관련 내용 없음(분생 없음)	· 관련 내용 없음
판촉		· 관련 내용 없음 (분쟁 없음)	· 동의 가맹점만 판촉요구 가능 : 단, 전체가맹점 참여가 불가피한 판촉행사의 경우 70% 이상 사전동의		· 관련 내용 없음 (분쟁 없음)	· 관련 내용 없음
대금지급		· 관련 내용 없음	· 관련 내용 없음		· 월 1~2회 정산 : 정산기한 최소 7일 보장	· 중도해지위약금 10% 내 제한

1)《경제사회 지표 변화로 본 대한민국》, 한국개발연구원 경제인문사회연구회 편, 2012.11.

2) 연합뉴스 2013. 1. 3일자 참조

3) IMF, World Economic Outlook Database(2012. 10. 9.)

4) 통계청, 경제활동인구조사 근로형태별부가조사

5)《경제사회 지표변화로 본 대한민국》, 경제인문사회연구회 편, 2012. 11.

6) 한국무역협회 2011년 수출입통계

7) '대한민국 중장기 정책과제'(2012. 12. 27.), 기획재정부

8) 제16대 수출입은행장 취임사(2009. 2. 13.) 중에서

9) 제16대 공정거래위원장 취임사(2011. 1. 3.) 중에서

10) 세계경제포럼(World Economic Forum)은 저명한 기업인, 경제학자, 저널리스트, 정치인 등이 모여 세계경제에 대해 토론하고 연구하는 국제민간회의.

11)《해방 이후 한국기업의 진화》, 이근 외, 2007

12) 출자총액한도제도란 자산이 일정 규모 이상인 대기업집단에 속하는 회사들에 대해 계열사 출자한도를 순자산의 일정 한도 이내로 제한하는 제도다.

13) 지주회사 설립이 허용된 1999년에는 100%였으나 2007년에 200%로 상향

14) 1999년 비상장사 50%, 상장사 30%였으나 2007년에 비상장사 40%, 상장사 20%로 하향

15) 한국생산성본부, '생산성 국제비교' 중 주요국가의 유통 분야 1인당 노동생산성 비교(2007)

(단위 : 1,000달러)

	1996년	2000년	2003년	2005년
한국	13.0	14.9	15.5	16.4
미국	-	62.8	67.9	69.2
일본	40.7	40.0	41.0	-

16) 국내 산업별 노동생산성 비교('종업원 1인당 부가가치 비교', 한국은행, 2006)

(단위 : 100만 원)

| 광업 | 제조업 | 서비스업 | | | | 전 산업 |
		소매(유통)	운수창고	통신	건설	
72	83	69	93	233	34	68

17) '유통산업 발전기본계획', 지식경제부(2009. 1.)

18) 각사, 통계청 등 자료참조

19) 대한상공회의소 '2012 유통산업통계' 참조

20) 재래 시장의 점포 수는 2005년 23만 9,200개에서 2008년 20만 7,329개, 2010년 20만 1,358개로 감소했으며, 일일평균 매출액은 2005년 6,352만 원에서 2008년 5,358만 원, 2010년 4,980만 원으로 감소한 것으로 나타났다.

21) 백화점 입점이익 대비 판매 수수료율 수준(중기중앙회 설문조사 결과, 2011. 6.)

(단위 : 개, %)

응답 구분		응답 업체 수	과도하다	약간 높다	적정하다	낮은 편이다
전체		326	23.6	57.4	18.7	0.3
거래형태	특정매입	278	24.5	57.9	17.3	0.4
	임대(을)	48	18.8	54.2	27.1	0.0

22) 백화점 수수료율 및 불공정거래행위 실태조사 결과, 중소기업중앙회(2011. 6.)

23) 예시: A백화점 의류부문의 항목별 원가 비중

(A백화점 내부자료, 공정거래위원회, 단위 : %)

항 목	1991년	2001년	2003년
판매수수료	27.0	28.9	29.7
인건비·원자재·판촉비 등	64.6	66.4	66.4
납품업체 이익	8.4	3.9	3.9
계	100	100	100

24) 금융감독원, 전자공시시스템(http://dart.fss.or.kr)(2011년도 매출액 및 당기순
이익은 한국채택국제회계기준에 따라 작성, 기존연도와 비교 시 유의)

① 3대 백화점 및 3대 대형마트의 매출액 및 당기순이익 추이 (단위 : 억 원)

구 분	2001년	2002년	2004년	2006년	2008년	2010년	2011년
매출액	118,973	145,277	179,147	219,791	253,874	318,078	437,819
당기순이익	3,726	5,482	7,607	14,121	15,511	26,458	56,153

*3대 백화점(롯데, 신세계, 현대), 3대 대형마트(롯데마트, 이마트, 홈플러스)이고, 롯데쇼핑(주), (주)신세계가 백화점과 대형
마트를 동일 법인에서 운영하여 매출액 등 통계를 업태별로 구분하지 않음

② 5개 TV홈쇼핑의 매출액 및 당기순이익 추이 (단위 : 억 원)

구 분	2001년	2002년	2004년	2006년	2008년	2010년	2011년
매출액	19,242	37,673	14,308	18,973	21,007	29,217	42,092
당기순이익	378	769	1,535	2,474	2,085	4,238	6,121

*기업회계기준이 2003년 1월 1일자로 총액법에서 순액법으로 변경되어 2003년 이후에는 판매수수료만 매출액으로 잡음

25) 백화점은 특정매입거래, TV홈쇼핑은 위·수탁거래가 주거래 형태이기 때문
에 판매수수료율을 공개하고, 대형마트는 직매입거래가 주거래 형태이기
때문에 판매장려금률을 공개했다. 이때 판매수수료는 유통업체가 납품업체
에게 상품판매대금의 일정 비율을 감하고 나머지 상품판매대금을 지급하게
되는데, 이때 감해진 금액을 판매수수료라고 칭하며, 판매장려금은 유통업
체가 납품업체로부터 상품매입액의 일정 비율을 판매촉진 인센티브 명목으
로 받는 금액을 말한다.

26) 같은 상품군이라 하더라도 판매수수료율이 10%p 이상 차이가 나기도 했는
데, 가령 남성정장의 경우에는 11.0%p(최저 27.0%, 최고 38.0%), 여성정장의
경우 18.5%p(최저 19.0%, 최고 37.5%)의 차이가 발생하고 있었다. 남성정장
보다 여성정장에서 판매수수료율의 차이가 더 크게 나타나는 이유는, 여성
정장의 경우 제조업체의 수가 더 많고 같은 상품군 내에서도 스타일, 소재,
컬러 등의 변화폭이 상대적으로 더욱 넓기 때문에 판매수수료율을 납품업
체별로 차별화하는 것이 수월하기 때문이라고 추정됐다. 게다가 여성정장
의 경우 납품업체별로 브랜드파워의 격차가 커서 판매수수료율의 차이 역
시 큰 것으로 분석됐다. 즉, 해외 라이선스 브랜드이거나 높은 브랜드파워를
보유한 업체의 판매수수료율이 상대적으로 낮은 것으로 나타났다.

358

27) 백화점과 비교해서 크게 차이가 났던 부분은 식품 상품군으로, TV홈쇼핑이 백화점에 비해 평균 판매수수료율이 약 6.7%p 높았으며 TV홈쇼핑 내 다른 상품군과 비교해서도 높은 수준이었다. TV홈쇼핑에서는 브랜드 가치 제고 차원에서 방송에 나가기 위해 식품업체 간 경쟁이 치열한 반면, 백화점에서는 백화점 자체가 식품 상품군이 주력이 아니고 따라서 주요 유통경로가 아니기 때문에 식품업체 간 경쟁이 크지 않은 것으로 이해됐다. 이런 점에서 비춰볼 때, 상품군별로 판매수수료율의 범위에 차이가 나는 이유는 본질적으로 해당 상품군 내에 존재하는 납품업체의 수 그리고 이들 업체들 간의 브랜드 파워 차이 등에 의해 크게 좌우되는 것으로 이해됐다.

28) 샴푸와 비누 등 가정·생활용품 그리고 커피와 음료 등 가공식품은 대형마트가 주요 유통경로다. 납품업체 입장에서는 대형마트와 납품단가를 협상할 때 납품단가 자체를 인하하기보다는 납품단가는 일정수준을 유지하면서 판매장려금률을 올리려고 하기 때문에 평균 판매장려금률이 상대적으로 높은 것으로 판단됐다. 반면에, 신선식품은 납품업체가 주로 도매 시장(경매 시장)에서 매입해 납품하는 형태로 시세가 노출되는 까닭에 납품업체의 기본 마진이 작아 판매장려금률도 낮게 형성되고 있었다. 스포츠·레저 상품은 대형마트의 직매입거래 비중이 작아서 판매장려금률이 상대적으로 낮게 형성되는 것으로 파악됐다. 같은 상품군 내에서도 통상 판매장려금률이 10%p 이상 차이가 났는데 이는 상품군별로 거래하는 업체들 수가 상이하고 이들 업체의 협상력에도 차이가 있기 때문인 것으로 분석됐다.

29) 해외 유명브랜드는 대부분 매장을 임차해서 사용하고 그 대가로 판매액에 따른 일정비율을 수수료로 지불하는 소위 '임대을' 형태를 취하고 있는 반면, 국내 유명브랜드는 유통업체가 반품 조건부로 납품업체로부터 상품을 외상매입해서 판매하는 '특정매입' 형태도 많았다. 이렇게 되면 임대을과 비교할 때 부가세를 사실상 선납해야 하기 때문에 그로 인한 비용을 부담해야 하고 유통업체가 납품업체를 상대적으로 강하게 통제하는 것이 가능한 상황이 된다.

30) 납품업체들의 거래형태는 거의 대부분 특정매입이었으며, 계약기간은 1년 단기였다. 이들이 부담하는 판매수수료율은 의류와 생활잡화 상품군의 경우 약 31.8% 수준인 것으로 나타났다. 중소 납품업체들은 판매수수료 외에도 판촉사원 인건비, 인테리어비, 판매촉진비용 등 다양한 명목의 추가적인 부담을 하고 있는 것으로 조사됐는데, 대부분 판촉사원 인건비를 가장 부담

스러운 추가비용이라고 지적했다. 대부분의 납품업체들은 계약상, 고객이 가장 많이 찾는 휴일을 기준으로 책정된 3~5인(단기 행사 시 인원 추가)의 판촉사원을 백화점 각 지점에 의무적으로 파견하고 있다고 응답했는데, 이 판촉사원 인건비 부담은 1개 백화점에 대해 업체당 연간 평균 4억 1,000만 원(연간 평균 매출액 40억 원의 10% 수준)을 부담하는 것으로 조사됐다. 중소 납품업체가 부담하는 인테리어비의 경우에는, 1개 백화점에 대해 업체당 연간 최소 500만 원에서 최고 8억 원까지 다양하게 나타났고 평균 1억 2,000만 원(연간 평균 매출액 22억 원의 5% 수준)으로 조사됐다. 이 외에도 납품업체들은 백화점 측의 세일 또는 다른 행사 시에도 판촉비를 포함해 다양한 비용들을 부담하고 있었다. 예를 들면, 고객에게 사은품으로 증정할 콘서트 티켓, 과일바구니, 와인 또는 자사 제품 등을 백화점에 제공하고 있었으며 일부 납품업체는 상품권 구매와 가매출 요청 등에도 응해야 하는 것으로 조사됐다.

31) 조사는 5개 TV홈쇼핑(GS, CJO, 현대, 롯데, 농수산)에 납품하는 69개사와 3대 대형마트(이마트, 홈플러스, 롯데마트)에 납품하고 있는 87개사를 대상으로 실시됐다. 조사대상 상품군은 TV홈쇼핑의 대표적 상품군인 의류, 생활잡화 및 가전제품(세부 13개 품목)과 대형마트의 식품 및 생활용품(세부 6개 품목)들이었다.

32) 납품업체는 판매수수료 외에도 ARS할인비용(자동응답시스템 이용 시 할인비용 부담), 무이자할부비용, 세트제작비용 등과 같은 다양한 추가 비용을 부담하고 있었는데 이 중 ARS할인비용을 가장 큰 애로사항으로 꼽았다. 보다 구체적으로는 납품업체들은 1개 TV홈쇼핑에 대해 업체당 연간 평균 4,800만 원을 ARS할인비용으로 부담(53건 분석)하고 있는 것으로 나타났다.

33) 세부 품목별 최고 판매장려금률은 생활용품과 신선식품이 20% 이상으로 나타났으며 세부 품목 내 판매장려금률의 차이도 생활용품과 신선식품에 있어서 각각 17%p, 23%p로 상대적으로 크게 나타났다. 많은 납품업체들은 자발적으로 판매장려금을 지급하는 것이 아니라 유통업체의 일방적 요구로 지급(21.9%)하고 있으며 납품단가를 조절하기 위한 수단으로 악용되고 있기 때문에 금지(58.3%)되어야 한다고 응답했다. 대형 유통업체가 높은 판매마진을 취하면서도 이에 더하여 판매장려금을 수령하는 것은 문제가 많다는 것이 일반적인 인식이었으며 소비자와 납품업체를 위해서라도 마진율을 낮춰야 한다는 의견이 많았다.

34) 물류비의 경우 1개 대형마트에 대해서 업체당 연간 평균 7,600만 원(연간 평균매출액 17억 5,000만 원의 4.3% 수준)을 부담하는 것으로 나타났고, 대형마트가 자신의 물류센터 이용을 강제함으로써 제3의 물류회사를 이용하고 있던 납품업체는 대형마트 물류센터와 기존 물류회사를 함께 사용해야 하는 이중 부담을 지는 경우도 있는 것으로 파악됐다. 판촉사원 인건비는 1개 대형마트에 대해서 업체당 연간 평균 2억 3,000만 원(연간 평균 매출액 71억 8,000만 원의 3.2% 수준)을 부담하는 것으로 나타났다. 판촉사원 파견은 일반적으로 어느 정도 규모가 있는 중소업체 이상에서 이루어지고 있기 때문에 물류비에 우선하여 1순위의 부담으로 느끼는 납품업체의 수는 적었지만 비용규모는 오히려 더 큰 것으로 조사됐다.

35) 서면실태조사(2013. 1. 10. 발표) 중 업태별 납품업자의 법위반 경험 비율, 공정거래위원회

구분	응답 업체 수 (A)	법위반 경험 업체 수 (B)	법위반 경험 비율(%) (C=A/B)
종합	877	583	66.5
백화점	140	79	56.4
대형마트	154	108	70.1
TV홈쇼핑	44	23	52.3
인터넷쇼핑몰	257	175	68.1
대형서점	156	112	71.8

36) W.H.Hutt, Economists and the Public(1936)

37) 케네디 대통령은 1962년 연방의회에 보낸 '소비자의 이익보호에 관한 특별교서(Special Message to the congress on Protecting the Consumer Interest)'를 통해 안전할 권리(The Right to Safety), 알 권리(The Right to be Informed), 선택할 권리(The Right to Choose), 의견을 반영시킬 권리(The Right to be Heard) 등 소비자의 4대 권리를 제시했다.

38) 역지불합의(Reverse Payment 또는 Pay for Delay)란 신약 특허권자와 복제약사가 특허분쟁을 취하하고 경쟁하지 않기로 하는 대신 신약사가 복제약사에게 경제적 이익을 제공하기로 하는 합의를 말한다. 특허분쟁 중 화해

에 이른 경우 일반적으로 복제약사가 신약사에게 합의금을 지불하는 것과
반대로 신약사가 복제약사에게 경제적 이익을 제공하며 합의하므로 역지
불합의라 불린다.

39) 전체 기업들 가운데 신규로 창업한 기업의 비율(t년도의 신규기업 신입률 = t년
창업한 기업 수 / t년 전체 기업 수)

40) 총 고용자 가운데 신규 기업에 고용된 종사자의 비율(t년도의 고용창출률 = t
년 신규기업 고용자 수 / t년 전체 고용자 수)

41) 중소기업청·중소기업중앙회, 〈2012 중소기업위상지표〉, (2013. 2.)

42) 편의점 매출의 40%를 차지하는 것이 담배인데 담배사업법상 담배소매인
지정기준으로 50m 거리기준을 두고 있어서 동일 브랜드 내 뿐만 아니라 이
종 브랜드 간에도 대체로 50m 정도로 거리기준을 두는 것이 관행화됐다.

43) (주)코리아세븐이 2010년 4월 (주)바이더웨이를 인수해 브랜드 통합
(바이더웨이 브랜드를 코리아세븐으로 변경 중)까지 마친 만큼 사실상 4개사라
고 할 수 있다.

참고문헌

· 《한국경제 60년사》, 한국경제60년사편찬위원회 편, 한국개발연구원, 2010. 9.

· 《한국경제 반세기-역사적 평가와 21세기 비전》, 차동세·김광석 편, 한국개발연구원, 1995. 12.

· 《경제사회 지표 변화로 본 대한민국》, 경제인문사회연구회 편, 21세기북스, 2012. 11.

· '2013년 경제정책방향', 관계부처 합동, 기획재정부 홈페이지, 2012. 12. 27.

· 《대한민국 중장기 정책과제》, 기획재정부, 2013. 2

· 《The 4% Solution-Unleashing the Economic Growth America Needs》, Robert E. Lucas 외, 조지W.부시재단, 2012.

· 《청개구리 성공신화》, 최중경, 매일경제신문사, 2012. 6.

· 'IMF World Economic Outlook Database', http://www.imf.org/external/index.htm

· Asia 2050, Realizing the Asian Country, ADB, SAGE Publications Ltd, 2011.

· 《공정거래위원회 30년사 - 시장경제 창달의 발자취》, 공정거래위원회, 2011.

· 《2012년판 공정거래백서》, 공정거래위원회, 2012.

· 《대·중소기업 동반 성장을 위한 바람직한 협력 모델 구축 방안》, 현대경제연구원, 2008. 12. 2.

· 《바람직한 대·중소기업 동반성장 모델 분석》, 호서대학교 산학협력단, 지식경제부 연구용역, 2010. 12.

· 《중소기업 세계화의 성공 요인-경영생태계가 관건이다》, 유병규 외, 현대경제연구원, 2011. 8. 1.

· '대기업과 중소기업 간 양극화에 관한 해석', 김주훈, 〈KDI FOCUS〉, 2012. 4. 30.

· '대·중소기업 관계에 대한 정책과제', 이재형, 〈KDI FOCUS〉, 2012. 10. 4.

· '1930년대 미국 경제민주화 경험의 시사점', 전민규 외, 〈한국투자증권 Economic Issue〉, 2012. 11. 27.

· 《해방 이후 한국기업의 진화》, 이근 외, 서울대학교 출판부, 2007.

· 《기업집단 규율의 국제비교》, 서울대학교 금융법센터, 공정거래위원회 연구용역, 2008.

· 《경제활력 제고를 위한 진입규제 개혁 방안》, 김종회 외, 산업연구원, 2009. 12.

· 《지주회사 제도 운영성과와 향후과제》, 고려대학교 기업지배구조연구소, 공정거래위원회 연구용역, 2010.

· 《재벌들의 밥그릇》, 곽정수, 홍익출판사, 2012. 1.

· 《월마트 이펙트》, 찰스 피시먼(이미정 역), 이상미디어, 2011. 1.

· 《경제의 성장 발전에 있어서 소비자 및 소비자정책의 영향》, 박명희 외, 공정거래위원회 연구용역, 2004.

· '한국형 히든 챔피언 육성전략', 최영환, 〈중견기업연구〉 제1권 제1호, 2010.

· 《2012 유통업계 연감》, 체인스토어협회, 2012, 8.

· 《2011 유통산업 통계》, 대한상공회의소, 2012.

· 《백화점 입점업체 실태조사》, 중기중앙회, 2009. 6.

· 《대형마트 납품 중소기업 실태조사 결과》, 중기중앙회, 2008. 9.

· 《온라인쇼핑 시장에 대한 이해와 전망》, 한국온라인쇼핑협회, 2008, 2010.

· 《맥킨지 제2차 한국보고서 신성장공식》, McKinsey & Company, 2013. 4.